THE ILLUSTRATIONS OF ADMINISTRATIVE LAW AND ADMINISTRATIVE PROCEDURE LAW

行政法与行政诉讼法图释

黄 辉 马琳昆◎编著

图书在版编目(CIP)数据

行政法与行政诉讼法图释/黄辉,马琳昆编著. —北京:北京大学出版社,2022.1
ISBN 978-7-301-32418-9

Ⅰ. ①行… Ⅱ. ①黄… ②马… Ⅲ. ①行政法—法律解释—中国②行政诉讼法—法律解释—中国
Ⅳ. ①D922.105 ②D925.305

中国版本图书馆 CIP 数据核字(2021)第 170946 号

书　　名	行政法与行政诉讼法图释 XINGZHENGFA YU XINGZHENG SUSONGFA TUSHI
著作责任者	黄　辉　马琳昆　编著
责任编辑	徐　音
标准书号	ISBN 978-7-301-32418-9
出版发行	北京大学出版社
地　　址	北京市海淀区成府路 205 号　100871
网　　址	http://www.pup.cn　新浪微博:@北京大学出版社
电子信箱	sdyy_2005@126.com
电　　话	邮购部 010-62752015　发行部 010-62750672　编辑部 021-62071998
印 刷 者	北京市科星印刷有限责任公司
经 销 者	新华书店 787 毫米×1092 毫米　16 开本　12.25 印张　246 千字 2022 年 1 月第 1 版　2022 年 1 月第 1 次印刷
定　　价	49.00 元

编写说明

2018年教育部发布的《普通高等学校本科专业类教学质量国家标准》确立了“10+X”法学专业核心课程体系，“行政法与行政诉讼法学”是其中之一。目前，行政法与行政诉讼法课程存在如下教学难点：行政法与行政诉讼法无统一法典且法律规范分散，这使得授课老师在教学过程中仅侧重对行政法学知识体系的梳理和对案例或事件的意义阐释，而忽略了对行政法体系、适用和解释的基本考量。习近平总书记在全国高校思想政治工作会议上强调，要坚持把立德树人作为中心环节，把思想政治工作贯穿教育教学全过程，实现全程育人、全方位育人。高等教育的重心在课堂，课堂教学的主线在教材。本书可以作为马克思主义理论研究和建设工程重点教材之《行政法与行政诉讼法学（第二版）》（高等教育出版社2018年版）与“十二五”国家重点图书出版规划项目之《行政法与行政诉讼法（第三版）》（关保英主编，中国政法大学出版社2018年版）的相关参考用书。

本书系编者长期教学改革实践的总结，主要体现了如下特点：

第一，结构分层，知识内容体系化。按照重点、难点、考点等标准对行政法与行政诉讼法的知识体系进行系统整理，使得整体知识结构重点突出。

第二，图表浓缩，知识内容系统化。将课程的核心要素以大量的图表方式来进行呈现，力求做到有图有真相、有表有事实，浓缩的才是精华。

第三，图解法条，知识内容明朗化。对行政法与行政诉讼法的相关法律法规进行图解，突出体系化和立体化，以理论知识与实践案例相结合的形式展现行政法与行政诉讼法的基本原理和基本制度。

有关本书体例有两点需要说明：一是为了节约空间，凡图表中涉及法条处，均用“A×（×）”表示第×条第×款；二是有★标注的内容，在后文中会详细展开。

编　者

二〇二〇年五月

法律法规及缩略语

	全称	缩略语
法律	《中华人民共和国产品质量法》	《产品质量法》
	《中华人民共和国出境入境管理法》	《出境入境管理法》
	《中华人民共和国村民委员会组织法》	《村民委员会组织法》
	《中华人民共和国道路交通安全法》	《道路交通安全法》
	《中华人民共和国地方各级人民代表大会和地方各级人民委员会组织法》	《地方各级人大和人民委员会组织法》
	《中华人民共和国地方各级人民代表大会和地方各级人民政府组织法》	《地方各级人大和政府组织法》
	《中华人民共和国反垄断法》	《反垄断法》
	《中华人民共和国高等教育法》	《高等教育法》
	《中华人民共和国个人信息保护法》	《个人信息保护法》
	《中华人民共和国公务员法》	《公务员法》
	《中华人民共和国国家赔偿法》	《国家赔偿法》
	《中华人民共和国国务院组织法》	《国务院组织法》
	《中华人民共和国行政处罚法》	《行政处罚法》
	《中华人民共和国行政复议法》	《行政复议法》
	《中华人民共和国行政监察法》	《行政监察法》
	《中华人民共和国行政强制法》	《行政强制法》
	《中华人民共和国行政诉讼法》	《行政诉讼法》
	《中华人民共和国行政许可法》	《行政许可法》
	《中华人民共和国环境保护法》	《环境保护法》
	《中华人民共和国监察法》	《监察法》
	《中华人民共和国集会游行示威法》	《集会游行示威法》
	《中华人民共和国教育法》	《教育法》
	《中华人民共和国律师法》	《律师法》
	《中华人民共和国民法典》	《民法典》
	《中华人民共和国民事诉讼法》	《民事诉讼法》
	《中华人民共和国民族区域自治法》	《民族区域自治法》
	《中华人民共和国森林法》	《森林法》

（续表）

	全称	缩略语
法律	《中华人民共和国商标法》	《商标法》
	《中华人民共和国商业银行法》	《商业银行法》
	《中华人民共和国食品安全法》	《食品安全法》
	《中华人民共和国税收征收管理法》	《税收征收管理法》
	《中华人民共和国特种设备安全法》	《特种设备安全法》
	《中华人民共和国体育法》	《体育法》
	《中华人民共和国土地管理法》	《土地管理法》
	《中华人民共和国宪法》	《宪法》
	《中华人民共和国消防法》	《消防法》
	《中华人民共和国刑法》	《刑法》
	《中华人民共和国烟草专卖法》	《烟草专卖法》
	《中华人民共和国药品管理法》	《药品管理法》
	《中华人民共和国野生动物保护法》	《野生动物保护法》
	《中华人民共和国游行集会示威法》	《游行集会示威法》
	《中华人民共和国执业医师法》	《执业医师法》
	《中华人民共和国治安管理处罚法》	《治安管理处罚法》
	《中华人民共和国专利法》	《专利法》
行政法规	《〈中华人民共和国公务员法〉实施方案》	《公务员法实施方案》
	《国务院关于国家行政机关工作人员的奖惩暂行规定》	《国家行政机关工作人员的奖惩暂行规定》
	《中华人民共和国城市居民委员会组织条例》	《城市居民委员会组织条例》
	《中华人民共和国电力供应与使用条例》	《电力供应与使用条例》
	《中华人民共和国房产税暂行条例》	《房产税暂行条例》
	《中华人民共和国行政复议法实施条例》	《行政复议法实施条例》
	《中华人民共和国企业法人登记管理条例》	《企业法人登记管理条例》
	《中华人民共和国企业法人登记管理条例施行细则》	《企业法人登记管理条例施行细则》
	《中华人民共和国人类遗传资源管理条例》	《人类遗传资源管理条例》
	《中华人民共和国森林法实施细则》	《森林法实施细则》
	《中华人民共和国食品安全法实施条例》	《食品安全法实施条例》
	《中华人民共和国税收征收管理法实施细则》	《税收征收管理法实施细则》
	《中华人民共和国无线电管理条例》	《无线电管理条例》
	《中华人民共和国物业管理条例》	《物业管理条例》
	《中华人民共和国学位条例》	《学位条例》
	《中华人民共和国政府信息公开条例》	《政府信息公开条例》
	《中华人民共和国治安管理处罚条例》	《治安管理处罚条例》

（续表）

	全称	缩略语
司法解释	《最高人民法院关于贯彻执行〈中华人民共和国行政诉讼法〉若干问题的意见（试行）》	《关于贯彻执行〈行政诉讼法〉若干问题的意见（试行）》
	《最高人民法院关于规范行政案件案由的通知》	《关于规范行政案件案由的通知》
	《最高人民法院关于审理涉及农村集体土地行政案件若干问题的规定》	《关于审理涉及农村集体土地行政案件若干问题的规定》
	《最高人民法院关于审理行政协议案件若干问题的规定》	《关于审理行政协议案件若干问题的规定》
	《最高人民法院关于适用〈行政复议法〉第三十条第一款有关问题的批复》	《关于适用〈行政复议法〉第三十条第一款有关问题的批复》
	《最高人民法院关于适用〈中华人民共和国行政诉讼法〉的解释》	《关于适用〈行政诉讼法〉的解释》
	《最高人民法院关于张坤、邢静怡申请国家赔偿一案的批复》	《关于张坤、邢静怡申请国家赔偿一案的批复》
	《最高人民法院关于执行〈中华人民共和国行政诉讼法〉若干问题的解释》	《关于执行〈行政诉讼法〉若干问题的解释》

目录

CONTENTS

导　论

一、引言："红灯""绿灯""黄灯"理论

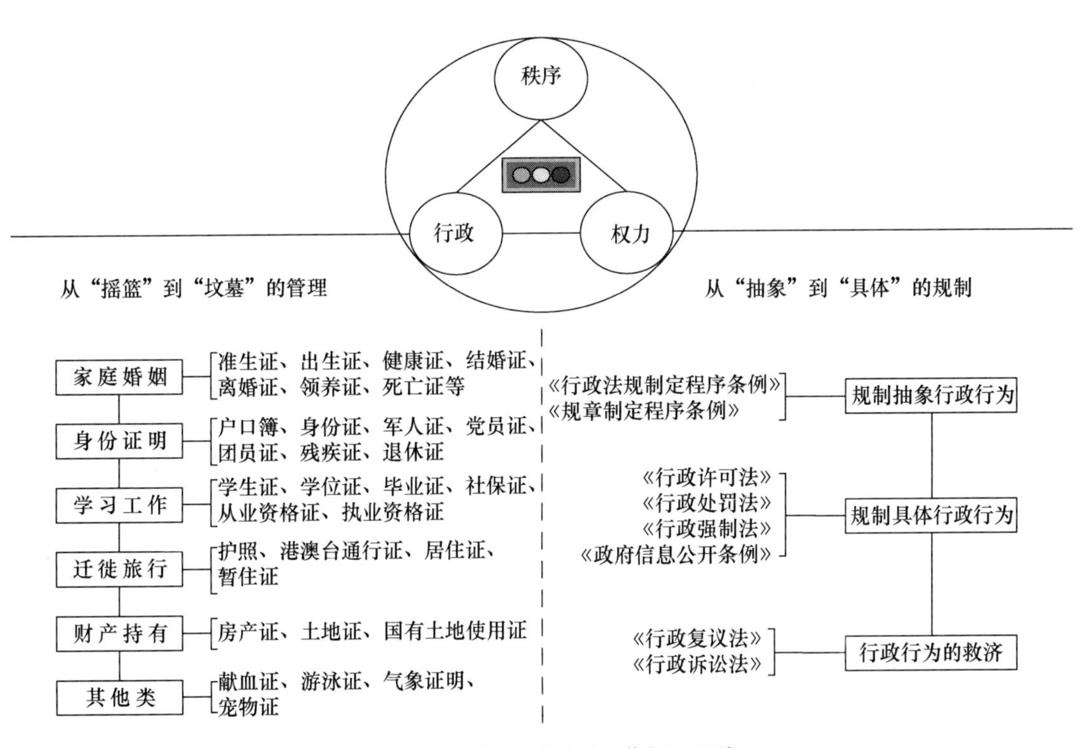

图 0-1　"红灯""绿灯""黄灯"理论

二、行政法与行政诉讼法知识结构图

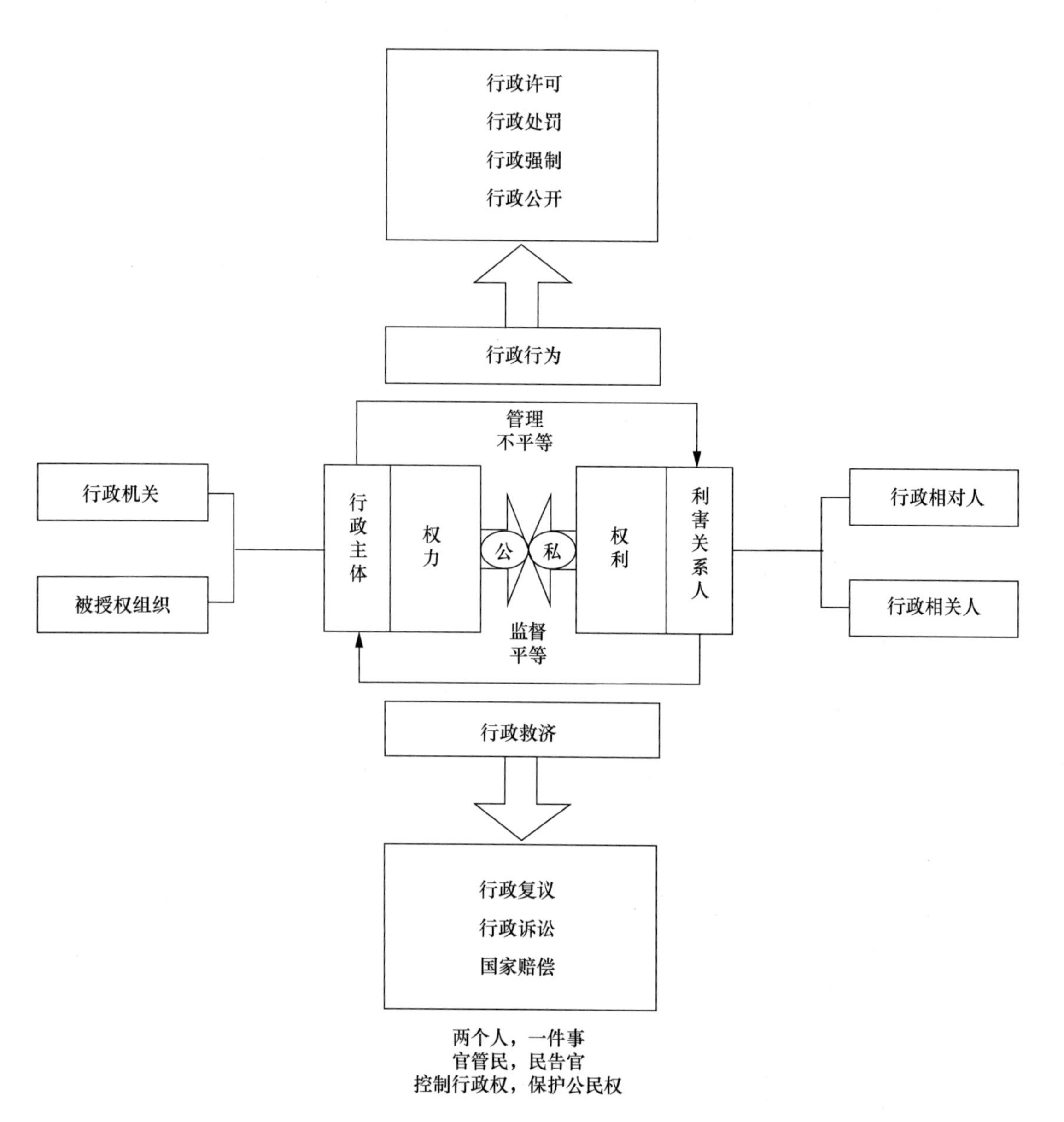

两个人，一件事
官管民，民告官
控制行政权，保护公民权

图 0-2　行政法与行政诉讼法知识结构图 I

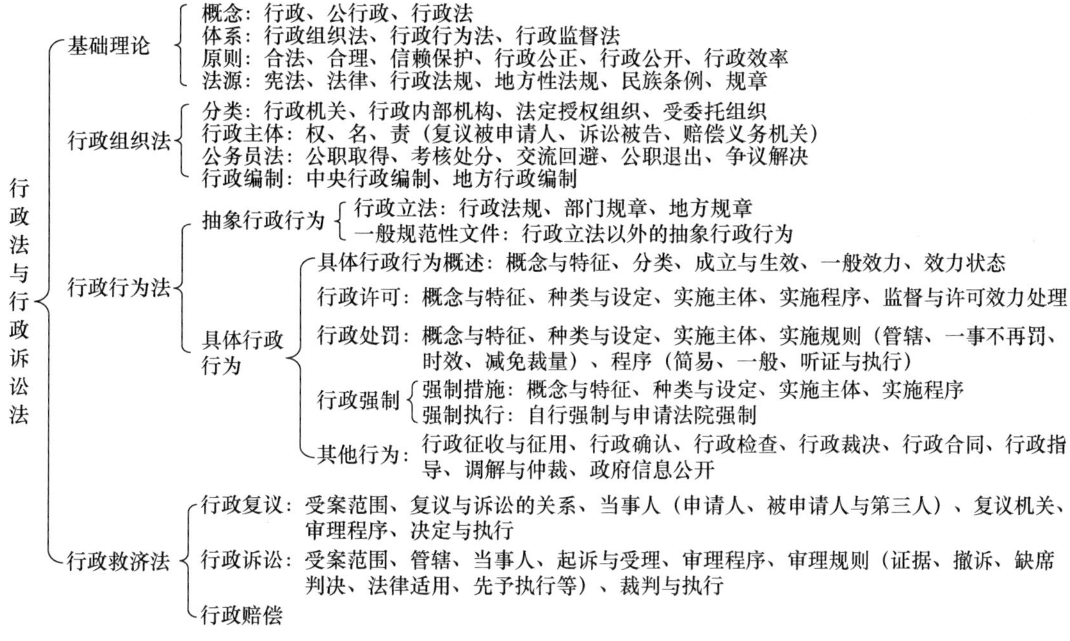

图 0-3　行政法与行政诉讼法知识结构图Ⅱ

三、参考资料

（一）著作

1. 姜明安主编：《行政法与行政诉讼法》（第 7 版），北京大学出版社 2019 年版。
2. 陈新民：《中国行政法学原理》，中国政法大学出版社 2002 年版。
3. 〔日〕南博方：《行政法》，杨建顺译，中国人民大学出版社 2009 年版。
4. 〔德〕平特纳：《德国普通行政法》，朱林译，中国政法大学出版社 1999 年版。
5. 杨小君编：《重大行政案件选编》，中国政法大学出版社 2006 年版。
6. 姜明安、李红雷主编：《行政法与行政诉讼法教学案例》，法律出版社 2004 年版。
7. 章志远：《行政法案例分析教程》，北京大学出版社 2016 年版。

（二）案例

《中华人民共和国最高人民法院公报》《中华人民共和国最高人民法院案例选》《中国行政审判案例》所刊载、收录的案例，以及最高人民法院、最高人民检察院发布的指导性案例。

第一章

行政法概述

第一节 行政法的概念、内容和形式

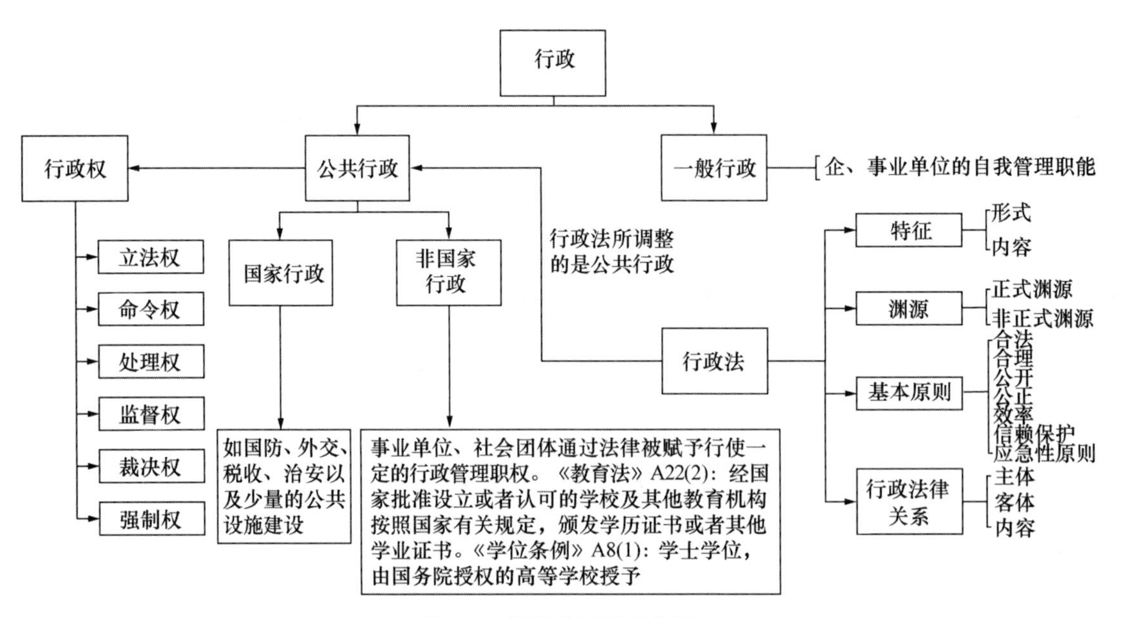

图 1-1 行政的知识结构图

一、行政

（一）定义

行政，即组织的执行协调管理职能。行政分为公共行政与一般行政。

（1）排除说：立法、行政、司法三分，行政即立法、司法之外的国家职能。

（2）国家意志执行说：美国学者古德诺提出“政治与行政二分说”，即政治是国家意志的表达，行政是国家意志的执行。

（3）目的说：现代行政是以积极实现国家目的而进行的整体的、统一的、连续活动。

（4）管理说：国家行政机关对国家公共事务的决策、组织、管理和调控。

(5) 目的＋职能说（学界通说）：国家行政机关为实现国家目的行使行政的执行、指挥、组织和监督的功能。

（二）举例

表 1-1　行政的分类

<table>
<tr><td rowspan="2">公共行政</td><td>国家行政</td><td>国家行政机关依职权进行的组织与管理活动，如市监局查处不正当竞争行为</td></tr>
<tr><td>非国家行政</td><td>事业单位、社会团体得到法律法规的授权，对公共事务进行管理。
《行政诉讼法》A2：“公民、法人或者其他组织认为行政机关和行政机关工作人员的行政行为侵犯其合法权益，有权依照本法向人民法院提起诉讼。前款所称行政行为，包括法律、法规、规章授权的组织作出的行政行为。”
高校（《高等教育法》A42 第 4 项）：高等学校设立学术委员会，调查、认定学术不端行为，如刘燕文诉北京大学拒绝颁发博士毕业证书案。
中国法学会（《中国法学会机关主要职责、内设机构和人员编制方案》）：负责对直属企事业单位（如《中国法学》杂志社、中国法学会机关服务中心等）的管理。
村委会：主要受行政机关的委托行使职能，如乡（镇）人民政府委托村委会按规定数额代收该村村民的乡统筹费。《关于适用〈行政诉讼法〉的解释》A24（1）：当事人对村民委员会或者居民委员会依据法律、法规、规章的授权履行行政管理职责的行为不服提起诉讼的，以村民委员会或者居民委员会为被告。
足协（《体育法》A47）：在竞技体育中从事弄虚作假等违反纪律和体育规则的行为，由体育社会团体按照章程规定给予处罚；对国家工作人员中的直接责任人员，依法给予行政处分</td></tr>
<tr><td>一般行政</td><td colspan="2">也称私人行政，即企事业单位依照内部制度行使的自我管理职能，如企业内部的绩效管理、人力资源管理</td></tr>
</table>

二、行政权

（一）概述

表 1-2　行政权的学说、定义、特征及种类

<table>
<tr><td>学说</td><td colspan="2">三权说、五权说、四权说（立法权、监察权、司法权、行政权）</td></tr>
<tr><td>定义</td><td colspan="2">国家行政主体依法实施公共管理活动的权力，是国家权力的组成部分</td></tr>
<tr><td rowspan="6">特征</td><td>自由裁量性</td><td>种类和幅度上有选择的空间</td></tr>
<tr><td>广泛性</td><td>涉及社会事务领域广泛，涉及权力类型多样</td></tr>
<tr><td>主动性</td><td>为社会秩序而行使，且行政权有扩张趋势</td></tr>
<tr><td>强制性</td><td>以国家强制力为保障</td></tr>
<tr><td>单方性</td><td>仅凭一方的意志就可作出</td></tr>
<tr><td>优益性</td><td>法律、法规等赋予行政主体优益条件</td></tr>
<tr><td>种类</td><td colspan="2">★ 行政立法权、命令权、处理权、监督权、裁决权、强制权</td></tr>
</table>

（二）种类

表 1-3　行政职权的种类

行政职权	界定	来源	举例
行政立法权	国家行政机关制定行政规章、地方政府规章、行政规范性文件的权力	《宪法》A89	《政府信息公开条例》《上海市重大行政决策程序规定》
行政命令权	行政主体单方面作出命令行政相对人作为或不作为的权力	散见于各行政法规、行政规章	授权令、执行令、禁止令、任免令、公告令、委任令
行政处理权	行政机关实施行政管理，处理涉及特定行政相对人权利、义务等事项的权力	《行政许可法》《行政复议法》	行政处罚、行政许可、行政征收、行政给付
行政监督权	行政系统内部上级对下级的监督权力	《监察法》	国家市场监管总局食品安全抽检监测司：负责督促指导不合格食品核查、处置、召回，组织开展食品安全评价性抽检；网络交易监督管理司：负责组织实施网络市场监测工作
行政裁决权	行政主体对与行政管理活动密切相关的特定民事、经济纠纷进行裁决的权力	《行政复议法》	《土地管理法》A14（1）：人民政府处理土地权属争议； 《环境保护法》A31（3）：国家指导人民政府进行生态保护补偿； 《国有土地上房屋征收与补偿条例》A26（1）：征收补偿决定由人民政府作出
行政强制权	行政管理活动中实施的强行限制相对人权利措施等的权力	《行政强制法》	强制措施：《治安管理处罚法》A15（2）：对醉酒的人采取保护性措施约束至酒醒； 强制执行：《行政强制法》A50：当事人逾期不履行排除妨碍、恢复原状等义务的行政决定的，经催告仍不履行，其后果已经或者将危害交通安全、造成环境污染或者破坏自然资源的，行政机关可以代履行

三、行政法

（一）定义

行政法是指对行政活动过程特别是行政权力运行过程加以规范、监督与补救，调整行政与监督行政的主体及其行为所形成的社会关系的有关法律规范和原则的总称。

表 1-4　行政法的特征

	特征	具体说明
形式上	没有统一、完整的法典	行政法涉及领域广泛，内容纷繁复杂，多以单行法出现
	行政法层级多、数量多（统计截至 2021 年 12 月）	国务院颁行的行政法规及相关文件（11418）：行政法规（1879）、行政法规解释（54）、国务院规范性文件（9485）；地方性法规、地方政府规章及相关文件（2506449）：地方性法规（35431）、地方政府规章（30164）、地方规范性文件（612212）、地方司法文件（7798）、地方工作文件（1396805）、行政许可批复（424039）
内容上	内容广泛	《关于规范行政案件案由的通知》确定了★行政管理范围 42 种和★行政行为种类 27 类
	易于变动	无人驾驶汽车、基因编辑、垃圾分类、被遗忘权、胚胎继承权等新内容的规范
	包含了实体与程序两种规范	行政诉讼、行政许可、行政处罚、行政复议、行政强制

（二）行政管理范围

（1）公安行政管理

① 治安管理（治安）

② 道路交通管理（道路）

③ 其他（公安）

（2）资源行政管理

① 土地行政管理（土地）

② 林业行政管理（林业）

③ 草原行政管理（草原）

④ 地质矿产行政管理（地矿）

⑤ 能源行政管理（能源）

⑥ 其他（资源）

（3）城乡建设行政管理

① 城市规划管理（规划）

② 房屋拆迁管理（拆迁）

③ 房屋登记管理（房屋登记）

④ 消防管理（消防）

⑤ 其他（城建）

（4）计划生育行政管理（计划生育）

（5）市场监督管理（市监）

（6）商标行政管理（商标）

（7）质量监督检验检疫行政管理

① 质量监督行政管理（质量监督）
② 质量检验行政管理（质量检验）
③ 检疫行政管理（检疫）
④ 其他（质量监督）
(8) 卫生行政管理（卫生）
(9) 食品药品安全行政管理（食品、药品）
(10) 农业行政管理（农业）
①渔业行政管理（渔业）
②畜牧业行政管理（畜牧业）
③其他（农业）
(11) 物价行政管理（物价）
(12) 环境保护行政管理（环保）
(13) 交通运输行政管理（交通）
①公路交通行政管理（公路）
②铁路行政管理（铁路）
③航空行政管理（航空）
④其他（交通）
(14) 信息电讯行政管理（信息、电讯）
(15) 邮政行政管理（邮政）
(16) 专利行政管理（专利）
(17) 新闻出版行政管理（新闻、出版）
(18) 税务行政管理（税务）
(19) 金融行政管理（金融）
(20) 外汇行政管理（外汇）
(21) 海关行政管理（海关）
(22) 财政行政管理（财政）
(23) 劳动和社会保障行政管理（劳动、社会保障）
(24) 审计行政管理（审计）
(25) 经贸行政管理（内贸、外贸）
(26) 水利行政管理（水利）
(27) 旅游行政管理（旅游）
(28) 烟草专卖行政管理（烟草专卖）
(29) 司法行政管理（司法）
(30) 民政行政管理（民政）
(31) 教育行政管理（教育）

(32) 文化行政管理（文化）
(33) 广播电视电影行政管理（广电）
(34) 统计行政管理（统计）
(35) 电力行政管理（电力）
(36) 国有资产行政管理（国资）
(37) 外资行政管理（外资）
(38) 盐业行政管理（盐业）
(39) 体育行政管理（体育）
(40) 行政监察（监察）
(41) 乡镇政府行政管理（乡镇政府）
(42) 其他行政管理

（三）行政行为种类

(1) 行政处罚
(2) 行政强制
(3) 行政裁决
(4) 行政确认
(5) 行政登记
(6) 行政许可
(7) 行政批准
(8) 行政命令
(9) 行政复议
(10) 行政撤销
(11) 行政检查
(12) 行政合同
(13) 行政奖励
(14) 行政补偿
(15) 行政执行
(16) 行政受理
(17) 行政给付
(18) 行政征用
(19) 行政征购
(20) 行政征收
(21) 行政划拨
(22) 行政规划
(23) 行政救助

(24) 行政协助
(25) 行政允诺
(26) 行政监督
(27) 其他行政行为

第二节 行政法的理论基础

一、"红灯"理论——行政权的"刹车"

表 1-5 "红灯"理论的背景、表现及代表性理论

背景	资产阶级革命初期，为限制王权，防止封建势力复辟，英国制定议会主权原则。议会为社会确立普遍性规制，行政机关严格按照规则设定的范围和程序进行管理
表现	① 1258 年《牛津条例》承认议会的议政权； ② 1322 年《约克法令》规定：所有重大国事，国王必须在议会中加以处理，必须经过议会的同意； ③ 1689 年《权利法案》规定：未经议会同意，国王无权停止法律的实施，无权废除法律
代表性理论	① 英国"越权无效理论"：韦德和戴雪从法治的角度将"红灯"模式概括为"防止滥用自由裁量权的一整套规则"，认为任何人包括政府人员都应服从普通法的管辖并承担相同的法律责任； ② 我国"控权论"：张树义教授在其主编的《行政法学新论》中提出，行政法的核心在于行政权依照法律规范的要求去行使，监督控制行政权是否依法行使是行政法的主要功能

二、"绿灯"理论——行政权的"加速"

表 1-6 "绿灯"理论的背景、表现及代表性理论

背景	19 世纪末，自由经济的发展促进了社会繁荣，也带来了失业、住房、卫生等社会问题。为了应付多种复杂的社会问题，议会广泛授权给行政机关，行政机关的角色从消极"守夜人"变为福利"供应者"
表现	① 行政机关的职能从传统的外交、税收扩展到教育、卫生、社会福利、环境资源等领域； ② 20 世纪初，德国议会通过《授权法》，内阁可以不经议会直接发布行政命令替代议会立法
代表性理论	① 公务论：法国法学家狄骥认为国家是一群人组成的机构，这个机构必须用所拥有的力量来服务于公众需要。国家行政的基础不是"公共权力"，而是为社会提供公共服务(公务论最早源于法国权限争议法庭的案件判决，该论的基本观点认为，国家与公民之间的社会连带关系是服务与配合关系，而不是权力义务关系)。 ② 福利论：行政机关的权力就是不断为公民谋取福利的义务，而公民有充分享受福利的权利和分担社会责任的义务

三、“黄灯”理论——行政权的“平衡”

表 1-7　“黄灯”理论的背景、表现及代表性理论

背景	20 世纪 80 年代中期，自由市场和中央计划经济模式的弊端不断显现，英美传统控权模式和苏联管理模式问题凸显。中国行政法学正值发展恢复时期，社会渴望建设新制度下运转良好的法治政府，重视政府在环境保护、经济发展等方面的能力和绩效，同时保护公民个人权利，防止公权力的过度泛滥。基于国情，平衡理论在行政立法领域得到了普遍认同
表现	★ 法律制度及新兴模式
代表性理论	我国以罗豪才教授为代表的学者提出了平衡理论，主张在行政机关与相对方权利义务的关系中，权利义务在总体上应当是平衡的，不论哪一方侵犯了另一方的合法权益，都应予以纠正；现代行政法既应维护行政权的权威和效率，又应保障公正和民主

表 1-8　“黄灯”理论的制度表现和新兴模式

	行政诉讼法 （限权）	国家赔偿法 （限权）	行政处罚法 （限权）	行政许可法 （限权＋赋权）
制度表现	A2（1）：“公民、法人或者其他组织认为行政机关和行政机关工作人员的行政行为侵犯其合法权益，有权依照本法向人民法院提起诉讼。”	A2（1）：“国家机关和国家机关工作人员行使职权，有本法规定的侵犯公民、法人和其他组织合法权益的情形，造成损害的，受害人有依照本法取得国家赔偿的权利。”	A1：“为了规范行政处罚的设定和实施，保障和监督行政机关有效实施行政管理，维护公共利益和社会秩序，保护公民、法人或者其他组织的合法权益，根据宪法，制定本法。”	A53（1）：“实施本法第十二条第二项所列事项的行政许可的，行政机关应当通过招标、拍卖等公平竞争的方式作出决定。……” A12：“下列事项可以设定行政许可：……（二）有限自然资源开发利用、公共资源配置以及直接关系公共利益的特定行业的市场准入等，需要赋予特定权利的事项；……”
新兴模式	PPP 模式、行政合同、行政指导等			

第三节　行政法的发展历史

一、总的发展历程

（一）警察国家时代——夜警国家，权力肆意

表 1-9　警察国家时代背景和具体表现

时代背景	【16—18 世纪】 ① 经济上：欧洲各国商业革命完成，货币经济发达，重商主义盛行，商人支持打破地方割据的局面； ② 政治上：封建制度解体，统一的民族国家陆续建立
具体表现	【实施开明专制统治】设置大规模的军队与官僚制度作为统治工具，以刑法和税收巩固政权。国家虽有典章活动，官房学派兴起，研习宫廷财政、预算制度、行政管理，但行政方面仅有君主与官吏的职务命令，无正规行政法制

（二）法治国家时代——权力分立，行政受控

表 1-10　法治国家时代背景和具体表现

时代背景	【18—19 世纪（启蒙运动至工业革命）】 ① 经济上：由农业社会转变为工业社会； ② 政治上：不断发起民主政治运动与革命，共和政体和宪政制度逐步建立； ③ 思想上：个人、自由主义盛行，反对君主专制，崇尚天赋人权、社会契约
具体表现	① 英国：1701 年《王位继承法》（否定了王权之上的专制制度，明确议会权力至上的资产阶级宪法原则）； ② 法国：1872 年《参事院法》设立最高行政法院，保护公民的合法权益不受行政活动的非法侵害

（三）福利国家时代——风险调控，行政扩张

表 1-11　福利国家时代背景和具体表现

时代背景	【20 世纪以后】 ① 经济上：国内分配不均、贫富悬殊、劳资对立，社会问题日益增多； ② 政治上：民主法治传统日渐稳固，各种法制较为完善； ③ 国际上：帝国主义产生、殖民扩张盛行、国际冲突日益剧烈、共产主义思潮产生影响
具体表现	① 英国：1946 年颁布《国民保险法》《国民医疗保健服务法》，1948 年颁布《国民救济法》，1968 年成立卫生和社会保障部； ② 德国：《基本法》第 15 条规定："土地与地产、天然资源与生产工具，为达成社会化之目的，得由法律规定转移为公有财产或其他形式之公营经济，此项法律应规定赔偿之性质与范围。"（所有权的绝对性被打破）

二、中国行政法发展历史

表 1-12　中国行政法发展阶段

阶段	主要成就
社会主义行政法创设时期（1949—1957）	① 1949 年《中国人民政治协商会议共同纲领》和 1954 年《宪法》； ② 1954 年《国务院组织法》、1954 年《地方各级人大和人民委员会组织法》、1957 年《国家行政机关工作人员的奖惩暂行规定》、1954 年《城市居民委员会组织条例》； ③ 设立人民监察委员会和监察部； ④ 各级党政部门设立信访机构
行政法停滞，遭破坏（1958—1977）	
行政法重启阶段（1978—1988）	① 1982 年《宪法》规定国家机关及各级政府职权活动原则； ② 重修《国务院组织法》，制定《治安管理处罚条例》； ③ 行政诉讼制度初步建立，1982 年《民事诉讼法（试行）》规定行政案件由人民法院按照法律规定受理
行政法发展阶段（1989 年至今）	陆续颁布《行政诉讼法》（1989）、《行政复议条例》（1990）、《国家赔偿法》（1994）、《行政处罚法》（1996）、《行政监察法》（1997）、《行政复议法》（1999）、《行政许可法》（2003）、《公务员法》（2005）、《治安管理处罚法》（2005）、《政府信息公开条例》（2007）、《行政强制法》（2011）

第四节　行政法的知识概说

一、基础理论

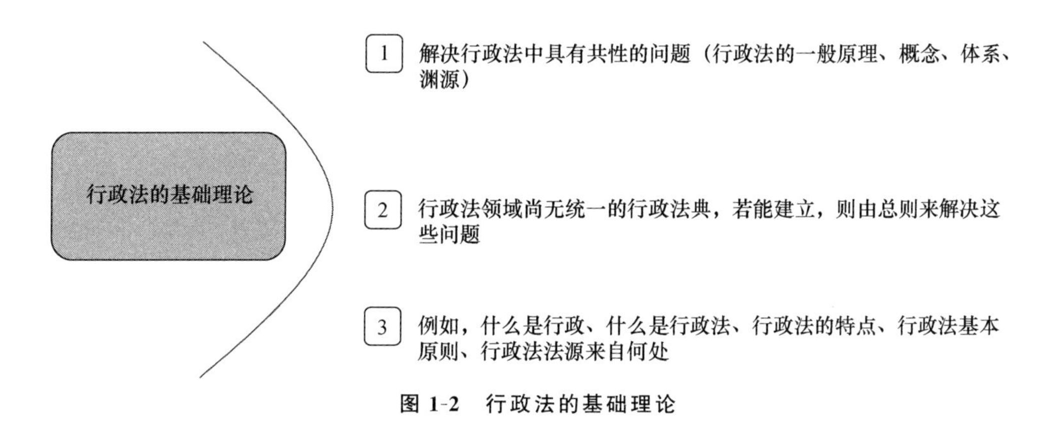

图 1-2　行政法的基础理论

二、行政组织法

行政组织法：规范行政的组织过程和控制行政组织的法。

广义的行政组织：包括行政机关组织、国家立法及司法机关中管理行政事务的机构、企事业单位及社会团体中管理行政事务的机构。

狭义的行政组织：专指国家机构中的政府系统，是依一定的宪法和法律程序建立的、行使国家行政权力、管理社会公共事务的政府组织机构实体。（1）专指国家机构中的政府系统；（2）“国家行政”区别于社会团体、企事业单位。

表 1-13　行政组织法的内容

	行政主体	公务员法	行政编制
重点内容	“权、名、责”和“三确定”	公务员的取得与退出、职务职级并行制度、权利的救济等	中央行政编制和地方行政编制

三、行政行为法

行政行为法：规范行政机关实施行政管理行为的法律规范的总称。

行政行为：行政主体在依法行使行政职权过程中实施的、能够产生行政法律效果的行为。

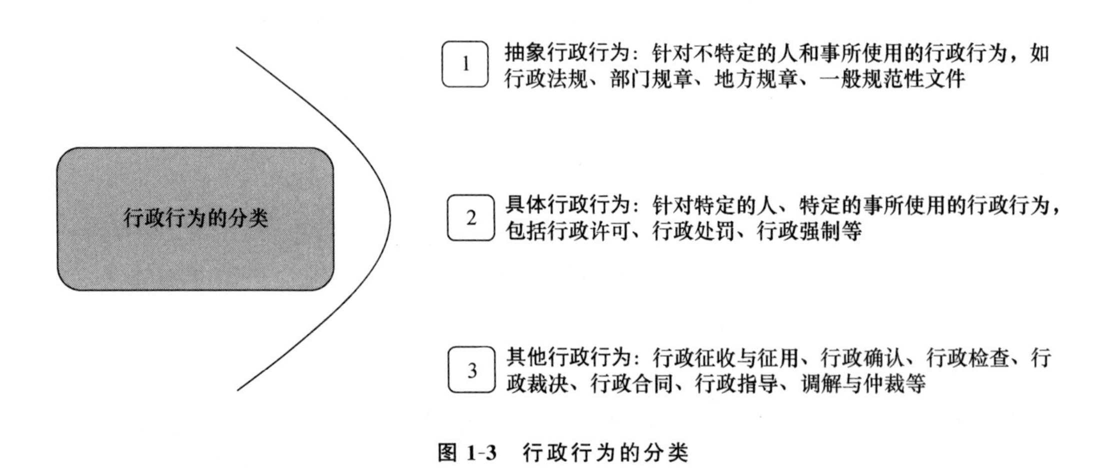

图 1-3　行政行为的分类

四、行政救济法

行政救济法：规定公民权利受到侵害后的救济途径的法律规范。

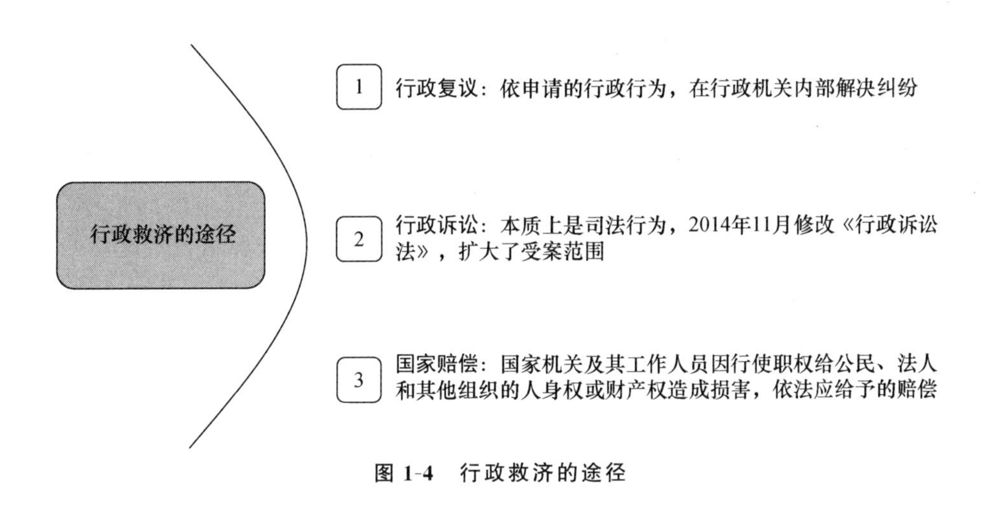

图 1-4　行政救济的途径

第五节　行政法的基本原则

一、基本内容

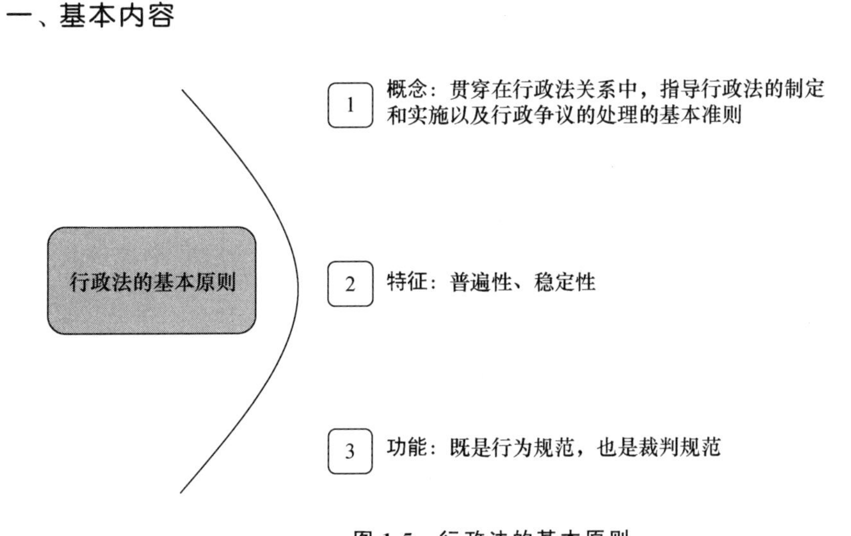

图 1-5　行政法的基本原则

（一）行为规范

法律规范、规则、原则的基本关系：

（1）法律规范包含了法律规则和原则；

（2）规则是有具体权利义务的条款，原则是原则性、普遍性、精神性的规范。

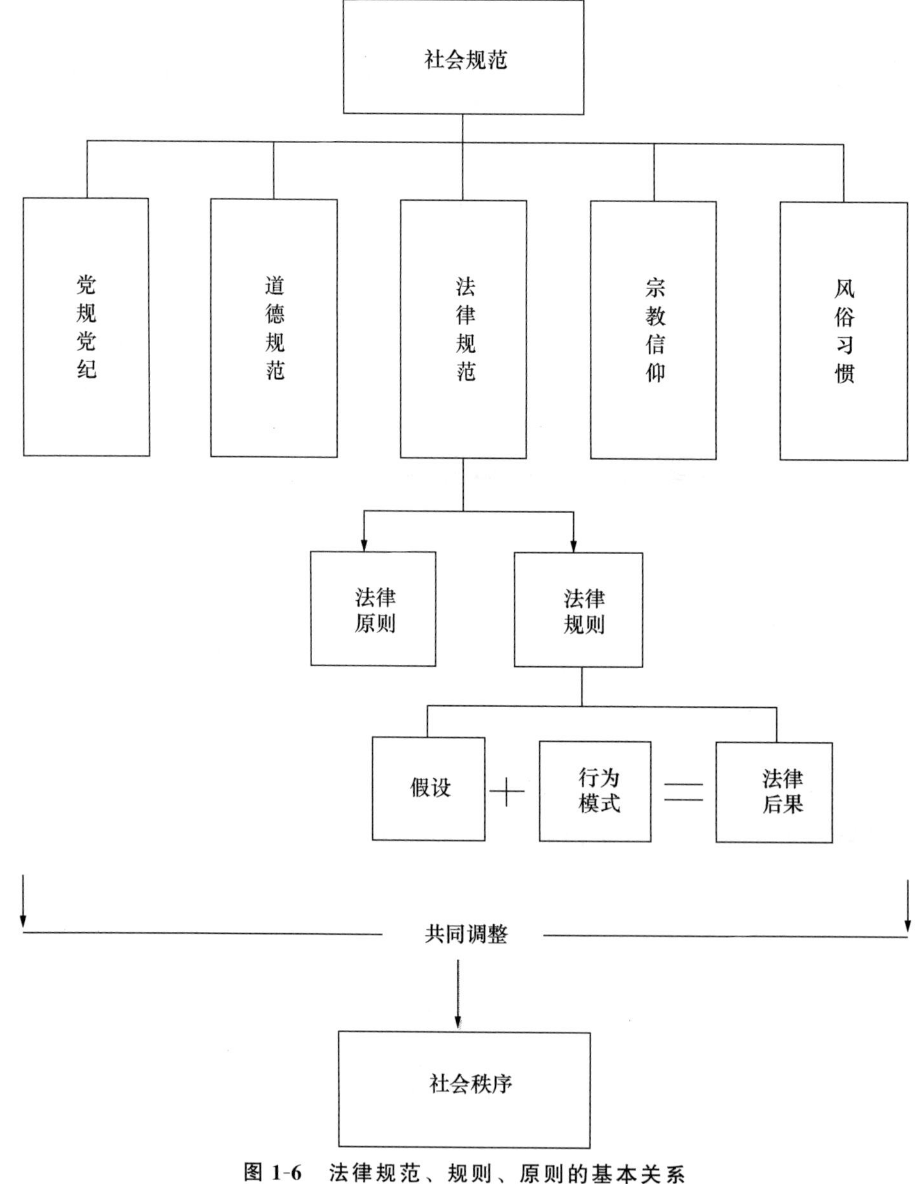

图 1-6　法律规范、规则、原则的基本关系

（二）裁判规范

表 1-14　正当程序原则的司法实践确认

案件名称	基本案情	基本原则	意义
田永诉北京科技大学案	1994 年 9 月，原告田永考入北京科技大学化学系，取得本科生学籍。1996 年 2 月 29 日，田永在参加课程补考过程中，因随身携带的化学公式纸条在中途去厕所时被发现，监考老师虽未发现田永有偷看纸条的行为，但还是按照考场纪律，当即停止了田永的考试。3 月 5 日，北京科技大学按照本校《关于严格考试管理的紧急通知》第 3 条第 5 款关于“夹带，包括写在手上等行为”为作弊的规定，认定田永的行为是考试作弊，根据第 1 条关于“凡考试作弊者，一律按照退学处理”的规定，于 4 月 10 日填发了学籍变动通知，决定对田永按退学处理，但是却未直接向田永宣布处分和送达变更学籍通知，也未给田永办理退学手续。田永继续在该校以在校大学生的身份参加正常学习及组织活动。之后北京科技大学还为田永补办过学生证、收取教育费、发放补助津贴等。1998 年 6 月，北京科技大学以田永不具有学籍为由，拒绝为其颁发毕业证	法院判词中写道：“按退学处理，涉及被处理者的受教育权利，从充分保障当事人权益的原则出发，作出处理决定的单位应当将该处理决定直接向被处理者本人宣布、送达，允许被处理者本人提出申辩意见。北京科技大学没有照此原则办理，忽视当事人的申辩权利，这样的行政管理行为不具有合法性。”此处的义务，并非法条的具体规定，而恰是正当程序原则的概括要求。 遗憾的是，法院未能在判决书中形成适用行政法基本原则的明确态度和准确表达，在法院的引证中始终没有出现因北京科技大学违背正当的程序而导致行政行为无效的明确辞令	① 当时北京的两级法院在没有任何法条依据的情况下，以被告作出退学处理决定没有听取原告田永申辩，也没有向原告本人宣布和送达为由，认定被告构成程序上的违法（“未明确适用正当程序第一案”）； ② 最高法公报案例（1999 年为公报案例所确认）
张成银诉徐州市人民政府房屋登记行政复议决定案	2003 年 10 月 28 日，曹春芳向徐州市人民政府申请行政复议，请求撤销 1988 年将民安巷 31 号房屋产权和土地使用权确权登记给张成银的具体行政行为（该房屋原为曹春芳母亲所有，其母过世后，应由曹春芳和其兄继承，张成银作为其嫂，不是该房产的合法继承人）。徐州市人民政府在没有通知张成银参加复议的情形下，于 2004 年 4 月 29 日作出确认徐州市房地产管理局将民安巷 31 号房屋产权及土地使用权确权给张成银的具体行政行为违法的行政复议决定。张成银不服该复议决定，向徐州市中级人民法院提起行政诉讼	法院判决书中写道：《行政复议法》虽然没有明确提出行政复议机关必须通知第三人参加复议，但根据正当程序的要求，行政机关在可能作出对他人不利的行政决定时，应当专门听取利害关系人的意见。徐州市人民政府未听取利害关系人的意见即作出于其不利的行政复议决定，构成严重违反法定程序	① 该案二审判案理由明确写上“根据正当程序的要求”，并据以作出撤销判决（“正当程序被确认为司法裁判的标准第一案”）； ② 最高法公报案例（2005 年为公报案例所确认）

二、具体构成

表 1-15 行政法基本原则的具体构成

基本原则	内容
合法性原则	职权法定、法律优先、法律保留。具体要求：① 主体合法；② 职权合法；③ 形式合法；④ 实体合法
合理性原则	要求行政手段遵循公平公正，符合法律目的，行政手段适当、必要、均衡
信赖保护原则	行政机关的先行为给了行政相对人一个预期，基于上述先行为，行政相对人作出特定行为，行政主体若突破该先行为，则行政相对人基于信赖作出的行为受到保护
行政公正	行政机关必须平等、无偏私地行使国家权力。具体要求：① 权利义务的平等；② 法律地位的平等；③ 程序的平等
行政公开	行政主体应当向行政相对人和社会公开其行政行为
行政应急	在特殊紧急情况下，基于保护国家安全、社会秩序和公共利益的需要，行政机关可以采取没有法律依据或与法律相抵触的措施
行政效率	行政机关在行使行政职能时，应尽力以最快的时间、最少的能源、最低的经济成本取得最大的社会效益和经济效益。具体要求：① 严格遵循行政程序和时限；② 行政机构组织精干；③ 加强行政决策的成本效益分析

三、合法性原则

（一）定义

行政主体行使行政权必须依据法律，符合法律，不得与法律相抵触。

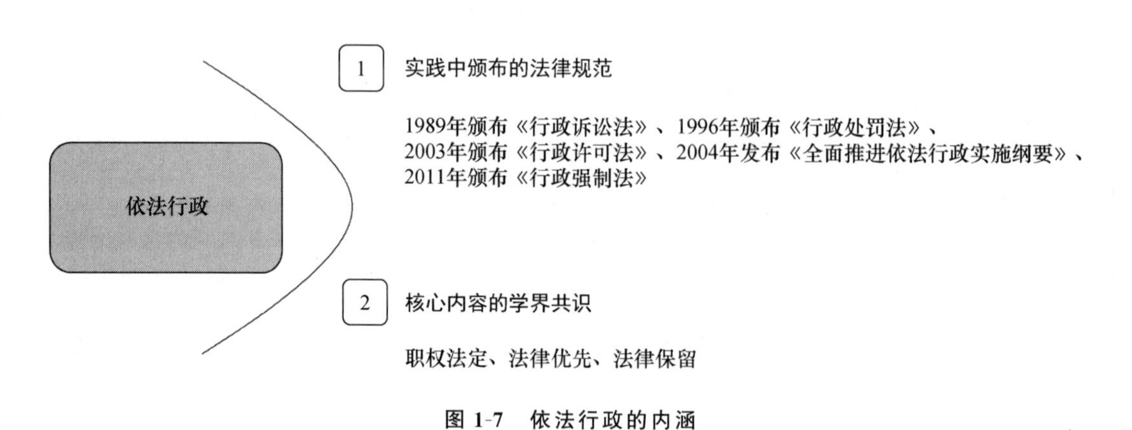

图 1-7 依法行政的内涵

（二）内容

1. 职权法定

表 1-16　职权法定的内涵

定义	具体要求	举例
任何行政职权的来源和行使都必须有明确的法律依据，越权无效，实施主体要受到法律追究，承担法律责任	主体设立合法：权、名、责	治安大队是公安机关的内设机构，不能以自己的名义对行为人作出治安行政处罚
	行政职权合法：职权来源合法、越权无效	① ★行政职权来源于法；② 越权无效，应承担法律责任。如《税收征收管理法》A68："纳税人、扣缴义务人在规定期限内不缴或者少缴应纳或者应解缴的税款，经税务机关责令限期缴纳，逾期仍未缴纳的，税务机关除依照本法第四十条的规定采取强制执行措施追缴其不缴或者少缴的税款外，可以处不缴或者少缴的税款百分之五十以上五倍以下的罚款。"
	行政行为形式合法：行政主体必须依照法定程序实施行政行为，如法定的方式、步骤、顺序、时限等	如《行政处罚法》A63、A64：行政机关拟作出较大数额罚款、吊销许可证件、责令停产停业等行政处罚决定的，应当告知当事人有要求听证的权利；行政机关应当在举行听证的七日前，通知当事人听证的时间、地点
	行政行为实体合法：行政行为依法律规定的范围、手段、方式进行，考虑相对人的违法程度，与合理性相关	《税收征收管理法》A74："本法规定的行政处罚，罚款额在二千元以下的，可以由税务所决定。" 《治安管理处罚法》A91："……警告、五百元以下的罚款可以由公安派出所决定。"

表 1-17　行政职权来源于法

行政职权	地方政府的规章制定权	高等学校的管理权	税务机关的征税权
法律依据	《地方各级人大和政府组织法》A60："省、自治区、直辖市的人民政府可以根据法律、行政法规和本省、自治区、直辖市的地方性法规，制定规章，报国务院和本级人民代表大会常务委员会备案。……"	《教育法》A29："学校及其他教育机构行使下列权利：（一）按照章程自主管理；（二）组织实施教育教学活动；（三）招收学生或者其他受教育者；（四）对受教育者进行学籍管理，实施奖励或者处分；（五）对受教育者颁发相应的学业证书；（六）聘任教师及其他职工，实施奖励或者处分；（七）管理、使用本单位的设施和经费；（八）拒绝任何组织和个人对教育教学活动的非法干涉；（九）法律、法规规定的其他权利。国家保护学校及其他教育机构的合法权益不受侵犯。" 《高等教育法》A42："高等学校设立学术委员会，履行下列职责：（一）审议学科建设、专业设置，教学、科学研究计划方案；（二）评定教学、科学研究成果；（三）调查、处理学术纠纷；（四）调查、认定学术不端行为；（五）按照章程审议、决定有关学术发展、学术评价、学术规范的其他事项。"	《税收征收管理法》A28："税务机关依照法律、行政法规的规定征收税款，不得违反法律、行政法规的规定开征、停征、多征、少征、提前征收、延缓征收或者摊派税款。农业税应纳税额按照法律、行政法规的规定核定。"

2. 法律优先

表 1-18 法律优先的内涵

定义	上一层级法律法规的效力高于下一层级法律法规的效力
具体要求	行政法规、规章不得与宪法、法律相抵触
	规章不得与行政法规相抵触
	在法律尚无规定，经授权行政法规、规章作出规定后，一旦法律作出规定，则法律优先，行政法规、规章必须服从法律，不得与之相抵触
法律位阶	★层级关系图（参见图 4-7）

3. 法律保留

表 1-19 法律保留的内涵

	宪法	行政法
定义	特定事项只能由法律制定	行政机关的行为，必须获得法律之授权，才能取得行为的合法性
法律依据	《立法法》A8："下列事项只能制定法律：（一）国家主权的事项；（二）各级人民代表大会、人民政府、人民法院和人民检察院的产生、组织和职权；（三）民族区域自治制度、特别行政区制度、基层群众自治制度；（四）犯罪和刑罚；（五）对公民政治权利的剥夺、限制人身自由的强制措施和处罚；（六）税种的设立、税率的确定和税收征收管理等税收基本制度；（七）对非国有财产的征收、征用；（八）民事基本制度；（九）基本经济制度以及财政、海关、金融和外贸的基本制度；（十）诉讼和仲裁制度；（十一）必须由全国人民代表大会及其常务委员会制定法律的其他事项。"	《立法法》A9："本法第八条规定的事项尚未制定法律的，全国人民代表大会及其常务委员会有权作出决定，授权国务院可以根据实际需要，对其中的部分事项先制定行政法规……"

杜某某诉北京市交管局西城交通支队西单队行政处罚案

2005 年 5 月 23 日，安徽来京务工人员杜某某查询得知自己于 2004 年 7 月 20 日至 2005 年 5 月 23 日在北京市西城区真武庙路头条西口同一地点被"电子眼"记录 105 次违章，被北京市交管局西城交通支队西单队（以下简称"西单队"）扣罚 210 分、缴纳罚款 10500 元。试问该处罚的法律依据和程序是否合法？

（1）处罚依据违法

西单队对杜某某实施行政处罚所依据的交通标志为非国家标准［《道路交通标志和标线》（GB5768-1999）］规定的禁行标志，属无效标志。

表 1-20　杜某某案处罚依据

<table>
<tr><td>法条依据</td><td colspan="2">《道路交通安全法》A25："全国实行统一的道路交通信号。……交通信号灯、交通标志、交通标线的设置应当符合道路交通安全、畅通的要求和国家标准，并保持清晰、醒目、明确、完好。……增设、调换、更新限制性的道路交通信号，应当提前向社会公告，广泛进行宣传。"</td></tr>
<tr><td>标准</td><td>处罚依据标志：
</td><td>国家现行标志：
 禁止通行
表示禁止一切车辆和行人通行，此标志设在禁止通行的道路入口处
 禁止驶入
表示禁止车辆驶入，此标志设在禁止驶入的路段入口处
禁止机动车通行
表示禁止某种机动车通行，此标志设在禁止机动车通行的路段入口处</td></tr>
</table>

（2）处罚程序违法

① 西单队对机动车的违法行为进行处罚，应当书面告知

其一，西单队通过电子摄像机记录了杜某某的交通违法行为，交通违章者尽管可以通过登陆交管部门的网站或预定短信等手段来获知自己是否违法，但外来务工者杜某某没有条件上网，为了省钱也并未定制短信，且执法部门没有将他违法的情况直接告知他。

其二，《北京市实施〈中华人民共和国道路交通安全法〉办法》第 107 条第 2 款规定："公安机关交通管理部门及其交通警察发现机动车有未处理的违法行为记录的，应当书面告知机动车所有人或者驾驶人，机动车所有人或者驾驶人应当按照告知的时间、地点接受处理。"

② 未告知处罚事由，行政处罚不能成立

《行政处罚法》第 62 条规定："行政机关及其执法人员在作出行政处罚决定之前，未依照本法第四十四条、第四十五条的规定向当事人告知拟作出的行政处罚内容及事实、理由、依据，或者拒绝听取当事人的陈述、申辩，不得作出行政处罚决定；当事人明确放弃陈述或者申辩权利的除外。"

四、合理性原则

（一）定义

行政权的行使必须客观、适度，符合公平正义等理性。

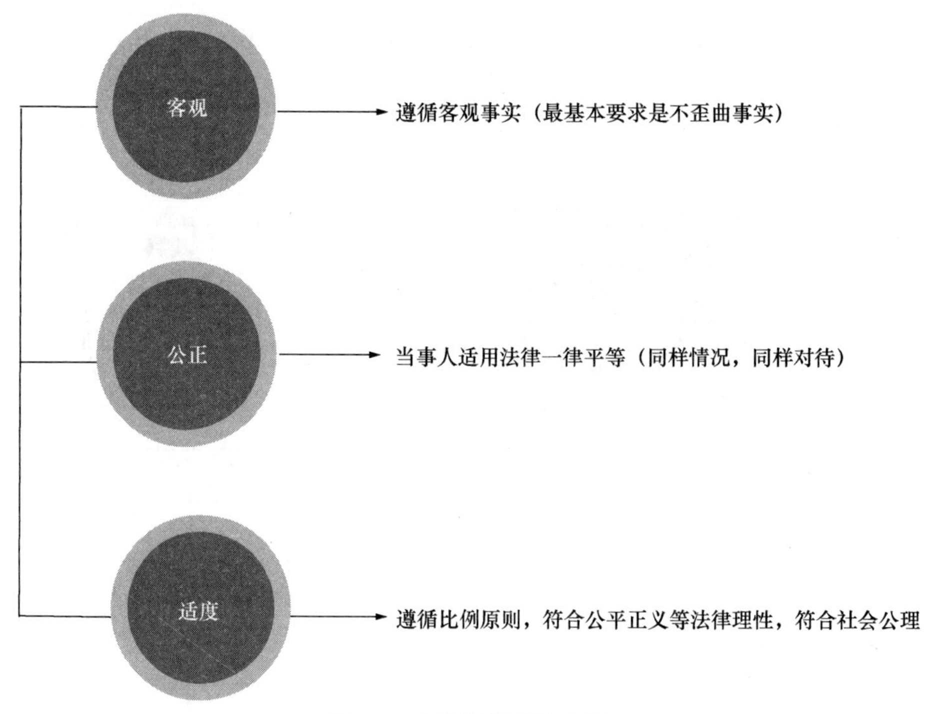

图 1-8　合理性原则的内涵

（二）内容

1. 公平公正对待原则（公正）

表 1-21　公平公正对待原则的内涵

概念	行政机关要平等对待行政相对人，不偏私、不歧视；同时，面对同等情况应当同等对待，不同情况应当区别对待，不得差别对待
具体要求	行政主体应平等对待行政相对人，国家应平等对待行政主体与行政相对人
举例	★自由裁量权 ★“钓鱼执法”案

（1）自由裁量权

① 概念

法律、法规赋予行政机关在行政管理中依据立法目的和公正合理的原则，自行判断行为条件、选择行为方式和作出行政决定的权力。

② 规范自由裁量权——裁量基准

通过将法律预定的裁量范围细化，按照裁量所涉各种不同情形，设以固定的判断、处理标准，为自由裁量权的行使设定明细化的实体性操作标准。

表 1-22 2020 年《上海市城市管理行政执法行政处罚裁量基准八（试行）》

处罚依据	违法行为表现情形	行政处罚标准
《公共租赁住房管理办法》A34（1）第 2 项："公共租赁住房的所有权人及其委托的运营单位违反本办法，有下列行为之一的，由市、县级人民政府住房保障主管部门责令限期改正，并处以 3 万元以下罚款：……（二）未履行公共租赁住房及其配套设施维修养护义务的；"	未履行公共租赁住房及其配套设施维修养护义务，责令限期改正后自行改正的	处 1 万元以下罚款
	未履行公共租赁住房及其配套设施维修养护义务，责令限期改正后逾期未改正的	处 1 万元以上 3 万元以下罚款

（2）案例分析

表 1-23 "钓鱼执法"案

基本案情	2009 年 9 月 8 日，张某驾驶私家车好心搭载一名"胃痛路人"时，车辆被该区交通行政执法大队以涉嫌非法营运暂扣。9 月 14 日，执法大队作出认定张某从事非法营运，罚款 1 万元的行政处罚决定。9 月 28 日，张某以该行政处罚决定"没有违法事实和法律依据，且程序违法"为由，向上海市闵行区人民法院提起行政诉讼
处罚依据	《上海市出租车汽车管理条例》（1995 年通过，2006 年第四次修正）A49（1）："擅自从事出租汽车经营的，由市交通执法总队、区县交通执法机构没收其非法所得，并处二千元以上五万元以下的罚款。"
合理性的法治实践	① 2010 年 4 月《上海市人民政府关于加强查处机动车非法客运的通告》（2010 年 4 月 15 日上海市人民政府令第 32 号公布）A7："行政执法机构工作人员不得采用威胁、引诱、欺骗等方式收集机动车非法客运的证据。采用上述方式取得的证据，不得作为查处机动车非法客运的依据。" ② 2010 年 6 月上海市人民政府出台《上海市人民政府关于进一步规范和加强行政执法工作的意见》《上海市行政执法人员执法行为规范》

2. 考虑相关因素原则（客观）

（1）定义

表 1-24 考虑相关因素原则的内涵

概念	行政机关在作出行政决定和进行行政裁决时，只能考虑符合立法授权目的的相关因素，不得考虑无关因素
识别标准	判定相关因素：法律规定作出行政决定的条件和法律立法目的上所要求的应该考虑的因素
情形	法律已规定：法律条款明确规定或结合总则或相关法律推导； 事理中体现：科学依据、逻辑、事物的重要特征； 情理中寻找：道德和风俗习惯
举例	★高考生身高 1.48 米，被西政拒录

（2）案例分析

何某毕业于温州市一所中学，在校期间一直担任团支部书记，曾被评为温州市优秀学生干部、浙江省“三好学生”；高考文科成绩为579分，填报的第一志愿是西南政法大学。2003年7月14日，浙江省招办公布第一批重点本科院校、第一志愿投档线，何某的高考成绩比西南政法大学的投档线高出37分，居浙江省投报该校考生的前列。但是，7月16日，西南政法大学以何某身高太矮为由将其档案退回。

表1-25 考虑不相关因素表现

录取条件	西政2003年招生章程除对提前批治安学、侦查学、刑事科学技术专业的考生有身高要求外，其余各专业均无身高要求，并注明预备党员、学生党员、省“三好学生”等在同等条件下优先录取
何某的条件	① 高考成绩为579分（高出西政投档线37分）； ② 预备党员、浙江省“三好学生”； ③ 第一志愿填报该校法学、新闻学、国际经贸、英语等四个专业
考虑不相关因素	身高太矮

3. 比例原则（适度）

（1）定义

表1-26 比例原则的内涵

概念	行政权的行使为达到所追求的行政目的，应全面权衡公共利益与公民、法人和其他组织的个人利益，尽量采取对行政相对人权益损害最小的方式
构成要件	① 适当性原则：强调手段对目的的实现作用。行政主体所采取的手段能够或有助于达到所追求的目的，如对于严重超载的货车，交警采取罚款措施后予以放行没有达到制止超载货车所带来的危险的目的，违反了适当性原则。 ② 必要性原则：强调手段的最小负面影响。行政主体行使行政行为，为了达到法定的行政目的时，如果有多种措施可供选择，则应采取给相对人造成最小侵害的措施，如警察“不可用大炮打麻雀”。 ③ 均衡性原则：强调手段欲实现的目的价值。行政手段对相对人权益的损害必须小于该行政目的所欲实现的社会公共利益
举例	★汇丰实业发展有限公司诉哈尔滨市规划局行政处罚案 ★陈宁诉辽宁省庄河市公安局不予行政赔偿决定案

（2）案例分析

表1-27 比例原则的应用

案件名称	适当性原则 （目的取向）	必要性原则 （法律后果）	均衡性原则 （价值取向）
汇丰实业发展有限公司诉哈尔滨市规划局行政处罚案	拆除活动能达到不遮挡街道景观的行政目的	在有多种措施可供选择的条件下，应当遵循对相对人侵害最小原则，只需将遮挡的楼层进行改修，不必全部拆除。该处罚结果不具有必要性	欲保护的街道景观利益在改修楼层后即可保全，不必再损害汇丰公司的利益，处罚行为给相对人造成了过度不利影响，违反了均衡性原则

（续表）

案件名称	适当性原则（目的取向）	必要性原则（法律后果）	均衡性原则（价值取向）
陈宁诉辽宁省庄河市公安局不予行政赔偿决定案	采用焊切车门手段与救出司机的目的具有一致性	司机被夹在事故后的轿车驾驶室中，当时无其他方法能打开已经变形的车门。该手段具有必要性	气焊切割车门的方法虽然会导致车门破损，甚至造成轿车的全部毁损，但相对于人的生命而言，破损车门或者造成轿车毁损对他人利益的损害明显较小，所欲保护的生命价值明显大于车辆的财产价值

（三）合法性原则与合理性原则

（1）合法与合理的关系

法律是道德的最高要求，道德是法律的最低底线；合法不一定合理，合理多半合法。

（2）合法与合理的区别

① 合法性原则强调形式正义，合理性原则注重实质正义；

② 合法性原则是一般性原则，合理性原则为更高标准。

（3）行政法中合理性原则的架构

① 行政行为要求既合法又合理，否则行政相对人不服；

② 行政复议是行政机关内部活动，既审查合法性又审查合理性（上下级＋专业性）；

③ 行政诉讼是人民法院的活动，法院一般只审查合法性（权力分立，专业相别）。

表 1-28　行政复议和行政诉讼的审查要求

	合法性	合理性
行政复议	√	√
行政诉讼	√	×（除非明显不合理）

五、信赖保护原则

（一）定义

当行政相对人对行政行为形成值得保护的信赖时，行政主体不得随意撤销或者废止该行为，否则必须合理补偿行政相对人信赖该行为有效存续而获得的利益。

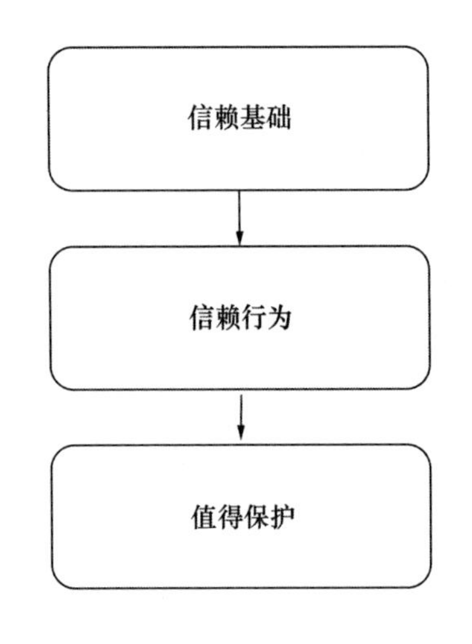

行政机关的先行为给了行政相对人一个预期

基于上述先行为，行政相对人作出特定行为

若行政主体突破该先行为，则行政相对人基于信赖作出的行为受到保护

图 1-9　信赖保护原则的内涵

（二）案例分析

表 1-29　信赖保护原则的应用

案件简称	基本案情	信赖基础	信赖行为	值得保护
成都机场广告牌拆除案	2004年3月，为了整治乱设的广告牌，四川省成都市高新区执法局双流县综管办的执法人员对成都机场高速路两侧路边所有广告牌进行强制拆除。机场路十几家广告公司提出异议，认为属于它们的40多座广告牌当时都经各部门层层批准，办理了合法手续，不属于违法广告	① 根据成都市人民政府96号令，在间距不小于800米的情况下可以设立广告塔；② 审批职能由工商局转移给市容环境管理局后，后者延误两年未能及时履行审批职责，办理审批，但交通局每年下发“同意设置”的批文并收取6.5万元的占地费	广告公司办理合法手续，设立广告牌	市容环境管理局因城市规划原因未能及时履行审批职责，不能随意撤销给予行政相对人的行政许可。因公共利益需要进行行政许可变更的，须依法进行赔偿
吴某某等诉山西吕梁市工伤保险管理服务中心案	原告吴某某之夫冯某某系山西省吕梁市柳林县兴无煤矿的固定职工。2007年5月9日，冯某某出差发生车祸死亡。兴无煤矿于2007年12月26日一次性为包括原告冯某某在内的固定工缴费。原告向被告提出核定工伤保险待遇的请求，被告认为兴无煤矿在冯某某死亡后才交纳工伤保险费，不予核定工伤保险待遇。根据吕政发〔2006〕161号文件中“用人单位未按时缴纳工伤保险费的，欠缴期间的工伤保险待遇由用人单位支付，补缴后工伤保险基金不予补支”的规定，被告辩称冯某某的工伤保险待遇应由煤矿负担，而不应当由社保部门支付	不定期缴纳保险费是惯例，是信赖基础（从2005年始，被告一直采取不定期的缴费方式收缴保险费并办理手续，这种缴费方式一直为柳林县主管机关认可）	不定期缴纳保险金成为信赖行为（该行为对行政相对人的利益产生影响）	这种不定期缴纳社会保险费用的方式在当地工伤保险管理实际工作中已形成习惯性做法，企业和职工均认为已合法参加工伤保险并享有保险待遇，且不存在过错，对该信赖利益应予保护

（续表）

案件简称	基本案情	信赖基础	信赖行为	值得保护
益民公司案	2000年，周口地区建设局以10号文授予益民公司燃气专营权；2003年5月，周口市计委在未撤销前文情况下又发出《招标方案》；2003年6月，周口市计委以54号文授予亿星公司天然气独家经营权	周口地区建设局依法授予益民公司燃气专营权（排他许可）	益民公司已在周口市川汇区建成燃气调压站，并在该区的主要街道和部分小区实际铺设燃气管道	周口市计委置当时仍然生效的10号文不顾，径行发布《招标方案》，益民公司的信赖利益应受保护

第六节　行政法律关系

一、引言

（1）行政法律关系是不平等主体之间的权利义务关系，强调公权的优益性、规范性以及公权与民主权利的平衡性，是法律关系的组成部分。

（2）规范的适用是在案件事实与法律事实之间进行目光的交流往返的过程。

（3）对法律适用的前提是确定法律规范的性质。以下以范某某偷税漏税案为核心，说明法律关系中法律规范的适用。

2018年5月底，范某某被曝光在电影《大轰炸》中收取3000万元片酬，并通过“阴阳合同”偷逃个人所得税618万元、少缴营业税及附加112万元。此外，由其担任法定代表人的企业少缴税款2.48亿元，其中偷逃税款1.34亿元。

表1-30　范某某偷逃税案

法规检索	《民法典》A153：“违反法律、行政法规的强制性规定的民事法律行为无效。但是，该强制性规定不导致该民事法律行为无效的除外。违背公序良俗的民事法律行为无效。”	《刑法》A201：“纳税人采取欺骗、隐瞒手段进行虚假纳税申报或者不申报，逃避缴纳税款数额较大并且占应纳税额百分之十以上的……经税务机关依法下达追缴通知后，补缴应纳税款，缴纳滞纳金，已受行政处罚的，不予追究刑事责任……”	《税收征收管理法》A69：“扣缴义务人应扣未扣、应收而不收税款的，由税务机关向纳税人追缴税款……”
法律关系	为逃税签订“阴阳合同”，隐藏真实合同的行为违反了《税收征收管理法》等强制性规定，损害了国家和社会利益，合同无效，不属于民法调整范围，非民事法律关系	由于范某某属于首次被税务机关按偷税予以行政处罚且此前未因逃避缴纳税款受过刑事处罚，上述定性为偷税的税款、滞纳金、罚款在税务机关下达追缴通知后在规定期限内缴纳的，仅受行政处罚，非刑事法律关系	对范某某及其担任法定代表人的企业追缴税款，共计8.84亿元

二、概念

行政法律关系是为行政法所规定调整，具有行政法上权利与义务内容的各种社会关系。其中最主要的是行政机关与行政相对人之间的权利义务关系。

1. 以权利义务为内容

表 1-31　繁育天鹅需要办理许可证

事件	行政法规	权利义务
繁育天鹅（国家二级保护动物）	《野生动物保护法》A25（1）（2）："国家支持有关科学研究机构因物种保护目的人工繁育国家重点保护野生动物。前款规定以外的人工繁育国家重点保护野生动物实行许可制度。人工繁育国家重点保护野生动物的，应当经省、自治区、直辖市人民政府野生动物保护主管部门批准，取得人工繁育许可证，但国务院对批准机关另有规定的除外。"	（1）行政机关 权力：① 审核并颁发许可证；② 对饲养过程中的违法行为作出处罚； 义务：说明不予许可的理由。 （2）行政相对人 权利：提出申请许可； 义务：服从管理依法繁育，违法时履行行政处罚决定

2. 为行政法所确认

表 1-32　行政法介入实践新兴权利

新兴权利	法律依据
公民个人信息保护权（信息知情权、信息更正权、被遗忘权）	2021 年，第十三届全国人大常委会第三十次会议通过《个人信息保护法》。 A44【信息知情权】："个人对其个人信息的处理享有知情权、决定权，有权限制或者拒绝他人对其个人信息进行处理；法律、行政法规另有规定的除外。" A46（1）【信息更正权】："个人发现其个人信息不准确或者不完整的，有权请求个人信息处理者更正、补充。" A47【被遗忘权】："有下列情形之一的，个人信息处理者应当主动删除个人信息；个人信息处理者未删除的，个人有权请求删除：（一）处理目的已实现、无法实现或者为实现处理目的不再必要；（二）个人信息处理者停止提供产品或者服务，或者保存期限已届满；（三）个人撤回同意；（四）个人信息处理者违反法律、行政法规或者违反约定处理个人信息；（五）法律、行政法规规定的其他情形。法律、行政法规规定的保存期限未届满，或者删除个人信息从技术上难以实现的，个人信息处理者应当停止除存储和采取必要的安全保护措施之外的处理。"
公民辅助生殖权利保护	1998 年科学技术部、卫生部制定并发布《人类遗传资源管理暂行办法》；2019 年国务院公布《人类遗传资源管理条例》；2001 年卫生部颁布《人类辅助生殖技术管理办法》《人类精子库管理办法》《人类精子库技术规范》；2003 年卫生部颁布《人类精子库基本标准和技术规范》《人类辅助生殖技术规范》《人类辅助生殖技术和人类精子库伦理原则》，印发《人类辅助生殖技术与人类精子库评审、审核和审批管理程序》

（续表）

新兴权利	法律依据
光污染防治	2012年修订的《上海市城市环境（装饰）照明规范》，将“居住区照明”放在首位，明确规定灯光不可射入民居，所有面对住房的灯具必须采取措施，如降低输出光通量，以免其外溢光、杂散光射入临近住宅的窗户
美国行政法对无人驾驶汽车的法律规制	2011年，美国内华达州议会率先通过了AB511法案（Assembly Bill No. 511, Committee on Transportation）

三、特征

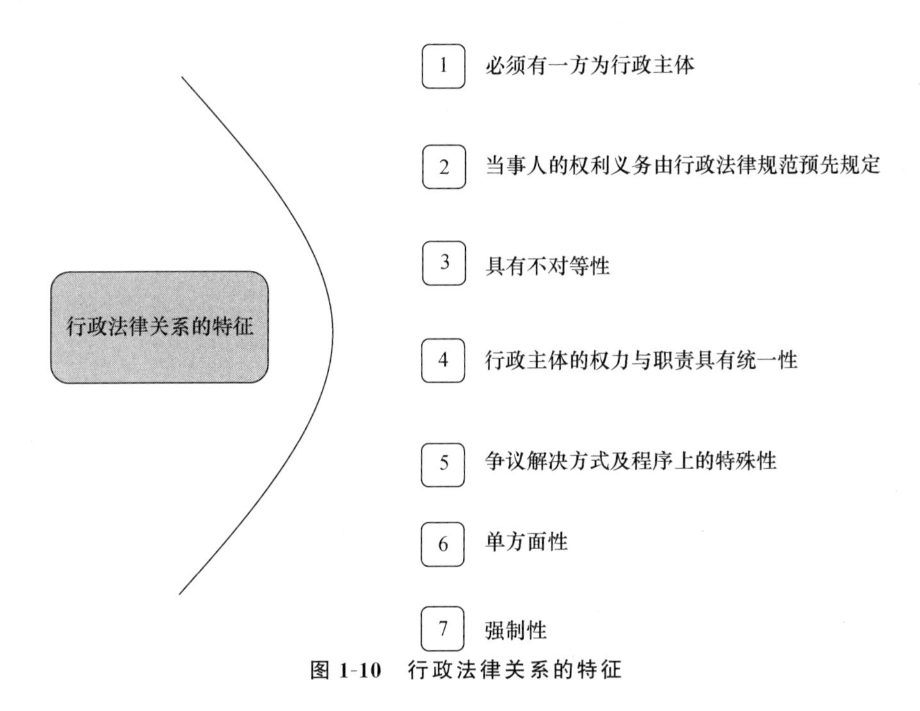

图1-10　行政法律关系的特征

四、构成要素

（1）主体：行政主体与行政相对人、行政相关人。

（2）客体：物（没收违法所得、征收、征用）、行为（作为，如责令停产停业、暂扣或者吊销许可证和营业执照；不作为，如行政相对人不依法纳税）。

（3）内容：行政法上的权利（权力）和义务（职责）。

表1-33　行政法律关系的内容

行政主体		行政相对人	
权力	职责	权利	义务
许可权、处罚权等	告知、说明理由、听取申辩	知情了解、陈述申辩、参与监督	服从管理、遵守并履行处罚

第二章

行 政 主 体

第一节　行政主体概述

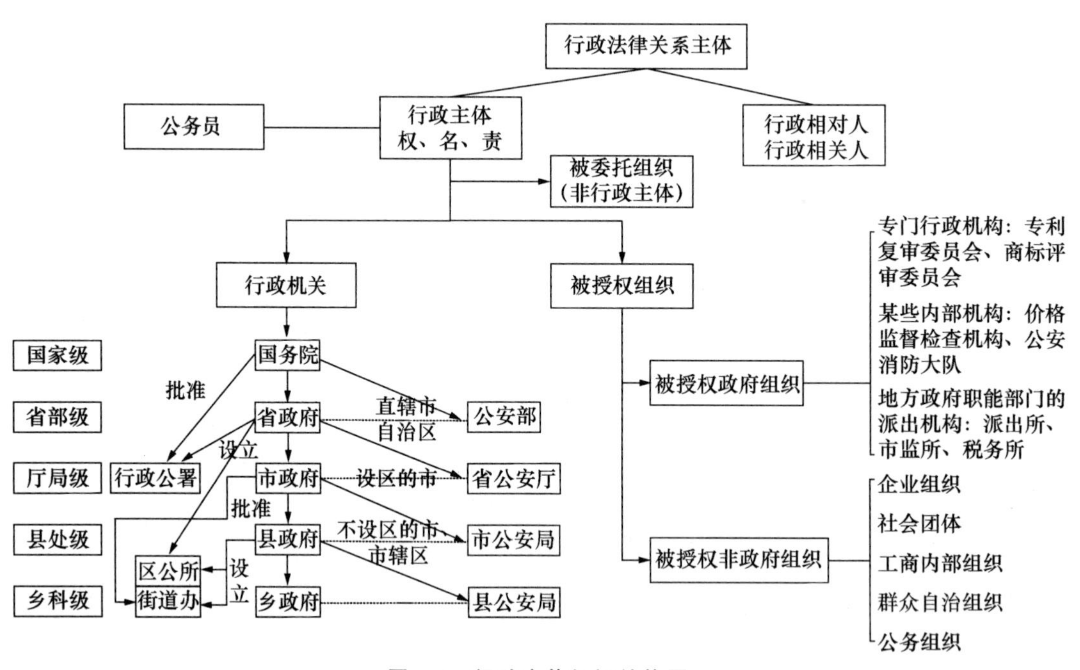

图 2-1　行政主体知识结构图

一、行政主体概念

行政主体是享有国家行政职权，以自己的名义行使行政权，独立地承担法律责任的组织。

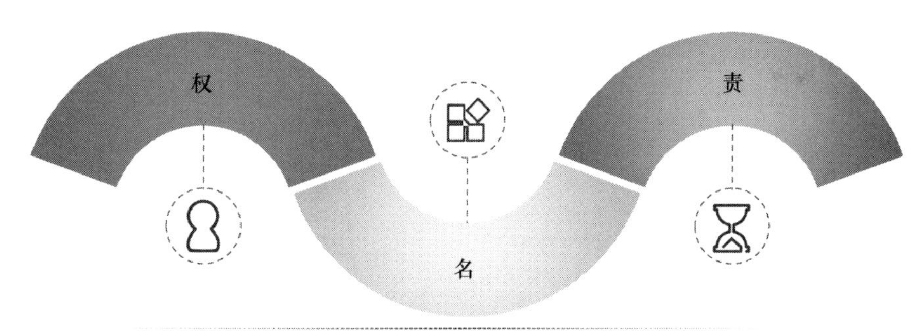

享有并行使行政职权

（1）并非“头戴国徽图案大檐帽”的就是有权；
（2）职责一般有法律依据（宪法、组织法、单行法律）

能以自己名义开展行政活动

若上海政法学院以青浦区税务局名义作出一个征收，则应告税务局（以法律文书上的签名盖章来体现名义）

能够独立承担因行政活动而产生的法律责任

复议被申请人、诉讼被告、赔偿义务机关

图 2-2　行政主体的“权、名、责”

二、行政主体种类

（一）行政机关——由《宪法》《地方各级人大和政府组织法》规定设立

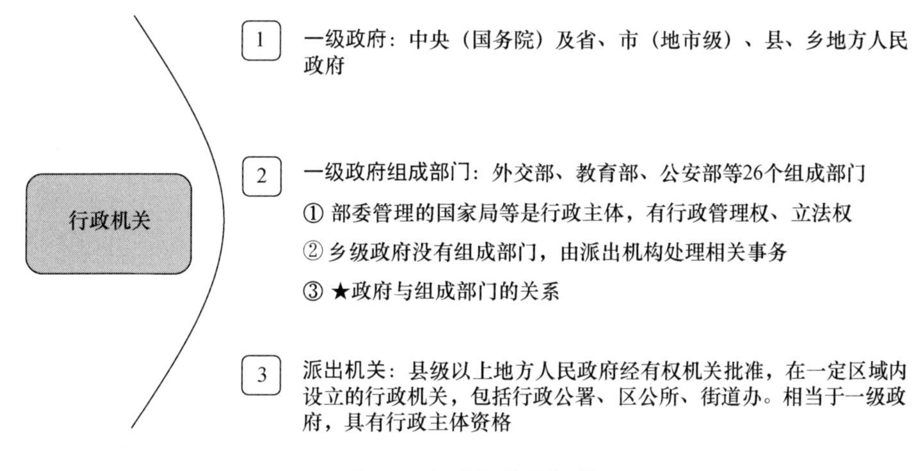

图 2-3　行政机关的组成

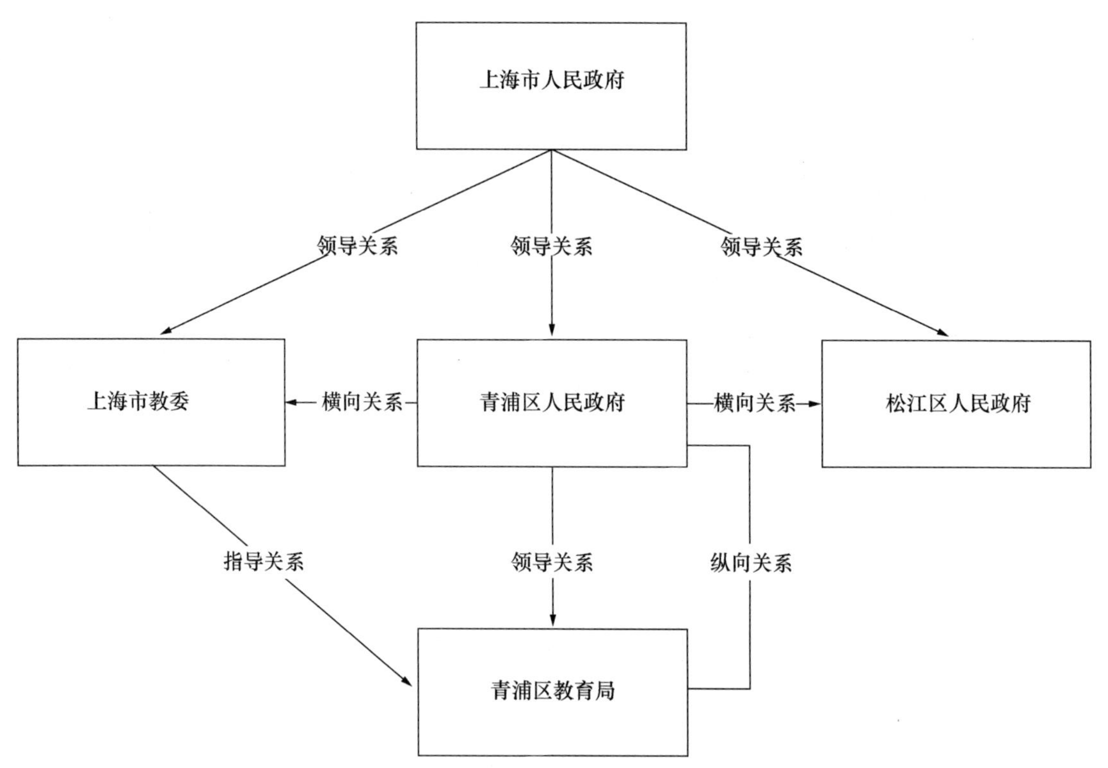

图 2-4 政府与组成部门的关系——行政机关之间的隶属关系+行政机关之间的公务协助关系

（二）被授权组织

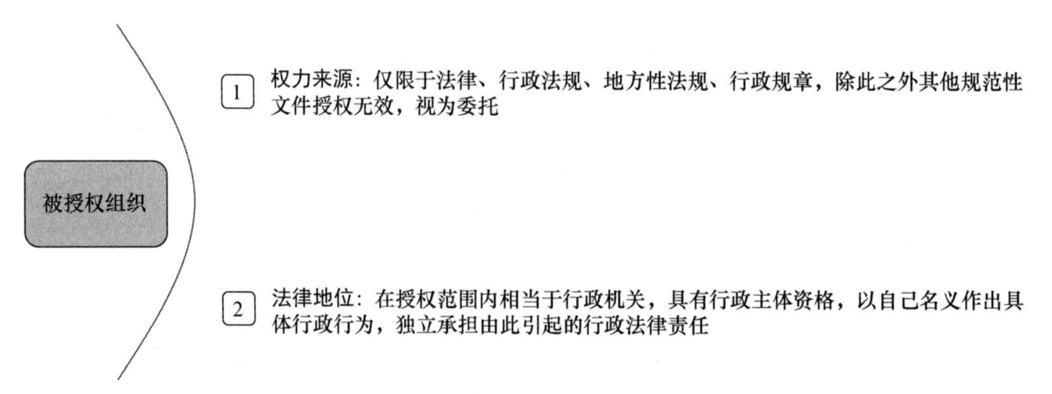

图 2-5 被授权组织的权力来源和法律地位

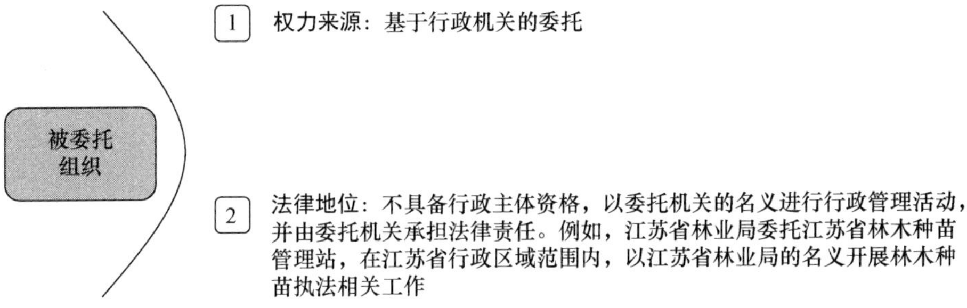

图 2-6　被委托组织的权力来源和法律地位

第二节　行政机关

一、行政机关概述

行政机关是依照宪法和有关组织法的规定设立的，依法享有并运用国家行政权，负责对国家各项行政事务进行组织、管理、监督和指挥的国家机关。

表 2-1　行政机关与被授权组织

	类型	权力来源	行为名义	责任承担
行政机关	中央、地方行政机关	宪法、组织法	自己	自己
被授权组织	事业单位（银保监会、证监会、社保基金会、气象局、高校）、社会团体（轻工、纺织工业联合会）、国有公用企业（水、电、气）	法律、法规、规章	自己	自己

注：【事业单位改革】《中共中央、国务院关于分类推进事业单位改革的指导意见》《中共中央关于深化党和国家机构改革的决定》规定，不再批准设立承担行政职能的事业单位和从事生产经营活动的事业单位，只保留从事公益服务的事业单位，强化其公益属性。

二、中央行政机关

（一）概述

表 2-2 中央行政机关的组成等

组成	行政主体资格	不具有行政主体资格
国务院	即中央人民政府，是最高国家权力机关的执行机关，是最高国家行政机关，有行政主体资格	
国务院组成部门	共 26 个，均有行政主体资格，包括部、委（国家发展和改革委员会、国家卫生健康委员会、国家民族事务委员会）、行（中国人民银行）、署（审计署）	
国务院直属特设机构		国务院国有资产管理委员会
国务院直属机构	共 11 个，大部分有行政主体资格，如海关总署、国家税务总局、国家广播电视总局、国家市场监督管理总局、国家国际发展合作署、国家医疗保障局、国家体育总局、国家统计局	国务院参事室、国家机关事务管理局
国务院直属事业单位	仅中国证券监督管理委员会、中国银行保险监督管理委员会、中国气象局有行政主体资格	新华通讯社、“三院”（中国科学院、中国社会科学院、中国工程院）、国务院发展研究中心、中央广播电视总台
国务院办公机构		国务院办公厅
国务院办事机构		国务院港澳事务办公室、国务院研究室
国务院部委管理的国家局	有行政主体资格，如国家信访局、国家粮食和物资储备局、国家能源局、国家国防科技工业局、国家烟草专卖局、国家移民管理局、国家林业和草原局、国家铁路局、中国民用航空局、国家邮政局、国家文物局、国家中医药管理局、国家矿山安全监察局、国家外汇管理局、国家药品监督管理局、国家知识产权局	

（二）机构改革背景

表 2-3 机构改革背景

原因：时代变化，需要调整管理方式和部门设置	从计划经济到社会主义市场经济：由经济严格管制变化为市场调节在经济领域起主导作用
	部门、管理方式变化：石油工业部改组为中国石油天然气总公司（1988）；撤销纺织工业部，成立中国纺织总会（1993），后改组成国家纺织工业局（1998），之后又被撤销，成立中国纺织工业协会（2001）；撤销国家机械工业委员会和电子工业部，成立机械电子工业部（1988），后被拆成两个部——机械工业部、电子工业部（1993），之后又被撤销，并新组建成立信息产业部（1998），历经十年后更换为工业和信息化部（2008）

（续表）

历史变迁：中华人民共和国成立以来，行政机构体系一直走“精简—膨胀—再精简”的道路	机构改革目的：精简机构、优化配置、提高效能、节约管理成本 ★八次机构改革

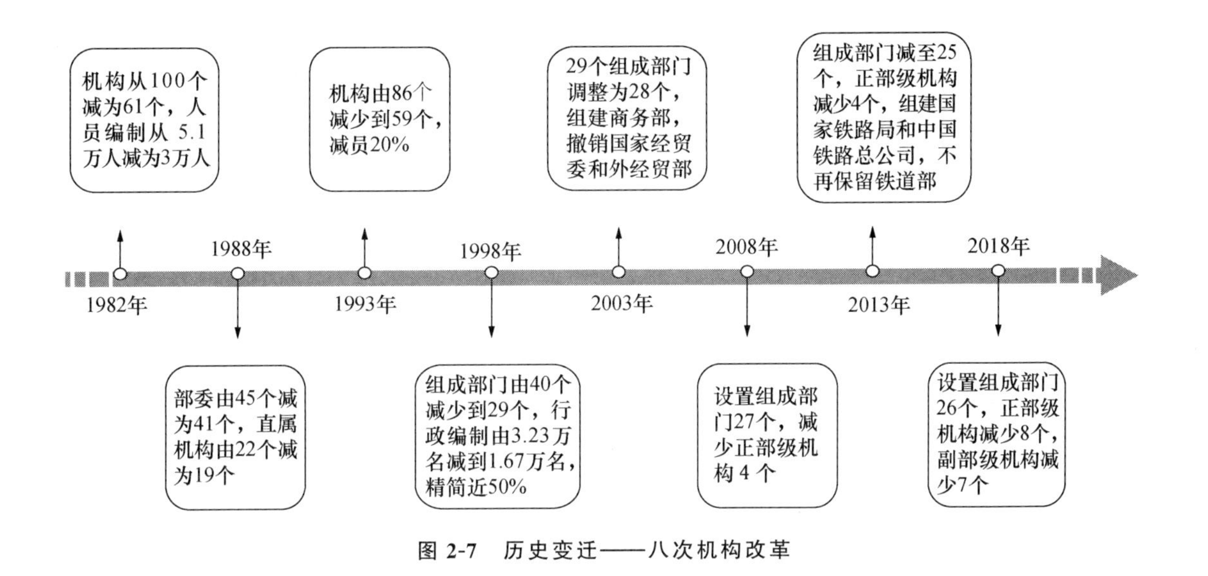

图 2-7　历史变迁——八次机构改革

三、地方行政机关

（一）地方政府

表 2-4　地方政府的性质、级别和组成部门类型

性质	地方各级国家权力机关的执行机关，由其产生，对其负责	
级别	宪法中确定三级，即省（自治区、直辖市），县（自治县、市），乡（民族乡、镇），但实践中存在三级和四级并存的体制	
组成部门类型	统一设置、上下对口	如发展和改革、教育、科技、民族事务、公安、民政、司法、财政、人力资源和社会保障、国土资源、住房和城乡建设、交通运输、商务、文化、卫生、人口和计划生育、水利、农业、审计、环境保护、工业和信息化等机构
	因地制宜、分开设置	如上海市口岸服务办公室
★下级工作部门关系	双重领导、垂直管理	

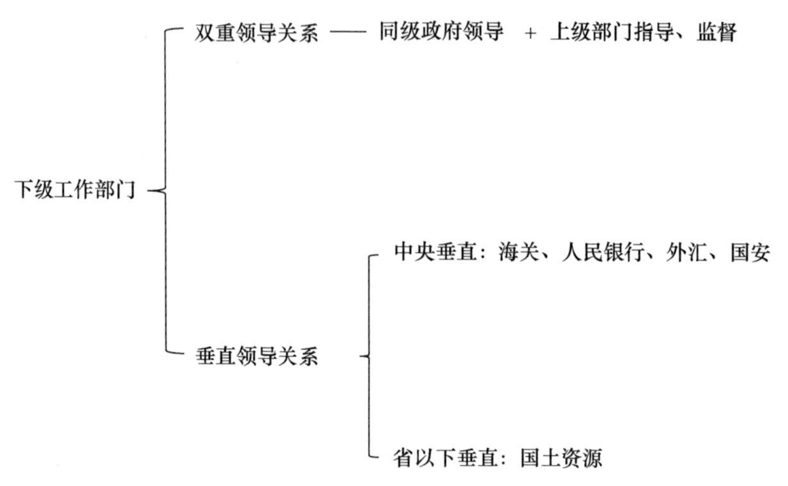

图 2-8　下级工作部门关系

(二) 派出机关

派出机关是县级以上地方人民政府经有权机关批准，在一定区域内设立的行政机关，包括行政公署、区公所、街道办。(《地方各级人大和政府组织法》A68)

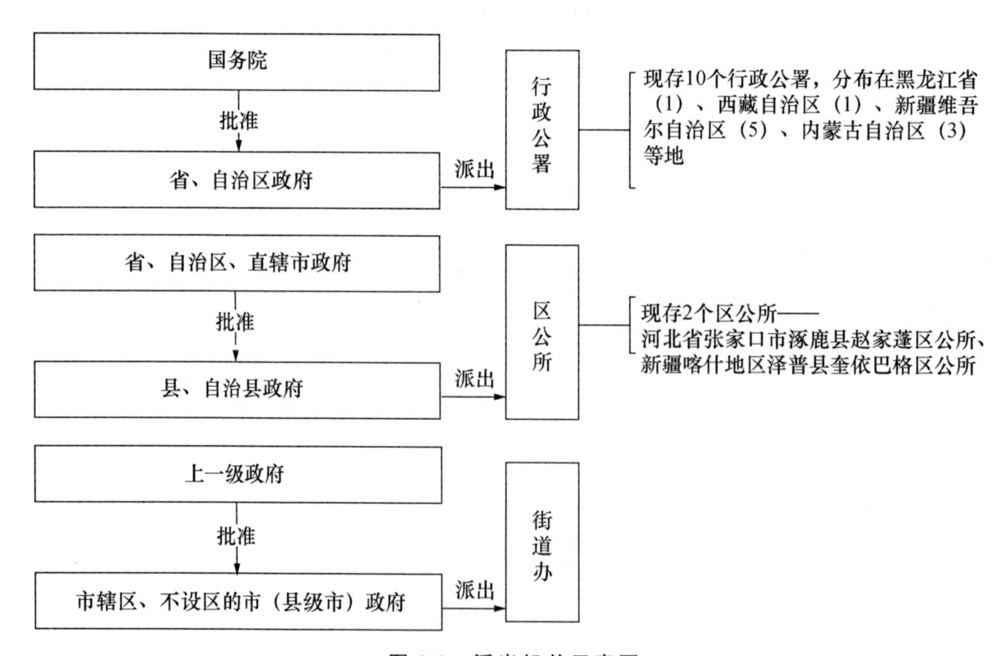

图 2-9　派出机关示意图

（三）派出机构

1．地位

一般不具有行政主体资格，除非有法律、法规、规章的特别授权。

2．举例

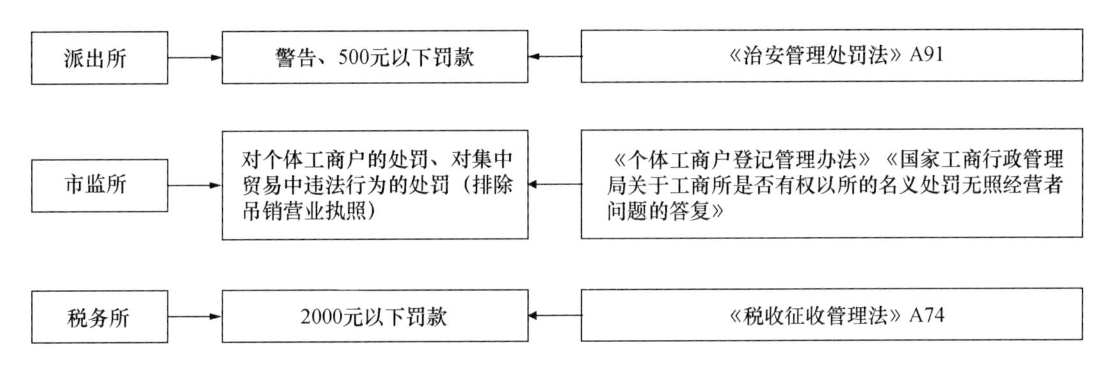

图 2-10 派出机构举例

第三节 被授权组织

一、被授权组织概述

被授权组织是行政机关以外的依照法律、法规的具体授权规定而获得行政主体资格的组织。

表 2-5 被授权组织特征

特征	具体说明
行政机关以外的政府组织与非政府组织	政府组织：内设机构＋派出机构； 非政府组织：企业组织、事业单位、社会团体、群众自治组织、公务组织
依照法律、法规（包括地方性法规）授权规定而取得行政主体资格	地方性法规，如《上海市民用机场地区管理条例》A4（2）：“上海机场（集团）有限公司（以下称机场管理机构）负责机场的建设、安全和运营，并依照本条例的授权实施行政处罚。”
资格的取得与组织机构的设立可同步或不同步	（1）同步。《商标法》A2（2）：“国务院工商行政管理部门设立商标评审委员会，负责处理商标争议事宜。” （2）不同步。1982 年 1 月中国烟草总公司成立。1991 年 6 月 29 日第七届全国人大常委会第二十次会议通过《烟草专卖法》，授权全国烟草总公司及省级烟草公司行使下达卷烟产量指标的行政职能

（一）类型

表 2-6　被授权组织类型

<table>
<tr><td rowspan="2">被授权
政府组织</td><td>内部机构</td><td>《专利法》A41（1）：“专利申请人对国务院专利行政部门驳回申请的决定不服的，可以自收到通知之日起三个月内向国务院专利行政部门请求复审。国务院专利行政部门复审后，作出决定，并通知专利申请人。”
《商标法》A2（2）：“国务院工商行政管理部门设立商标评审委员会，负责处理商标争议事宜。”
公安局交警大队、价格监督检查机构</td></tr>
<tr><td>派出机构</td><td>审计署驻省、自治区、直辖市办事处；公安派出所、市场监管所</td></tr>
<tr><td rowspan="5">被授权
非政府组织</td><td>企业组织</td><td>自来水公司、地铁运营公司、烟草公司、金融企业、煤气公司、电力公司等</td></tr>
<tr><td>事业单位</td><td>高校、国境卫生检疫机构、卫生防疫站、检验检疫机构</td></tr>
<tr><td>社会团体</td><td>律协、工会、共青团、残联、妇联、红十字会、法学会、注册会计师协会、佛教协会等</td></tr>
<tr><td>群众自治组织</td><td>村委会、居委会</td></tr>
<tr><td>公务组织</td><td>足协、体育总会等专门从事某项管理公共事务职能的组织</td></tr>
</table>

（二）举例

表 2-7　被授权组织举例

举例	法律依据
自来水公司	《上海市供水管理条例》A27：本市公共供水的用水单位自行建设供水进户计量水表以外的供水输配管道及其附属设施，经公共供水企业验收合格后，方可投入使用，并实施统一管理。
地铁运营公司	《上海市轨道交通管理条例》A4：授权市人民政府确定的轨道交通企业按照本条例的授权实施行政处罚
烟草公司	《烟草专卖法》A14：授权全国烟草总公司及省级烟草公司行使下达卷烟产量指标的行政职能
金融企业	《中国人民银行假币收缴、鉴定管理办法》A6：授权金融机构收缴假币
高校	《高等教育法》A42：高等学校设立学术委员会，调查、认定学术不端行为； 《学位条例》A8：授权高校授予学位
律协	《律师法》A46：授权律协制定行业规范和惩戒规则
村委会	《村民委员会组织法》A24：授权村委会讨论决定本村享受误工补贴的人员及补贴标准，从村集体经济所得收益的使用，以借贷、租赁或者其他方式处分村集体财产等事项
足协	《体育法》A47：授权体育社会团体对违反纪律和体育规则的行为给予处罚

二、行政授权

行政授权是法律、法规、规章将某项或某一方面的行政职权，通过法定方式授予除行政机关外的组织的法律行为。被授权方以自己的名义实施行政管理活动、行使行政职权，并独立承担法律责任。

表 2-8 行政授权的类型

法律、法规、规章明文规定	法律依据	《行政诉讼法》A2（2）：法律、法规、规章授权的组织作出的行政行为可诉； 《关于适用〈行政诉讼法〉的解释》A20（2）：法律、法规、规章授权组织，超出法定授权范围实施行政行为的，以该组织为被告
	修法背景	《关于执行〈行政诉讼法〉若干问题的解释》A20（3）增加了规章授权组织可以成为被告。原因：出于行政管理和公共服务的实际需要，一些规章授权组织实施了诸如行政给付等行为，将其纳入可诉对象有利于保护行政相对人的合法权益
	规章授权	如公安部通过《机动车登记规定》《机动车驾驶证申领和使用规定》两部规章，将涉及机动车的登记及驾驶证业务的职能授权给各级车管所（属于公安局下属交警队的内部机构）集中行使
法律、法规、规章的委托视为授权，行政机关“二次授权”等视为委托	定义	二次授权：法律未直接授权，规定具体事项由特定行政机关决定
	举例	《森林法实施细则》A24（1）：“对违反森林法行为的行政处罚，由县级以上林业主管部门或其授权的单位决定。” 定性：全国人大常委会法工委解释为行政委托而非行政授权行为； 原因：县级以上林业主管部门依据该条规定对特定单位的授权是“二次授权”，对行政处罚权的分配，超出了全国人大及其常委会在《森林法》中确立的处罚权分配基本框架，只能被视作行政委托

三、行政委托

（一）概念和举例

表 2-9 行政委托的概念和举例

概念	行政机关依法将部分行政职权委托给其他行政机关或社会组织行使，受委托者以委托机关的名义进行行政管理活动，并由委托机关承担法律责任

（续表）

举例	税收代扣代缴人	《税收征收管理法实施细则》A44：税务机关可委托有关单位和人员代征零星分散和异地缴纳的税收
	规范性文件评估	《广东省政府规章立法后评估规定》A6：评估机关可将立法后评估的部分事项或者全部事项委托高等院校、科研机构、社会团体进行
	公用路灯维修	《电力供应与使用条例》A14：乡、民族乡、镇人民政府或者县级以上地方人民政府有关部门可委托供电企业代为有偿设计、施工和维护管理公用路灯

（二）行政授权与行政委托的区别

表 2-10　行政授权与行政委托

	行政授权	行政委托
权力性质	后天、长期	后天、临时
产生基础	基于法律、法规、规章的立法行为	基于行政机关的行政行为
作出行为名义	以自己的名义	以委托者的名义
创设对象	行政主体	受委托主体
诉讼中地位	行政主体，可以成为行政诉讼中的被告	非行政主体，不能成为行政诉讼中的被告
实施条件	须有法律、法规、规章的明文规定	更多受合同规则约束
适用对象	行政机关以外的组织	符合条件的组织
行为后果归属	独立承担法律责任	由委托者承担法律责任

第四节　国家公务员

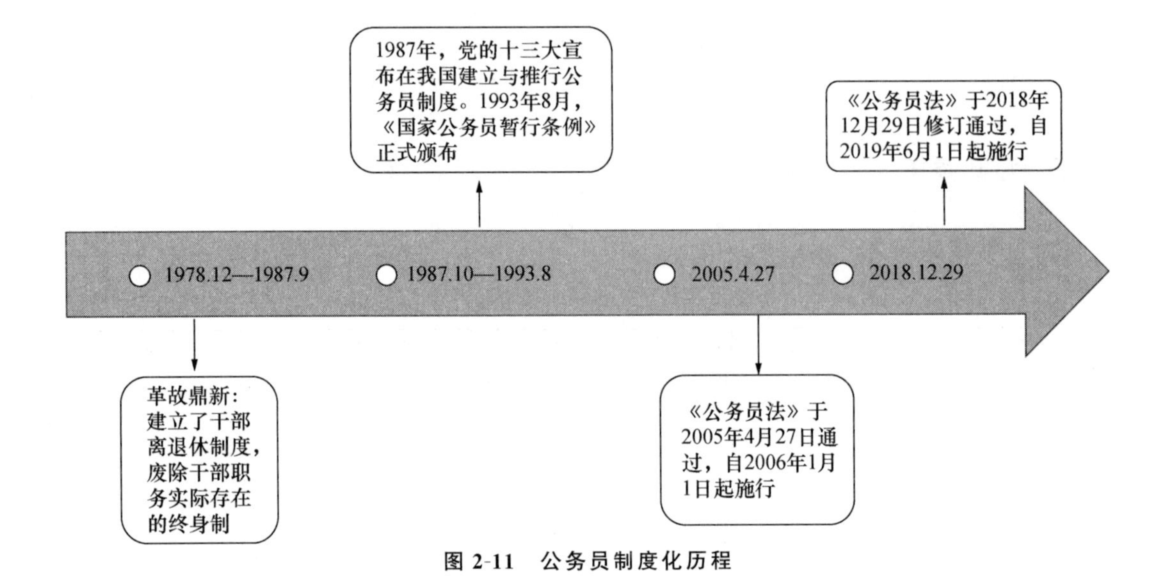

图 2-11　公务员制度化历程

一、《公务员法》2018 年修订背景

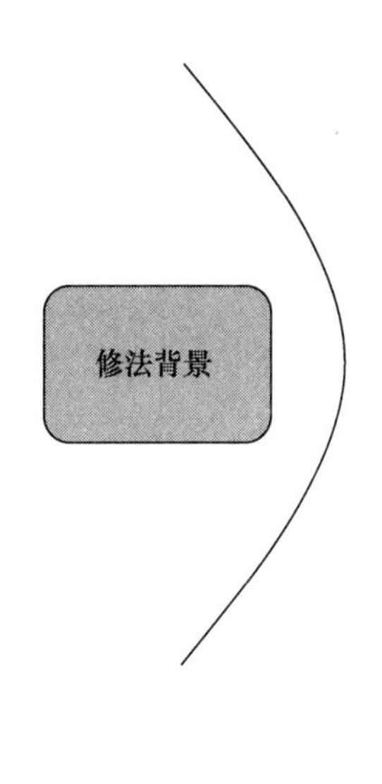

1 十八大以来，中央加强作风建设，从严管党治吏
公务员从事公共事务管理，职业特殊，需要加强基层干部队伍建设

2 公务员工资结构中级别工资权重过小
职务因素在工资中占比大，实践中领导职务与非领导职务工资差别悬殊，公务员群体缺乏正向激励，职业倦怠现象频发

3 基层公务员职务晋升困难
职务晋升数量有限，广大县乡机关公务员受制于机构规格较低，晋升速度较为缓慢

4 经验成果上升为法律
2016年始，试点两年，江苏、安徽、山东、河北、辽宁等省份在不同程度上推进职务职级并行制度的落实

图 2-12　《公务员法》2018 年修订背景

二、《公务员法》2018 年修改变化

（一）重要变化——职务职级并行制度

1. 定义

在厅局级以下领导职务和非领导职务人员中实现职务和职级平行地分别作为公务员两种不同晋升路径的公务员管理制度。

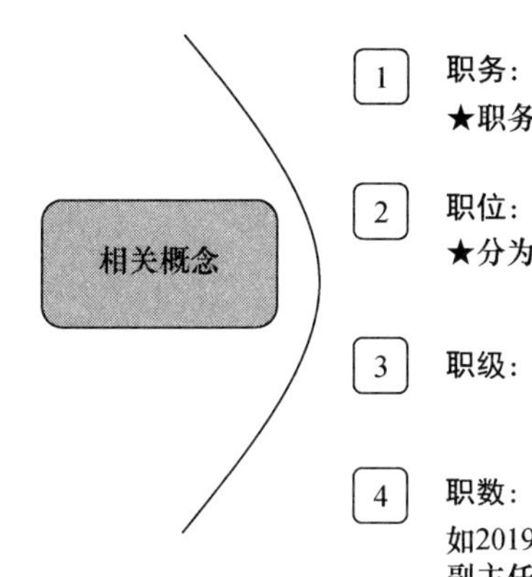

1 职务：代表公务员工作职责
★职务对应职级

2 职位：代表公务员工作职能
★分为专业技术类、行政执法类和综合管理类

3 职级：① 职务层次；② 工资级别；③ 与职务平行的职业发展通道

4 职数：指某一职务层次上所设置的岗位数量
如2019年上海市杨浦区政府办公室行政编制20名，其中，设主任1名、副主任3名、正科级领导职数6名、副科级领导职数4名

图 2-13　职务职级并行制度

表 2-11 职务对应职级（厅局级及以下综合管理类公务员）

领导职务	非领导职务	职级
厅局级正职	巡视员	一级巡视员
厅局级副职	副巡视员	二级巡视员
县处级正职	调研员	一级调研员
		二级调研员
县处级副职	副调研员	三级调研员
		四级调研员
乡科级正职	主任科员	一级主任科员
		二级主任科员
乡科级副职	副主任科员	三级主任科员
		四级主任科员
	科员	一级科员
	办事员	二级科员

表 2-12 职位的分类

类别	概念	举例
专业技术类	在机关中承担专业技术职责，为实施公共管理提供直接的技术支持和保障的公务员（只对专业技术业务本身负责，不具备决策权和执法权）	如公安机关中的法医，海关的商品归类、原产地管理专家等
行政执法类	主要履行行政监管、行政处罚、行政强制、行政稽查等现场执法职责的公务员	如税务、工商、质检、环保部门中履行社会管理与市场监管职能的基层执法人员
综合管理类	在机关中履行规划、咨询、决策、组织、指挥、协调、监督等综合管理以及内部管理职责的公务员	如负责政治方向、原则等领导决策任务的公务员

2. 其他国家的做法

公务员工资中体现职务与级别之间的关系是薪酬结构设计的客观要求，以职务为主同时兼顾级别来确定公务员工资是国际通行做法。

表 2-13 其他国家的公务员工资制度

国家	制度	内容
日本	年功序列制	由级别和工作年限确定薪酬、职位
法国	指数工资制	为各种职业类别、各种级别、各种职务建立相应的指数，并将其归列进完整的表格中，通过指数计算薪酬
美国	宽带薪酬机制	弱化职衔，长时间没有晋升的，满足晋升年限即可提高收入水平；绩效、等级或资历是确定薪酬的重要因素

（二）其他变化

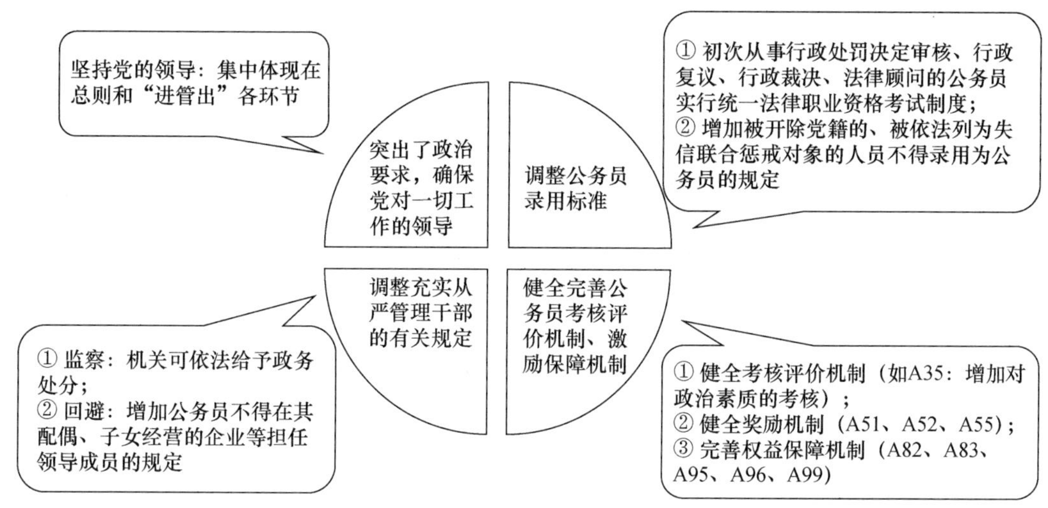

图 2-14　《公务员法》2018 年其他修改

三、国家公务员的概念和级别

（一）概念

国家公务员是依法履行公职、纳入国家行政编制、由国家财政负担工资福利的工作人员。包括中国共产党各级机关、各级人民代表大会及其常务委员会机关、各级行政机关、中国人民政治协商会议各级委员会机关、各级审判机关、各级检察机关、各民主党派和工商联的各级机关等中列入公务员范围的人员。

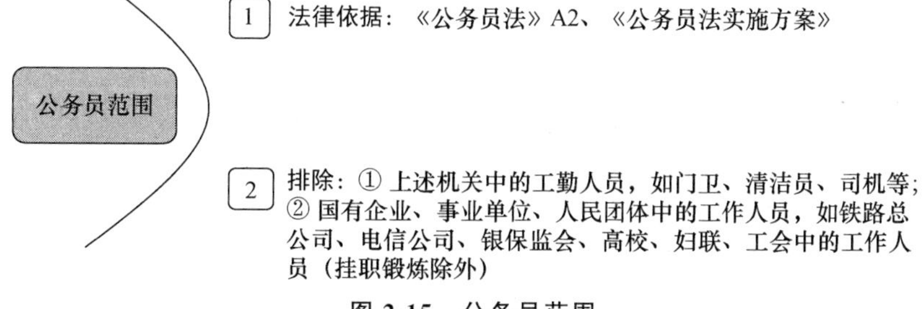

图 2-15　公务员范围

（二）公务员级别

表 2-14　公务员级别

等级	行政级别	代表政府职务
1	国家级正职	国务院总理
2—4	国家级副职	国务院副总理、国务委员

（续表）

等级	行政级别	代表政府职务
4—8	省部级正职	省、自治区、直辖市政府正职，国务院部委部长或主任
6—10	省部级副职	省、自治区、直辖市政府副职，国务院部委副职，国务院部委管理的国家局正局长
8—13	厅局级正职	领导职务：国务院部委各司正职，省、自治区、直辖市厅、局正职，地级市正职； 非领导职务：巡视员
10—15	厅局级副职	领导职务：国务院部委各司副职，省、自治区、直辖市厅、局副职，地级市副职； 非领导职务：副巡视员
12—18	县处级正职	领导职务：国务院部委各司下属处正职，省、自治区、直辖市厅、局下属处正职，地级市局、区、县正职； 非领导职务：调研员
14—20	县处级副职	领导职务：国务院部委各司下属处副职，省、自治区、直辖市厅、局下属处副职，地级市局、区、县副职； 非领导职务：副调研员
16—22	乡科级正职	领导职务：乡长、地级市局下属处处长、县级市下属局局长； 非领导职务：主任科员
17—24	乡科级副职	领导职务：副乡长、地级市局下属处副处长、县级市下属局副局长； 非领导职务：副主任科员
18—26	科员级	科员
19—27	办事员级	办事员

四、国家公务员的“进”“管”“申诉”

（一）“进”

表 2-15　公务员的任职与兼职

任职	考任	适用职务：一级主任科员以下（副主任科员、科员、办事员）及其他相当职级层次的公务员； 录用条件：中国国籍、年满 18 周岁及其他条件，且未纳入禁止范围； 试用期：一年； 录用方式：中央、省级公务员主管部门组织招考，必要时市级部门经省级部门授权可招考
	选任制	适用职务：领导职务公务员； 适用方式：人大及其常委会选举； 举例：2018 年上海市第十五届人大一次会议选出上海市市长、副市长等
	委任制	适用职务：一般的公务员职务；

（续表）

任职	聘任制	录用条件：经省级公务员管理部门批准：专业性较强的职位、辅助性职位（保密岗位排除）； 特点：① 约定聘任期限1—5年，试用期1—6个月，签订合同报同级人事部门备案；② 可协议工资；③ 可提交人事争议仲裁委员会申请仲裁； 举例：2019年中国（上海）自贸区临港新片区管委会公开招聘聘任制公务员公告：决定面向海内外公开招聘聘任制公务员5名，包括离岸业务研究员、智慧城市研究员、国土空间规划师、企业上市推进专员、水务总工程师各1名
兼职	机关外兼职	经过有关机关批准、不得领取兼职报酬、不得在营利性组织中兼职
禁止条件	① 因犯罪受过刑事处罚的；② 被开除中国共产党党籍的；③ 被开除公职的；④ 被依法列为失信联合惩戒对象的；⑤ 有法律规定不得录用为公务员的其他情形的	

表2-16　公务员的交流

交流	调任	《公务员法》A70（1）：国有企业、高等院校和科研院所以及其他不参照本法管理的事业单位中从事公务的人员，可以调入机关担任领导职务或者四级调研员以上及其相当层次的职级。 例如，某县中学校长调任县教育局副局长
	转任	机关内部的不同职位、不同地区、不同部门之间的职务平级变动。 例如，上海市市长应勇转任湖北省委书记
	挂职锻炼	选派公务员承担重大工程、重大项目、重点任务或者其他专项工作，不改变与原单位的人事关系。 例如，中宣部某副局长到地方担任市委常委、市委宣传部部长，任期结束后回到原单位。挂职锻炼期间，工资待遇由原单位提供

（二）"管"

表2-17　公务员的回避

回避	任职回避	亲属回避：夫妻、直系血亲、三代以内旁系血亲、近姻亲。 范围：① 不得担任相互直接领导的职务；② 不得担任直属同一领导的职务；③ 不得一方任主要领导，另一方在同一单位从事组织、人事、纪检、监察、审计和财务工作；④ 不得在其配偶、子女及其配偶经营的企业、营利性组织的行业监管或者主管部门担任领导成员
		地域回避：《公务员法》A75："公务员担任乡级机关、县级机关、设区的市级机关及其有关部门主要领导职务的，应当按照有关规定实行地域回避。" 排除：自治县和民族乡的相关领导不需要地域回避： 《民族区域自治法》A17（1）："自治区主席、自治州州长、自治县县长由实行区域自治的民族的公民担任。……" 《公务员回避规定》A11（3）："民族自治地方的少数民族领导干部的地域回避按照有关法律规定并结合本地实际执行。"
	公务回避	执行公务时涉及与本人或者前述亲属关系人员有利害关系的

（续表）

回避	离职回避	时间：领导成员 3 年内，其他公务员 2 年内； 内容：不得到与原工作业务直接相关的企业或者其他营利性组织任职，不得从事与原工作业务直接相关的营利性活动； 适用范围：公务员主动离职，如退休或辞职，被动离职不适用； 处理结果：双罚制，1 倍以上 5 倍以下罚款 （目的是为防止公务员利用余权、人际关系和影响力干扰正常的公务活动）

表 2-18　公务员的处分与考核

处分	种类	警告（6 个月）；记过（12 个月）；记大过（18 个月）；降级（24 个月）；撤职（24 个月）；开除（若判刑必须开除）。 除法律、法规、规章、国务院决定外，一般规范性文件不得设立公务员处分事项
	后果	处分期间不得晋升职务、职级和级别，不得晋升工资档次（除警告外）；撤职应降低级别，退休减待遇
	解除	解除处分后晋升工资、级别、职务、职级不受影响，但解除降级、撤职不视为恢复原级别、职务、职级
	调查	涉嫌违纪被立案调查的，必要时暂停其履行职务，不得交流、辞职、出境、退休
	减免	主动交代，避免、挽回损失的应当减轻处分；情节轻微，批评教育改正的，可以免予处分
	合并	处分种类不同的，执行最重的（择一重）；撤职以下相同处分的，限制加重合并执行，即执行该处分，在一个处分期之上、多个处分期之下确定处分期（最高 48 个月）
	免责	对上级的决定或命令，一般错误的提出意见后执行免责，明显违法的应当拒绝执行
考核	定期考核结果：优秀；称职；基本称职（非不利人事决定，不能申诉复核）；不称职（属于不利人事决定，一次不称职的降低一个层次任职，连续两次不称职的辞退）。 定期考核为不称职、降职、免职、辞退的均不属于处分	

表 2-19　公务员的辞职、辞退、退休

辞职	禁止辞去公职	服务年限未满、涉密职位未脱密、重要公务未处理完毕、审计审查未结束
	辞去领导职务	法定辞职（岗位变动）、自愿辞职（个人原因）、引咎辞职（工作严重失职或不适合）、责令辞职（属于处分）
辞退	① 年度考核连续两年不称职； ② 不胜任现职又不接受其他安排； ③ 机构改革拒绝合理安排； ④ 不履行义务、不遵守纪律； ⑤ 旷工连续 15 天，一年累计 30 天	除外： ① 因公致残； ② 患病负伤在医疗期内； ③ 女性在孕期、产假、哺乳期内
退休	法定退休年龄	提前退休：① 工作 30 年；② 工作 20 年距退休年龄 5 年内
辞去公职或者退休的，领导成员（不含内设机构负责人）离职 3 年内、其他人员 2 年内，不得到与原工作业务直接相关的营利性组织任职，不得从事与原工作业务直接相关的营利性活动		

（三）“申诉”

公务员不服不利人事处理情况：不能提起行政诉讼（内部行政行为不可诉），只能提起行政复议。[《行政复议法》A8（1）：“不服行政机关作出的行政处分或者其他人事处理决定的，依照有关法律、行政法规的规定提出申诉。”]

表 2-20　公务员的申诉

<table>
<tr><td>一般公务员</td><td>申诉复核</td><td>不利的人事处理情况：处分、辞退、取消录用、降职、定期考核为不称职、免职、申请辞职、提前退休未予批准等</td><td>① 先复核再申诉：自知道该人事处理之日起 30 日内向原处理机关申请复核；对复核结果不服的，自接到复核决定之日起 15 日内向同级公务员主管部门或上级机关申诉；
② 直接申诉：自知道该人事处理之日起 30 日内向同级公务员主管部门或上级机关申诉，针对处分还可向监察机关申诉；
③ 决定期限：原机关接到复核申请书 30 日内作出复核决定；受理申诉的 60 日内决定，延长不超过 30 天；申诉复核期间不停止处分的执行；
④ 再申诉：对省级以下机关的决定可向其上级再申诉</td></tr>
<tr><td>聘任制公务员</td><td colspan="3">履行聘任合同发生争议：60 日内申请人事仲裁，15 日内提起民事诉讼</td></tr>
</table>

第三章

行政行为概述

第一节　行政行为的概念与特征

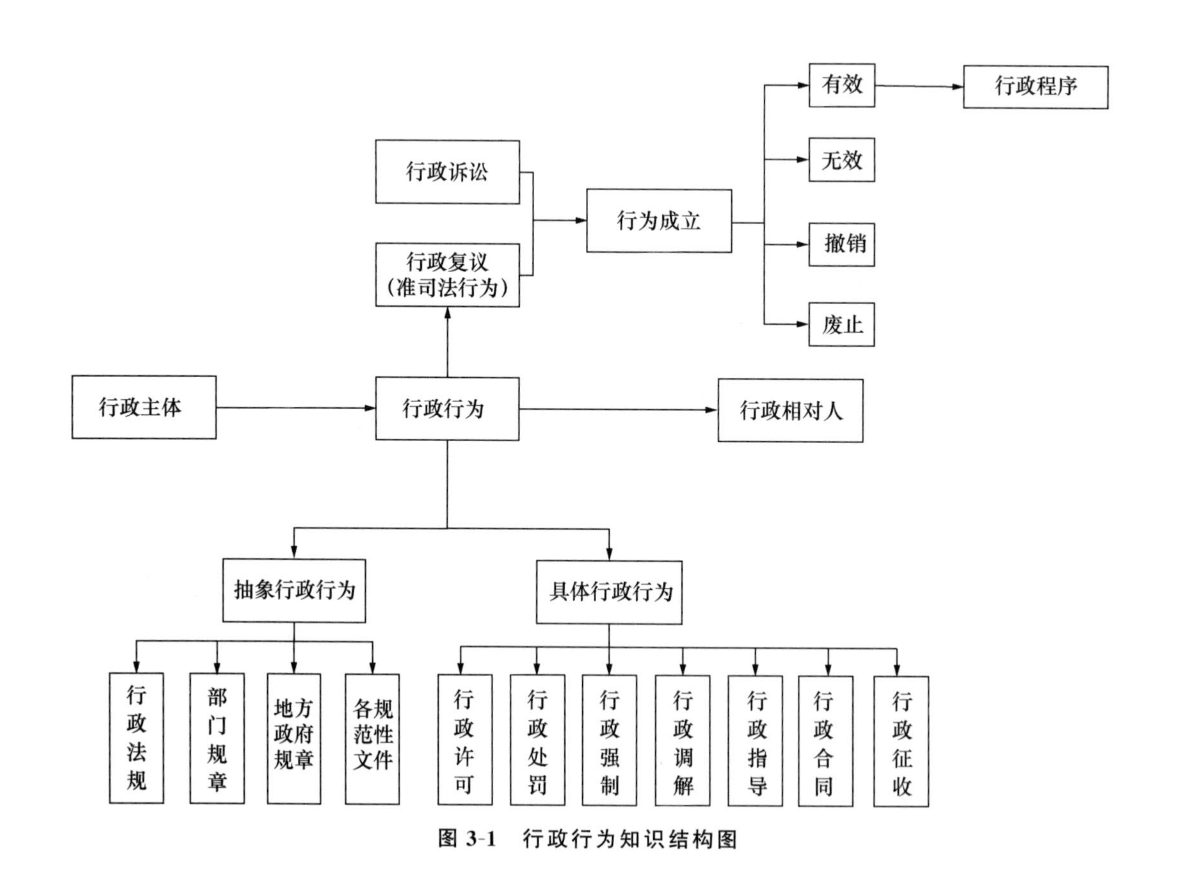

图 3-1　行政行为知识结构图

一、行政行为的概念

行政行为是指行政主体在依法行使行政职权过程中实施的、能够产生行政法律效果的行为。

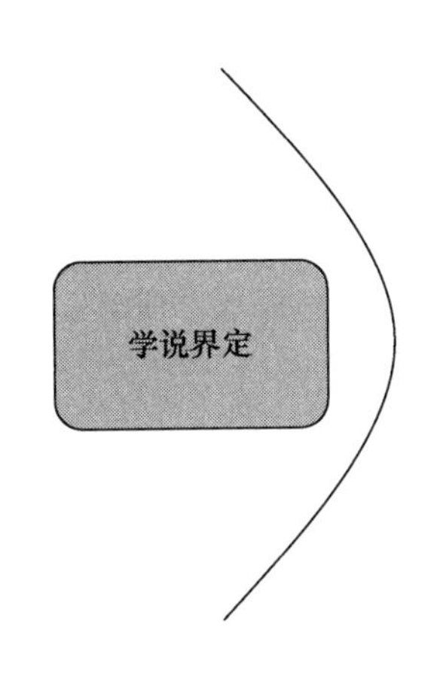

图 3-2　行政行为的学说界定

二、行政行为的构成要素

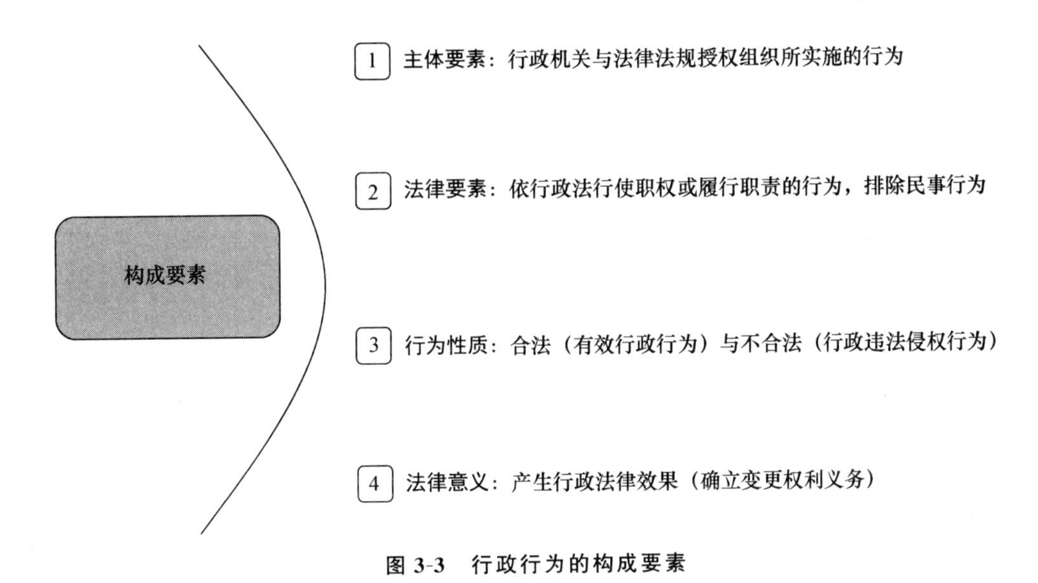

图 3-3　行政行为的构成要素

三、行政行为的特征

表 3-1　行政行为的特征

特征	界定	说明
从属性	行政行为从属于法律	
效力先定性	行政行为一经作出后，就事先假定其符合法律规定，具有拘束力	行政行为一旦作出，未经正式确认无效，则推定有效；行政复议或行政诉讼期间，不停止原具体行政行为的执行

（续表）

特征	界定	说明
单方意志性	行政主体依法实施行政行为，无须与行政相对人协商或征得其同意，可自行决定并直接实施	① 依职权行为：税务检查、维护治安秩序、检查环境卫生； ② 依申请行为：颁发许可证、发放抚恤金（根据法律规定审查申请，单方面决定是否批准）
强制性	以国家强制力为保障，行政行为一旦作出，行政相对人必须服从	《税收征收管理法》A88（3）：当事人不履行税务机关的处罚决定的，税务机关可强制执行或申请人民法院强制执行； 《行政强制法》A44：当事人不拆除违法建筑物的，行政机关可依法强制拆除
裁量性	行政主体可以在法律规定的范围内，自行决定并作出行政行为	① 法条检索 《税收征收管理法》A74：“本法规定的行政处罚，罚款额在二千元以下的，可以由税务所决定。” 《治安管理处罚法》A91：“……警告、五百元以下的罚款可以由公安派出所决定。” ② ★行政裁量基准

★行政裁量基准

概念：行政机关依职权对法定裁量权具体化的控制规则。

立法实践：《中共中央关于全面推进依法治国若干重大问题的决定》明确提出，“建立健全行政裁量权基准制度，细化、量化行政裁量标准，规范裁量范围、种类、幅度”。随后，地方相应出台文件，如《四川省农业行政处罚裁量标准》《湖南省规范行政裁量权办法》《河南省商务行政处罚裁量标准（试行）》等。

表 3-2 《四川省农业行政处罚裁量标准》

违法行为	处罚依据	适用情形	裁量标准
采购、使用未依法附具产品质量检验合格证、未依法取得有关许可证明文件的原材料	《农药管理条例》A53第1项：“农业生产企业有下列行为之一的，由县级以上地方人民政府农业主管部门责令改正，没收违法所得、违法生产的产品和用于违法生产的原材料等，违法生产的产品货值金额不足1万元的，并处1万元以上2万元以下罚款，货值金额1万元以上的，并处货值金额2倍以上5倍以下罚款；拒不改正或者情节严重的，由发证机关吊销农药生产许可证和相应的农药登记证：（一）采购、使用未依法附具产品质量检验合格证、未依法取得有关许可证明文件的原材料；”	违法生产的产品货值金额不足1万元的	责令改正，没收违法所得、违法生产的产品和用于违法生产的原材料等，并处1万元以上2万元以下罚款；拒不改正或者情节严重的，由发证机关吊销农药生产许可证和相应的农药登记证
		违法生产的产品货值金额1万元以上不足3万元的	责令改正，没收违法所得、违法生产的产品和用于违法生产的原材料等，并处货值金额2倍以上4倍以下罚款；拒不改正或者情节严重的，由发证机关吊销农药生产许可证和相应的农药登记证
		违法生产的产品货值金额3万元以上的	责令改正，没收违法所得、违法生产的产品和用于违法生产的原材料等，并处货值金额4倍以上5倍以下罚款；由发证机关吊销农药生产许可证和相应的农药登记证

四、行政行为的体系

（一）行政法律行为、行政准法律行为与行政事实行为

表 3-3　行政法律行为、行政准法律行为与行政事实行为

	属性	举例	区别	法律效果
意思表示行为	行政法律行为	行政主体基于行政职权的意思表示以发生意思效果为目的的行为	行政处罚、行政许可、行政承诺（如在特困户子女上学时，给予其特困补助金）、行政裁决（如侵权损害赔偿纠纷、权属纠纷的裁决）、行政确认（如确认土地使用权）、行政处分、行政奖励、行政命令、行政征收、行政合同	直接确立权利义务关系，产生意思效果
行政准法律行为	观念表示行为	行政主体基于观念表示产生观念效果的行为	专业性、技术性问题：行政鉴证、行政认证、公证、行政确认（发明专利、公民身份、交通事故责任认定、工伤认定）、行政登记（户籍、税务、收养、企业、社团、选民、学籍、权利登记）	未创立新的权利义务关系，依赖法律规定，确认法律事实
行政事实行为	观念表示行为	行政主体基于行政职权的、非以意定的法律效果为目的的行为	行政指导（如县政府对村民进行行政指导，推荐种植优质农产品）、行政调解、行政调查、行政强制执行、行政受理、行政通知、行政咨询、行政答复、行政公开、行政规划、公共服务行为，以及行政检查中执法人员的检查、搜身、损坏物品以及注销驾照等行为	不影响权利义务关系，但对事实状态产生影响

（二）意思表示行为与观念表示行为

意思表示行为

1 界定：直接确立权利义务，目的意思取得法律效果（如行政法律行为）

2 行政法律行为理论：① ★借鉴民事法律行为体系
② 不同国家，界定不同
③ 法条散乱，无统一法典

观念表示行为

1 界定：行政主体基于行政职权就某一具体事实所作的判断、认识等表明观点、态度的行为（如事实行为、准法律行为）

2 例如：通知、受理、确认、证明、咨询

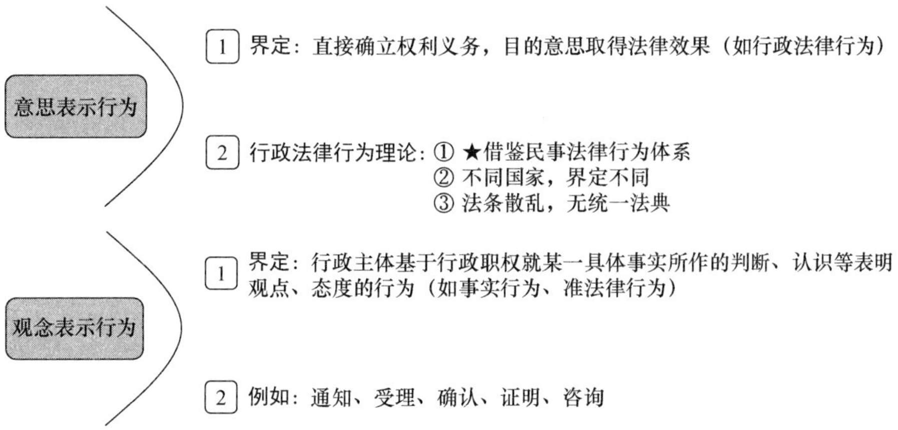

图 3-4　意思表示行为与观念表示行为

表 3-4　民事法律行为

<table>
<tr><td>概念</td><td colspan="2">能产生民事法律效果的行为，包括目的意思、效果意思、表示行为</td></tr>
<tr><td rowspan="2">民法典体系</td><td rowspan="2">德国的潘德克吞体系以抽象为原则，建立了一套抽象、封闭概念法学的规则体系，设立了包括总则、债务关系法、物权、家庭法、继承法在内的民法体系</td><td>总则：规定共同、抽象、一般的内容，确立了民事法律行为成立、产生效力的一般标准，如有效、无效、可撤销、效力待定的规则，具体包括如民事主体、权利、民事法律行为、代理、民事责任、诉讼与期间等基本要素，其中民事法律行为是核心</td></tr>
<tr><td>分则：债务关系法、物权法、家庭法、继承法</td></tr>
</table>

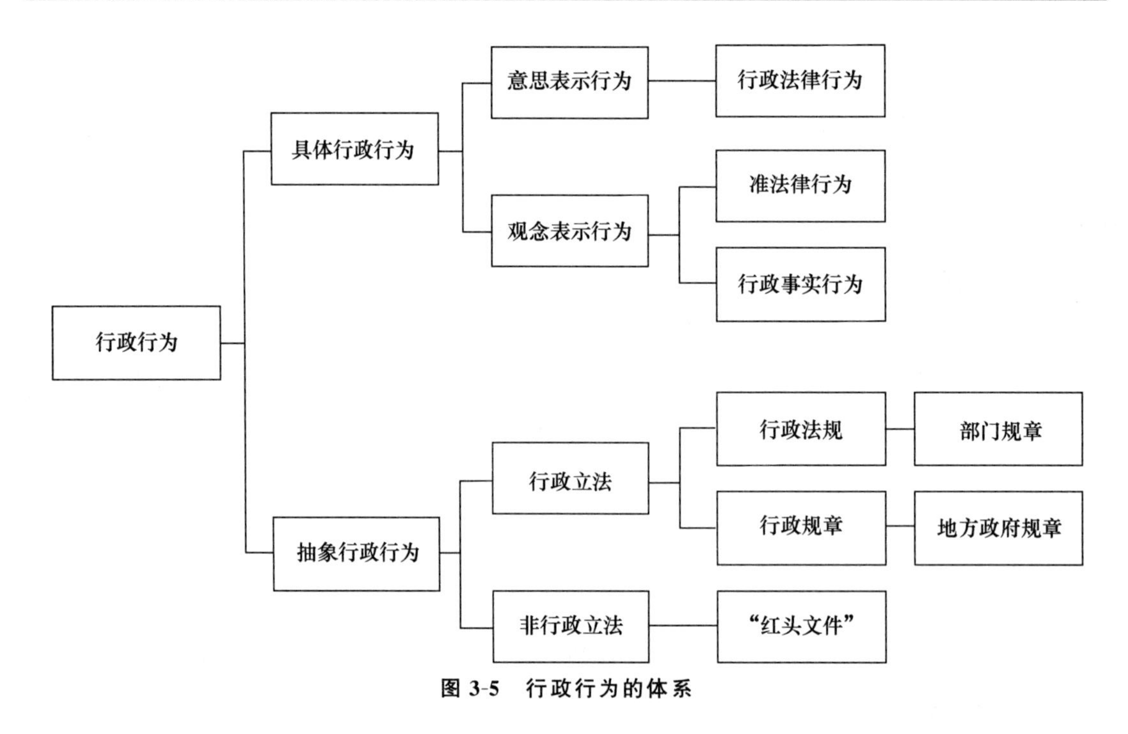

图 3-5　行政行为的体系

第二节　行政行为的分类

一、概述

表 3-5　行政行为的分类

划分标准	种类	举例
规范对象是否特定	抽象行政行为	行政立法行为：《立法法》规定国务院制定行政法规、省级人民政府制定地方政府规章
	具体行政行为	行政处罚、行政征收、行政决定、行政给付、行政合同、行政指导

（续表）

划分标准	种类	举例
受法律规范约束程度	羁束行政行为	税务机关税务征收：税种、税率不可选择
	自由裁量行政行为	行政处罚：处罚方式、限度可选择
行政行为效力发生领域	内部行政行为	公务员的奖惩、任免，上级对下级的审批
	外部行政行为	行政相对人：行政处罚、许可、强制、拘留
行政行为的表现形式	要式行政行为	行政处罚书、行政拘留书
	非要式行政行为	紧急封锁、戒严、交通管制

二、抽象行政行为与具体行政行为

（一）界定

（1）抽象行政行为：以不特定的人或事为规范对象，以具有普遍约束力的规范性文件为表现形态的行政行为，包括行政立法（行政法规、部门规章、地方政府规章）、非行政立法（规范性文件）；

（2）具体行政行为：针对特定人或特定事项采取具体行政措施的行为，该措施将直接产生特定的法律效果，包括依职权的行政行为、依申请的行政行为。

表 3-6　抽象行政行为与具体行政行为

	抽象行政行为	具体行政行为
相对人特征	不特定	特定（明确、固定）
效力次数	反复适用	仅适用一次
表现形式	规范性文件	具体的行为
直接效力	无	有
生效时间	发布之日起生效或发布之后另定一个生效日期	对行政主体：一经作出便生效； 对行政相对人：知悉后生效
失效时间	授权时效届满、新法废除、旧法废止、撤销等	期限届满、条件成熟； 当事人死亡或对象消灭、撤销、变更等

（二）划分意义

具体行政行为是行政诉讼和行政复议的对象。法律规范中体现如下：

表 3-7　具体行政行为的法律规定

《行政诉讼法》	《行政复议法》
A13 第 2 项【不受理抽象行政行为】	A1【立法目的：防止和纠正违法的或者不当的具体行政行为侵犯公民等的合法权益】 A2【具体行政行为可申请行政复议】

（三）学界批判

（1）作出抽象行政行为本身就是具体的行政行为

国家行政机关进行行政立法、制定规范性文件时，必须依据法定职权和程序，通过规划、起草、协商、协调、审批、备案、公布等完成，抽象行政行为中的每一个活动过程都是具体的专门活动。

（2）划分标准模糊

抽象行政行为可能为行政机关逃避司法审查、滥用行政权力提供了借口，使行政相对人的合法权益难以得到应有的司法保护。

三、羁束行政行为与裁量行政行为

表 3-8　羁束行政行为与裁量行政行为

	羁束行政行为	裁量行政行为
界定	法律规范严格确立行政行为适用的范围、标准、条件、程序标准	行政主体对行为的方式、范围、种类、幅度等方面有自由裁量权
举例	《房产税暂行条例》A3（1）：“房产税依照房产原值一次减除10%至30%后的余值计算缴纳”；A4：“房产税的税率，依照房产余值计算缴纳的，税率为1.2%；依照房产租金收入计算缴纳的，税率为12%。”	《治安管理处罚法》A32（1）：“非法携带枪支、弹药……国家规定的管制器具的，处五日以下拘留，可以并处五百元以下罚款……”
划分意义	确定了行政行为司法审查的限度、行政赔偿的范围。 羁束行政行为：是司法审查和行政赔偿的主要对象； 裁量行政行为：若非显失公正，人民法院不予受理或不予审查	

四、内部行政行为与外部行政行为

表 3-9　内部行政行为与外部行政行为

	内部行政行为	外部行政行为
界定	行政主体代表国家对隶属于自身组织、人员、财物的管理	亦称公共行政行为，是行政主体对社会行政事务的管理，以行政相对人为管理对象
举例	① 上下级之间的指示、命令、批准、批复； ② 机关内部工作安排、计划、制度； ③ 对工作人员的奖惩、任免、考核、调动、工资、福利待遇等	行政相对人：行政处罚、许可、强制、拘留
内部行政行为外化	★ 吉某等诉盐城市人民政府案	
司法实践中的类型	主要表现为内部通知、会议纪要、内部指示、批复和批准、复函	

吉某等诉盐城市人民政府案

（1）基本案情

原告：吉某等四人（利害关系人）

被告：盐城市人民政府

第三人：公交公司（行政相对人）

争议的核心：吉某等人承包经营的农村公交与城市公交运营线路发生矛盾，盐城市人民政府《专题会议纪要》（第13号）规定了公交公司5路、15路车免交交通规费的线路，对吉某等人通过行政许可并缴费承包经营的农村公交营运产生了冲击。吉某等人于是向城区交通局提出申请，请求依《江苏省道路运输市场管理条例》对公交公司未经交通部门批准超出市区进行营运的行为进行查处，保护公平竞争。城区交通局书面答复，由于盐城市人民政府《专题会议纪要》（第13号）明确规定"城市公交在规划区内开通的若干线路，要保证正常营运，继续免交有关交通规费"，因此无法处理。吉某等人不服，认为盐城市人民政府《专题会议纪要》（第13号）决定城市公交免交交通规费，侵犯其公平竞争权，于是向盐城市中级人民法院提起行政诉讼。

（2）内部行政行为外化认定

《专题会议纪要》（第13号）形式上是发给下级政府及所属各部门的会议材料，但从该纪要的内容上看，该行为有具体的执行内容：① 中止了城区交通局对公交总公司的管理行为；② 界定城市公交运营范围，明确范围内免交交通规费。

（3）吉某等四人具有原告资格

吉某等人作为领取了经营许可证的业主，其经济利益与车辆的营运效益密切相关，根据《关于执行〈行政诉讼法〉若干问题的解释》A13："有下列情形之一的，公民、法人或者其他组织可以依法提起行政诉讼：（一）被诉的具体行政行为涉及其相邻权或者公平竞争权的；……"吉某等人有权以盐城市人民政府的行政行为侵犯其公平竞争权为由提起行政诉讼。

五、要式行政行为与非要式行政行为

表3-10 要式行政行为与非要式行政行为

	要式行政行为（原则）	非要式行政行为（例外）
界定	具备法律规定的特定形式、程序，才能产生法律效力的行政行为	不需要具备特定的形式和遵守特定的程序，即可产生法律效力的行政行为

（续表）

	要式行政行为（原则）	非要式行政行为（例外）
举例	行政处罚必须制作书面行政处罚决定书；公文书制作方面，应遵循法定程序，盖用机关印信等	《消防法》A45（2）第5项：火灾现场总指挥根据扑救火灾的需要，有权决定是否对毗邻火场的建筑物进行拆除或者破损
划分意义	① 要式行政行为：形式不合法即不具有法律效力 《行政处罚法》A62：行政机关及其执法人员在作出行政处罚决定之前，拒绝听取当事人的陈述、申辩的，不得作出行政处罚决定 《行政处罚法》A70：行政机关及其执法人员当场收缴罚款而未出具财政部门统一制发的专用票据的，当事人有权拒绝缴纳罚款 ② 非要式行政行为：主要审查实质内容是否合法	

第三节 行政行为的成立与生效

一、行政行为的效力

行政行为的效力是指行政行为所发生的法律效果，表现为确定力、拘束力和执行力。

表 3-11 行政行为的效力——确定力、拘束力和执行力

	确定力	拘束力	执行力
概念	行政行为成立后，未经法定机关基于法定因素依法定程序改变或撤销，不得任意变更、撤销、废止	行政行为一经作出即具有约束、限制行政主体、行政相对人和其他国家机关的法律效力；行政行为一经作出，就具有使其内容得以完全实现的法律效力	行政行为的内容具有得以实现的法律效力执行力，是对具体行政行为所设义务的自行执行或强制实现的法律效力
定性	基于事实和法律作出的明确决定	产生权利义务法律关系	不执行将承担不利后果
功能	保障行政行为严肃稳定	法权应当实现	通过法律保障权利义务的实现
举例	作出行政处理决定是严肃的，一经作出行政机关就不得随意更改	市监局对甲作出罚款20万元的行政处罚： ① 行政主体：市监局不得无理由进行多次罚款； ② 行政相对人：甲应当遵守市监局作出的处罚决定，履行缴纳罚款的义务	强制执行：滞纳金、变卖查封、扣押的财物
备注	确定力具有相对性： ① 行政机关：如果发现其行政行为确实具有违法情形，可依法予以改变，但对受损害的行政相对人应依法承担相应的法律责任； ② 行政相对人：在法定期限内，按法律程序向法定国家机关请求改变行政行为		★① 并非所有行政行为都必须强制执行； ② 并非任何情况下都必须强制执行； ③ 强制执行的特别规定； ④ 行政优先性

★ 执行力

（1）并非所有行政行为都必须强制执行

如警告、行政许可都与强制执行无关，且有些行政行为本身就是执行，如强制拆迁。

（2）并非任何情况下都必须强制执行（前提：相对人拒不履行其应履行的义务）

表 3-12　执行力例外的法律依据示例

法律名称	法条
《行政强制法》	A44："对违法的建筑物、构筑物、设施等需要强制拆除的，应当由行政机关予以公告，限期当事人自行拆除。……"
《行政处罚法》	A72（1）："当事人逾期不履行行政处罚决定的，作出行政处罚决定的行政机关可以采取下列措施：（一）到期不缴纳罚款的，每日按罚款数额的百分之三加处罚款……（二）根据法律规定，将查封、扣押的财物拍卖、依法处理或者将冻结的存款、汇款划拨抵缴罚款；……"

（3）强制执行的特别规定（可以有条件不执行，从法律特别规定）

《治安管理处罚法》A21【有条件不执行行政拘留处罚】："违反治安管理行为人有下列情形之一，依照本法应当给予行政拘留处罚的，不执行行政拘留处罚：（一）已满十四周岁不满十六周岁的；（二）已满十六周岁不满十八周岁，初次违反治安管理的；（三）七十周岁以上的；（四）怀孕或者哺乳自己不满一周岁婴儿的。"

《行政处罚法》A66（2）【有困难的不执行】："当事人确有经济困难，需要延期或者分期缴纳罚款的，经当事人申请和行政机关批准，可以暂缓或者分期缴纳。"

（4）行政优先性

国家为保障行政主体有效地行使行政职权而赋予行政主体职务上的优先性。

表 3-13　行政优先性的保障

物质保障	保障行政行为执行的有效性，提供有效的物质保障
制度保障	《行政处罚法》A73（1）【复议、诉讼期间不停止原具体行政行为的执行】："当事人对行政处罚决定不服，申请行政复议或者提起行政诉讼的，行政处罚不停止执行，法律另有规定的除外。"

二、成立与生效

表 3-14 行政行为的成立与生效

	行政行为成立	行政行为生效
界定	事实层面：行政主体基于自主意思作出特定行为的事实状态； 内容层面：① 意思明确；② 以特定行为表现；③ 行政行为对象必须明确	已成立的行政行为符合特定的生效条件（如通知、附期限届满等）时产生形式效力 （实质是否合法通过合法要件进行判断）
举例	环保局对排污企业作出行政处罚决定书	将行政处罚决定书于七日内送达当事人
法条	《行政处罚法》A57（1）：调查终结，行政机关负责人应当对调查结果进行审查，根据不同情况，分别作出如下决定：作出行政处罚决定、不予行政处罚…… 《行政处罚法》A59（1）：行政机关给予行政处罚，应当制作行政处罚决定书	《行政处罚法》A61（1）：行政处罚决定书应当在宣告后当场交付当事人；当事人不在场的，行政机关应当在七日内依照《民事诉讼法》的有关规定，将行政处罚决定书送达当事人
意义	对行政主体而言：成立与生效是一致的，即行政行为一旦作出就对行政主体一方产生形式上的效力，这是警示行政主体慎重行使行政职权的内在要求	对行政相对人而言：① 生效之时为诉讼复议时效起算之日；② 行政行为一旦生效，权利义务关系就开始作用于相对人

三、有效（具备合法要件）

表 3-15 行政行为有效的构成要件

界定	行政行为因符合法定要件而具备实质效力的状态	
构成要件	主体适格	行政主体以自己名义作出
	职权合法	① 职权依据合法：一定意义上与主体适格相关，如市监部门不能超越职权行使税务或公安部门的权力； ② 职权行使方式合法：无超越职权（★超越职权的类型化）、无滥用职权（★滥用职权的类型化）
	内容合法	★行政行为有事实依据、正确适用法律、合乎立法目的
	程序合法	① 法定步骤：★实践立案阶段具体步骤（一般包括接收材料、材料审查、材料处理）； ② 法定方式：如《行政强制法》A43（1）："行政机关不得在夜间或者法定节假日实施行政强制执行……" ③ ★法定时限：约束行政主体自由裁量权并遵循行政效率、利于行政相对人原则

表 3-16　职权合法——超越职权的类型化

类型	案例
超越事务管辖权限	案号：(2004) 静行初字第 14 号 名称：王某某诉上海市社会文化管理处不许可小型卫星天线入境案 案情：原告王某某回国时携带卫星天线及信号处理器等设备，依法应由海关作禁入处理，本案被告上海市社会文化管理处却行使了海关的行政执法权限，对原告的携带行为进行审批，属越权行使海关的职权
超越层级管辖权限	案号：(2003) 塔法行终字第 12 号 名称：邢某某诉新疆乌苏监狱行政补偿案 案情：原告邢某某在乌苏监狱服刑期间，劳动时不慎受伤致残。乌苏监狱作出《关于对原服刑罪犯邢某某伤残补偿的决定》。但依据司法部《罪犯工伤补偿办法（试行）》的规定，邢某某服刑期间的工伤补偿应由新建市监狱管理局负责办理，因此被告乌苏监狱的行为属超越层级管辖权限
超越领域管辖权限	案号：(2003) 扬行终字第 040 号 名称：扬州市隋唐酒业有限公司诉扬州市质量技术监督局产品质量监督管理行政处罚案 案情：被告扬州市质量技术监督局根据《质量法》A37、A35 之规定，对原告扬州市隋唐酒业有限公司作出行政处罚。但国务院办公厅、江苏省政府办公厅对质量技术监督局和工商局的行政职能作出了明确划分，流通领域商品质量监督的管理由原来的质量技术监督局负责变为由工商行政管理局负责，因此被告扬州市质量技术监督局的行政处罚行为属超越领域管辖权限
超越时间管辖权限	案号：(2003) 海行初字第 58 号 名称：蔡某诉北京教育考试院取消考试成绩决定案 案情：被告北京教育考试院认定原告蔡某在考试过程中接听手机属作弊行为，根据《高等教育自学考试暂行条例》，取消其在 2002 年 10 月参加自学考试的八科成绩。但自《教育法》实施后，由于其效力高于《高等教育自学考试暂行条例》，有关“取消考试成绩”“考试无效”的决定应由教育行政部门决定，北京教育考试院不再享有此职权，因此被告北京教育考试院的行为属越权行政行为
行政机关行使的职权属非行政机关的权能范围	案号：(1998) 行终字第 1 号 名称：湖南对外建设总公司诉湖南省国有资产管理局行政越权案 案情：1996 年 8 月 14 日，湖南省国资局作出裁决，认为金祥公司与湖南对外建设总公司签订的《合作意向书》是合法有效的合同。但根据《合同法》A7，经济合同的法律效力应当由人民法院或仲裁机构确认，其他任何国家机关和组织无权确认。湖南省国有资产管理局作为国有资产行政管理部门，越权行使了人民法院和仲裁机构的权力
行政机关行使的职权属社会自治领域	名称：秦某某诉泥沟镇政府撤免其村委会主任案 案情：原告秦某某于 1999 年 3 月经合法程序当选山东省小官庄村村委会主任。2001 年 9 月 9 日，被告泥沟镇政府以未完成“三提五统”、农业结构不合理为由，撤免秦某某村委会主任之职，并直接指定了村委会负责人。根据《村民委员会组织法》A11、A16，村民委员会主任由村民直接选举产生，任何组织不得指定、委派村委会主任。撤免村委会主任也只能通过村民会议罢免的方式进行。原告秦某某认为，被告泥沟镇政府撤免村委会主任，并指定新村委会主任的行政行为介入了村民自治领域，属行政超越权能。本案最终以原告撤诉而告终。泥沟镇镇长向秦某某赔礼道歉，宣布恢复他行使村主任职务的权利

表 3-17 职权合法——滥用职权的类型化

类型	案例
徇私枉法	房管局为本单位职工分配住房，给年老多病的退休职工分的是偏远、交通不便的两套房子，而且是没有电梯的5、6层楼，而原来答应分给他们的两套房子，则分给了内部人
打击报复	焦某某诉和平公安分局治安管理处罚决定行政纠纷案：原告虚假举报执勤交警酒后执法，被告对其给予罚款200元的处罚；重新裁决后，给予原告治安拘留10日的处罚；原告申请复议，被告在相同的事实基础上，对原告改处15日拘留。法院判决的理由是，行政机关违背了“行政机关不得因当事人申辩而加重处罚”的规定
反复无常	张某某诉徐州市教育局注销社会办学许可证案：原告因为教育局注销其办学许可证而提起诉讼，在诉讼中，教育局收回成命，原告撤诉。然而，教育局次日又重新作出注销办学许可证的决定。在该案中，教育局注销许可证的行为违背了正当程序，且行为反复无常
任性专横	王某某诉中牟县交通局行政赔偿纠纷案：王某某驾驶小四轮拖拉机运送31头生猪，县交通局执法人员以未交养路费为由强行扣下车辆，造成15头生猪死亡。县交通局的行政处罚没有顾及实际后果，构成滥用职权
	刘某申请江苏省沛县公安局行政赔偿案：在该案中，公安局在没有证据的情况下，以“卖淫”为由对刘某传唤关押，后又以“流氓”为由对其收容审查，限制原告人身自由42天，显属滥用职权违法行为
	黄梅县振华建材物资总公司不服黄石市公安局扣押财产及侵犯企业财产权行政上诉案：公安机关利用刑事侦查手段插手经济纠纷

表 3-18 内容合法——行政行为有事实依据

案件名称	陆某涉嫌销售假药案 （“真—假”：真药未经审批拟制为假药）	沙某某等诉马鞍山市花山区人民政府房屋强制拆除行政赔偿案 （“假—真”：受损无事实可考量，法院可认定损失）
案号	沅检公刑不诉［2015］1号	（2015）皖行赔终字第00011号
事实认定	被不起诉人陆某身患白血病，需服用特定的抗癌药物，但该种药物价格高昂。为了了解更多的药物信息，陆某牵头联络各地同病患者，并形成固定的联络圈。后陆某了解到印度生产销售相同疗效的药物，且价格颇低，但是该类药物系未经我国批准的药品。陆某作为联络人，代表患者群体与印度生产商约定购药事宜，并由陆某处理诸如付款途径、接收以及分派药品等事宜。事发后，经检察院审查认定，陆某行为违法但非犯罪，决定不予起诉	沙某某等人的房屋被强迁，鞍山市花山区人民政府组织拆除当事人的房屋时，未依法对屋内物品登记保全，未制作物品清单并交当事人签字确认，致使当事人无法对物品受损情况举证，故该损失是否存在、具体损失情况等，依法由行政机关负举证责任。在认定赔偿数额时，法院依据法定标准，在不确定的状况下，依照“符合一般家庭实际情况”（基本常识判断）、“就高不就低”（基于当事人权利保护）的原则，利益衡量兼顾基本生活经验事实，从最大限度保护被侵权人的合法权益角度考虑，进行判决

（续表）

案件名称	陆某涉嫌销售假药案 （“真—假”：真药未经审批拟制为假药）	沙某某等诉马鞍山市花山区人民政府房屋强制拆除行政赔偿案 （“假—真”：受损无事实可考量，法院可认定损失）
法律依据	《药品管理法》A48（3）【法律拟制型假药】：“有下列情形之一的药品，按假药论处：……（二）依照本法必须批准而未经批准生产、进口，或者依照本法必须检验而未经检验即销售的……”①	《行政诉讼法》A38（2）【行政机关违法，负举证责任】：“在行政赔偿、补偿的案件中，原告应当对行政行为造成的损害提供证据。因被告的原因导致原告无法举证的，由被告承担举证责任。”

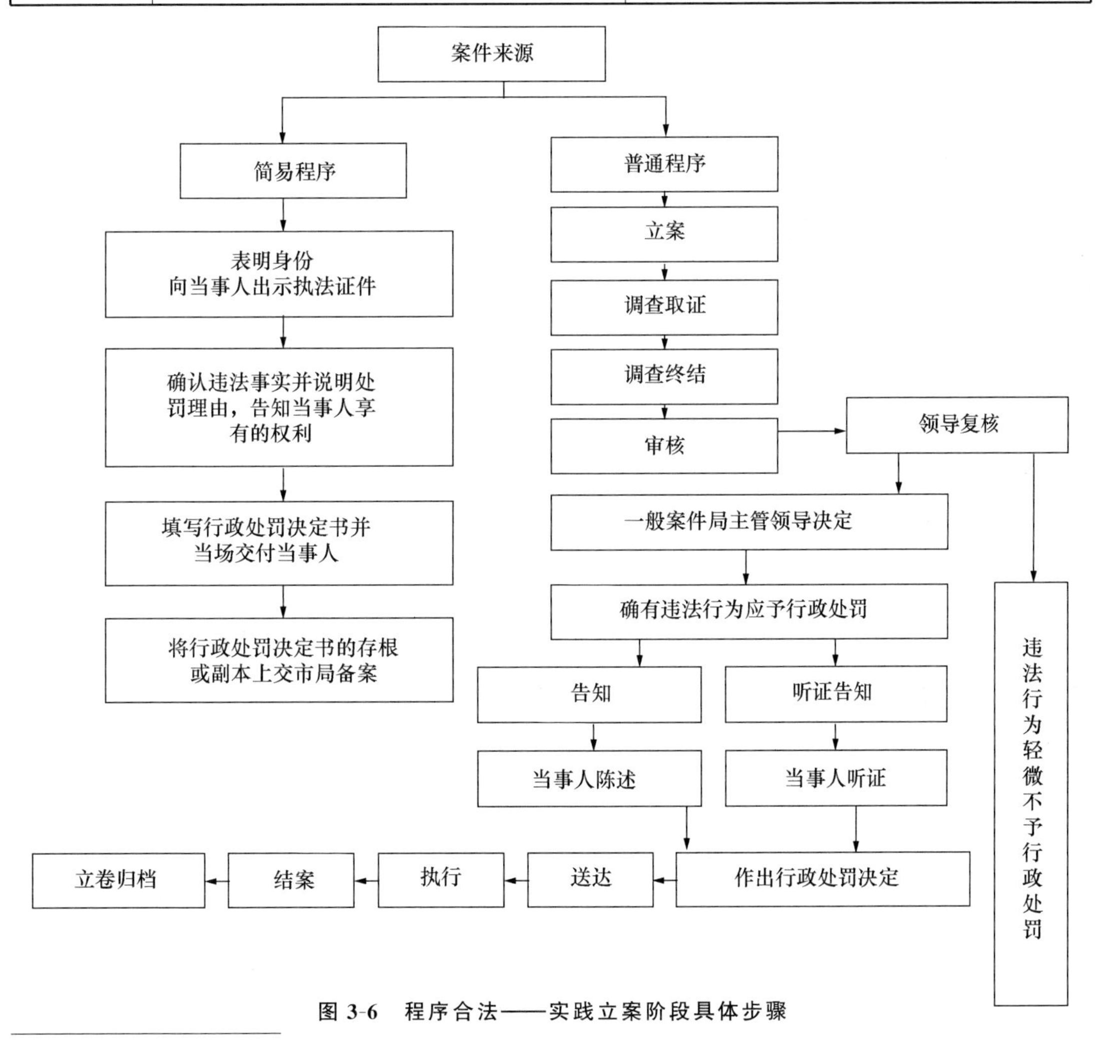

图 3-6 程序合法——实践立案阶段具体步骤

① 《药品管理法》于2019年8月26日修订通过。新《药品管理法》A98（2）：“有下列情形之一的，为假药：（一）药品所含成份与国家药品标准规定的成份不符；（二）以非药品冒充药品或者以他种药品冒充此种药品；（三）变质的药品；（四）药品所注明的适应症或者功能主治超出规定范围。”与旧法相比，新法对假药的认定标准发生了变化，真药未审也非假药。

表 3-19　《行政处罚法》时限一览表

条款编号	条款内容
A36【超过 2 年（或 5 年）不予行政处罚】	“违法行为在二年内未被发现的，不再给予行政处罚；涉及公民生命健康安全、金融安全且有危害后果的，上述期限延长至五年。法律另有规定的除外。前款规定的期限，从违法行为发生之日起计算；违法行为有连续或者继续状态的，从行为终了之日起计算。”
A56【收集证据 7 日内作出处理决定】	“行政机关在收集证据时，可以采取抽样取证的方法；在证据可能灭失或者以后难以取得的情况下，经行政机关负责人批准，可以先行登记保存，并应当在七日内及时作出处理决定，在此期间，当事人或者有关人员不得销毁或者转移证据。”
A61（1）【不在场情况，7 日内送达处罚决定书】	“行政处罚决定书应当在宣告后当场交付当事人；当事人不在场的，行政机关应当在七日内依照《中华人民共和国民事诉讼法》的有关规定，将行政处罚决定书送达当事人。”
A64【当事人应于行政机关告知后 5 日内提出听证】	“听证应当依照以下程序组织：（一）当事人要求听证的，应当在行政机关告知后五日内提出……”
A66（1）【行政处罚决定应被按期履行】	“行政处罚决定依法作出后，当事人应当在行政处罚决定书载明的期限内，予以履行。”
A67（3）【收到处罚决定书 15 日内缴纳罚款】	“当事人应当自收到行政处罚决定书之日起十五日内，到指定的银行或者通过电子支付系统缴纳罚款。银行应当收受罚款，并将罚款直接上缴国库。”
A71【执法人员上交罚款日期】	“执法人员当场收缴的罚款，应当自收缴罚款之日起二日内，交至行政机关；在水上当场收缴的罚款，应当自抵岸之日起二日内交至行政机关；行政机关应当在二日内将罚款缴付指定的银行。”

四、无效

表 3-20　行政行为的无效

界定	行政行为自开始就完全不具备法律效力，视为在法律上的不存在	
构成要件	★司法判决和理论研究中的类型化	
法律后果	自始无效	不待宣告或撤销，任何人都可忽视其存在
	行政相对人无服从义务	行政相对人不受拘束，不履行义务，不承担法律责任
	无效行政行为赋益无效	① 行政主体获利的：如罚没款物等均应返还相对人； ② 行政相对人获利的：无过错可不予收回
	宣告无效不受时限限制	任何机关和法院可随时宣告行政行为无效

表 3-21　行政行为无效的构成要件——司法判决和理论研究中的类型化

法律依据	构成要件	类型化	举例
《行政诉讼法》A75：“行政行为有实施主体不具有行政主体资格或者没有依据等重大且明显违法情形，原告申请确认行政行为无效的，人民法院判决确认无效。”	主体：不具有行政主体资格	不合法	内部机构外化
		不明确	形式上不署名、不盖章
		明显越权行为	税务机关吊销经营者营业执照
《关于适用〈行政诉讼法〉的解释》A99：“有下列情形之一的，属于行政诉讼法第七十五条规定的‘重大且明显违法’：（一）行政行为实施主体不具有行政主体资格；（二）减损权利或者增加义务的行政行为没有法律规范依据；（三）行政行为的内容客观上不可能实施；（四）其他重大且明显违法的情形。”	内容：重大且明显违法	减损权利或者增加义务的行政行为没有法律规范依据	某县政府在行政决定中规定，对该决定不服不得申请复议和提起诉讼（剥夺当事人救济权）； 某县政府作出行政决定，要求该地所有机关只能购买本地生产的某种产品，不能购买、使用外地生产的同类产品（限制竞争的地方保护主义）
		行政行为的内容客观上不可能实施	环保机关限某一污染环境的企业 7 日内搬出市区，而企业搬迁至少要 3 个月
		其他重大且明显违法的情形	某乡政府命令农民猎杀国家保护珍稀动物，用来招待外宾（猎杀珍稀动物为犯罪行为）

五、撤销

表 3-22　行政行为的撤销

界定	有权机关对已经发生法律效力但存在一定瑕疵的行政行为予以撤销致其失去法律效力的状态，在经有权机关作出撤销、变更或确认违法的决定前，仍然是有效的行政行为
法律依据	《行政诉讼法》A70：“行政行为有下列情形之一的，人民法院判决撤销或者部分撤销，并可以判决被告重新作出行政行为：（一）★主要证据不足的；（二）★适用法律、法规错误的；（三）★违反法定程序的；（四）超越职权的；（五）滥用职权的；（六）★明显不当的。”
方式	★ 职权撤销、争讼撤销
法律后果	① 效力判定：撤销之日起无效； ② 合法权益予以补偿； ③ 有过错情形：如被许可人以欺骗、胁迫等不正当手段取得行政许可；行政工作人员接受贿赂违法作出行政行为的，应追缴所获利益，追究相应责任
可撤销的例外	① 超过行政复议、行政诉讼时限：《行政复议法》A9（1）（60 日内提出）、《行政诉讼法》A46（1）（6 个月内提出）； ② 因公共利益不予撤销：★华信供热有限公司与白山市住房和城乡建设局行政许可案； ③ 程序轻微违法，对原告权利不产生实际影响：★朱某某不服昆明市公安局直属分局治安行政处罚案

表 3-23　撤销的法律依据——主要证据不足

具体情形		案例
认定事实不清或认定事实错误	认定事实不清	陆某某诉上海市闸北区房屋土地管理局房屋拆迁行政裁决纠纷案：闸北区房地局对涉案被拆房屋评估报告是否送达当事人的事实根本未予查明
	认定事实错误	葛某某不服上海市卢湾区司法局申诉处理决定案：卢湾区司法局作出的维持上海市卢湾区公证处拒绝撤销公证决定的具体行政行为将系争房屋认定为案外人的遗产范围与客观事实相悖
具体行政行为认定的事实没有证据或主要证据不足	没有证据	黄某某等 25 人诉成都市武侯区房管局划分物业管理区域行政纠纷案：武侯区房管局没有证据证明，其在对中央花园清水河片区进行物业管理区域的划分时，考虑了除物业管理用房以外的其他共用设施设备等因素
	主要证据不足	宣某某等 18 人诉浙江省衢州市国土资源局收回国有土地使用权行政争议案：衢州市国土资源局提供的有关证据难以说明该决定是由于“公共利益需要使用土地”或“实施城市规划进行旧城区改造需要调整使用土地”的需要
具体行政行为所依据的证据不合法	证据合法性缺失	丰某某等人诉广东省东莞市规划局房屋拆迁行政裁决纠纷案：作出评估报告的两位评估人员中有一位不具备法定评估资格，且评估人员既未对委托方房地产开发公司提供的资料进行审核，亦未能依法举证证明其所采纳的租金标准
	证据关联性缺失	南通翔钢贸易有限公司不服如皋工商局行政处罚决定案：检验报告只能证明送检物的性质、质量，不能证明翔钢公司被查处货物的性质、质量
	证据真实性缺失	云南光宇公司不服泉州市泉港区工商局抵押物登记案：第三人科盛公司明知其对四台电脑自动注塑机不具有所有权，仍与第三人泉港工行签订动产抵押合同并向被告泉港区工商局申请抵押登记。被告泉港区工商局在进行动产抵押登记时，未依法审查抵押动产中四台电脑自动注塑机的合法所有权和使用权状况，而作出动产抵押物登记
行政相对人不适格		金殿苑业主委员会诉上海市虹口区城市规划管理局补发建设工程规划许可证案：被告在颁发建设工程规划许可证时，行政相对人华凉公司已经注销，而被告未加审核便颁发建设工程许可证，具体行政行为所认定的主体不存在或认定的责任主体错误

表 3-24 撤销的法律依据——适用法律、法规错误

具体情形	案例
行政机关仅说明作出行政行为所依据的法律名称，而未告知当事人具体的法律条款	宣某某等诉浙江省衢州市国土资源局收回国有土地使用权案：被告衢州市国土局作出通知时，仅说明是依据《土地管理法》及浙江省的有关规定作出的，但并未引用具体的法律条款
适用法律、法规错误	孙某某诉天津新技术产业园区劳动人事局工伤认定案：被告园区劳动局以原告孙某某自己精力不集中摔跤为由，主张孙某某不属于“因工作原因”摔伤而不予认定工伤，缺乏法律依据
法律适用前提错误	内蒙古秋实房地产开发有限责任公司诉呼和浩特市人民防空办公室人防办行政征收案：建设单位应当依法缴纳防空地下室易地建设费的，不适用廉租住房和经济适用住房等保障性住房建设项目关于“免收城市基础设施配套费等各种行政事业性收费”的规定

表 3-25 撤销的法律依据——违反法定程序

具体情形	案例
违反设立该程序规则的目的	孙某某诉昌江黎族自治县人民政府土地行政许可案：昌江黎族自治县人民政府在未经变更登记的情形下，向第三人颁发了新的土地使用证，违反了物权法规定的“不动产物权变更须经登记才能发生效力”的法定程序
违反法定程序	李某某诉国家工商总局商标评审委员会及张建国商标争议行政纠纷案：虽然张建国与争议商标专用权人自愿签署了商标所有权转让协议书，但商标评审委员会未尽到审查真正商标权利人的职责，从而导致程序违法
	淄博汇亿运输有限公司诉淄博市临淄区安全生产监督管理局安监行政处罚案：临淄区安监局作出处罚所依据的材料是立案前所收集并形成的，且在组织听证时，未对勘验检查笔录、询问笔录及收集的证据材料进行质证
违反正当程序原则	钟某某不服闽西职业技术学院退学处理案：闽西职业技术学院并未提供证明处理决定作出前已告知原告陈述、申辩的证据材料的证据，且被诉批复未告知原告救济权利和途径
违反了向当事人送达、催告、公告、告知，以及听取当事人陈述、申辩等程序	刘某某诉衡阳市石鼓区角山乡人民政府案：被告角山乡政府未经过村民会议投票表决即罢免了刘某某村民委员会主任的职务

表 3-26　撤销的法律依据——明显不当

具体情形		案例
没有考虑依法应当考虑的因素	法律规定了具体处理方式	黄某某等 25 人诉成都市武侯区房管局划分物业管理区域行政纠纷案：《物业管理条例》A9（2）："物业管理区域的划分应当考虑物业的共用设施设备、建筑物规模、社区建设等因素"。武侯区房管局不能证明其依法处理
	法律没有明确规定考量因素	姜某某诉辽宁省庄河市公安局行政处罚案：原告无证驾驶的行为发生在从自家一处大棚至另一处大棚之间的乡间道路上，其社会危害性与《道路交通安全法》A99（1）所列的其他几种可以拘留的行为相比显著轻微。庄河市公安局对原告处 15 日拘留，这与庄河市公安局认定的原告违法事实及本案的情节、社会危害程度不相称
	法律条文完全没有规定处理意见	唐某诉永州市劳动教养管理委员会行政赔偿案：永州市劳教委没有综合考虑原告及其家人的特殊情况，对原告实施了劳动教养，处理方式明显不当
处理方式违反比例原则		黑龙江汇丰实业发展有限公司诉哈尔滨市规划局行政处罚纠纷案：哈尔滨市规划局的处罚决定不必要地增加了原告的损失，显失公正
		苏州鼎盛食品公司不服苏州市工商局商标侵权行政处罚案：原告主观上无过错，侵权性质、行为和情节显著轻微，尚未造成实际危害后果，责令其停止侵权行为即足以达到保护注册商标专用权以及保障消费者和相关公众利益的执法目的。苏州市工商局并处 50 万元罚款实无必要，明显不当
没有正当理由的区别对待	各方当事人具有竞争关系	湖南湘电公司诉广东省阳西县质量技术监督局、阳西县人民政府质量监督检验检疫行政管理案：原告与中国特检院存在商业竞争关系，依法中国特检院应当回避，但阳西质监局确认中国特检院以"技术专家"名义参与阳江市质监局对原告的监督检查，且阳西质监局在检查过程中未发现和重视这些严重问题，而仅针对原告的锅炉定期检验报告进行专项检查。法院确认阳西质监局作出的行政处罚构成滥用职权，应当予以撤销
	当事人之间存在利益冲突关系	王某某诉新疆精河县公安局行政处罚案：原告与第三人互殴，各致对方轻微伤，精河县公安局对第三人罚款 100 元，而对原告拘留 15 日

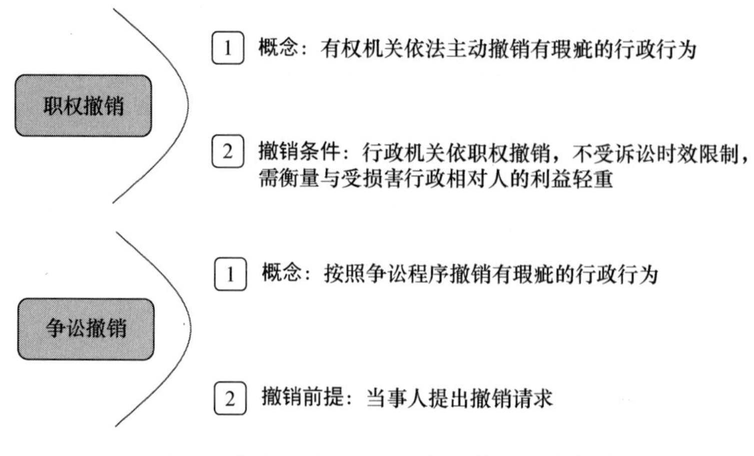

图 3-7　撤销的方式——职权撤销和争讼撤销

表 3-27　华信供热有限公司与白山市住房和城乡建设局行政许可案

基本案情	原告华信公司在进行申请特许供热许可证所需前置程序时，第三人向被告白山市住建局提出与原告相同的特许申请，被告在未进行相应的法定听证等程序情况下，将许可证发放给第三人，损害了原告利益
法院判决	考虑到华生公司（第三人）已经在争议区域投资建设了供热基础设施，并于 2015 年对东平台区域实施供热，如撤销该行政许可，将影响争议区域居民的冬季采暖，对公共利益造成重大损害。故确认本案被诉行政行为违法，但保留其许可效力。如本案被诉行政行为给华信公司造成损失，白山市住建局应采取相应的措施予以补救

表 3-28　朱某某不服昆明市公安局直属分局治安行政处罚案

基本案情	朱某某是昆明市某物流公司的法定代表人，是号牌为渝 BA19××号川江牌重型厢式货车的实际所有人。2009 年 8 月，朱某某办理假的货车行驶证，后交驾驶员李某使用。2011 年 2 月 11 日 9 时许，昆明市公安局交警支队在执勤过程中，拦查该辆货车，依法扣留了货车行驶证。被告昆明市公安局直属分局于 2011 年 4 月 1 日作出行政处罚决定书：朱某某的行为构成买卖伪造国家机关证件的违法行为。根据《治安管理处罚法》第五十二条第（二）款，决定给予朱某某行政拘留 15 日的行政处罚
法院判决	法律依据应为《治安管理处罚法》第五十二条第（二）项，昆明市公安局直属分局在行政处罚决定书中引用法律条款时表述为“第五十二条第二款”显属笔误；但此瑕疵并非导致本案行政处罚决定应当或者可以被判决撤销或者确认违法及朱某某可以免责的情形
法条依据	《治安管理处罚法》A52：“有下列行为之一的，处十日以上十五日以下拘留，可以并处一千元以下罚款；情节较轻的，处五日以上十日以下拘留，可以并处五百元以下罚款：（一）伪造、变造或者买卖国家机关、人民团体、企业、事业单位或者其他组织的公文、证件、证明文件、印章的；（二）买卖或者使用伪造、变造的国家机关、人民团体、企业、事业单位或者其他组织的公文、证件、证明文件的……”

六、废止

表 3-29　行政行为的废止

界定	因事后作为其根据的事实或法律基础消失，有权机关废弃原本合法有效的行政行为，使其效力消灭
适用条件	(1) 只针对原合法有效的行政行为； (2) 由于法律、政策、事实基础消失而改变。 ① 法律：《环境保护法》出台后为保护环境关停证照齐全但污染严重的煤矿； ② 政策：★上海洪鑫园艺技术有限公司不服崇明县水务局收回滩涂使用权决定案； ③ 事实：受益人生活好转不再符合领取条件时政府停止向其发放社会福利
法律后果	(1) 法律效力：自废止之日起失效； (2) 合法补偿：由于法律、政策变化且给行政相对人合法利益造成较大损失的，可以适当补偿

表 3-30　上海洪鑫园艺技术有限公司不服崇明县水务局收回滩涂使用权决定案

基本案情	2002 年，崇明县水务局作出《收回滩涂决定》，告知洪鑫公司，为做好崇明县的防汛防洪工作，消除防汛隐患和不安全因素，保障人民生命的安全和经济建设顺利进行，依照《上海市滩涂管理条例》第 22 条规定，决定收回洪鑫公司获得的某块滩涂的使用权。洪鑫公司对此不服，认为其使用滩涂已多年，并严格按照有关防汛要求自觉地对大堤进行加固和精心维护，未出现被告在《收回滩涂决定》中所讲的"防汛隐患和不安全因素"，《收回滩涂决定》缺乏事实、法律依据，侵害其合法权益。因此，向上海市崇明县人民法院提起行政诉讼，请求法院依法撤销该行政决定
法条依据	《上海市滩涂管理条例》A22："国家因国防、防汛或者重大经济建设和社会发展需要依法收回滩涂使用权的，原开发利用滩涂的单位或者个人应当服从。建设单位应当向原开发利用滩涂的单位或者个人给予合理补偿。"
法院判决	被告根据国家防汛工作的总体要求，结合本县的防汛工作，为确保国家、集体、人民生命财产安全，消除防汛防台的薄弱环节和隐患，退圩还滩工程依照《上海市滩涂管理条例》作出，事实清楚、证据充分、程序合法、适用法律法规正确，据此判决维持该行政决定

第四节　行 政 程 序

一、行政程序的分类

表 3-31　行政程序的分类

划分标准	种类	举例
行政程序适用范围	内部行政程序	行政系统内部公文流转、上下级审批、人事奖惩、任免等
	外部行政程序	行政主体对外行使行政权，如行政许可程序、行政处罚程序、行政强制执行程序等
行使行政职能	行政立法程序	听证制度、会议制度、专家论证制度及备案制度等
	行政执法程序	《行政处罚法》A55（1）："执法人员在调查或者进行检查时，应当主动向当事人或者有关人员出示执法证件。……"
	行政裁判程序	准司法活动，即行政复议

二、各国行政程序立法

（一）荷兰

表 3-32　《荷兰行政法通则》（1994）（节选）

立法结构	具体内容	要素
第二章　关于行政相对人与行政机关	一般规定	行政相对人的法律代理人、行政行为中的管辖移送、行政行为中的回避要求和保密义务
	行政程序中的语言	原则上使用荷兰语，特殊情况下可以使用弗里西亚语、提供译本等
第三章　关于命令的一般规定	具有普遍约束力规则效力的命令	作出要求：谨慎义务和利益衡量（合理性）
	咨询、建议的规定	行政机关中设置顾问，顾问是指被法律赋予职责或依法拥有职责为作出命令之行政机关提供建议，但又不在该行政机关中工作的个人或法人团体
	公开准备程序	一般规定、将命令草案提供备查、部分意见和保留意见的送达
	公布和通知	向利害关系人公布
第四章　关于命令的特殊规定	行政决定	行政相对人向有管辖权的行政机关提出申请的条件、行政机关处理申请的程序
	行政补助	行政补助的概念和具体程序
第五章　行政执行	行政监督检查	行政监督检查的程序要求
	行政强制措施	行政强制措施的概念、适用条件（议会法律的授权或规定）； 不适用：对公共政策（对公众的命令）实行的即时强制
	行政处罚	主体：有权采取行政强制措施的行政机关； 目的：补偿损害、阻止损害的进一步发生、阻止重复损害
第六章　声明异议和行政复议、行政诉讼的一般规定	序言	适用范围：原则上为行政命令（除法律另有规定外，行政机关的非命令行为可以适用）；准行政命令：拒绝作出命令的书面决定、未及时作出的决定； 不得适用：对当事人的利益造成独立影响
	其他一般规定	程序要求：书面申请、申请期间、接受申请的要求、管辖要求、受理范围、申请的撤回、行政机关撤销和变更权、受理机关的裁定或判决类型
第七章　异议和复议、诉讼的特殊规定	向行政法院起诉前的异议	除下列情形外，有权起诉的人应首先提出异议：对某一异议和复议所作的决定、尚待批准的命令、按第三章规定的程序所准备的命令
	有关行政复议的特殊规定	听证要求（复议机关主持）、复议决定（作出期间、类型、公布）

（二）德国

表 3-33 《德意志联邦共和国行政程序法》（1976）（节选）

立法结构	具体内容	要素
第二章　行政手续之一般规定	第一节　手续之原则	行政手续的意义、行政手续的非要式性、当事人能力、行为能力、当事人代理人与辅佐人、指定送达代收人、依职权指定代理人、同一形式申请代理人、对同一利益当事人之代理人、对同一形式申请之代理人与同一利益之代理人所为共同规定、应回避之人；开展行政手续的前提；职务上之用语、职权调查主义、当事人之听证、当事人阅览宗卷保密义务
	第二节　期日、期间、恢复原状	
	第三节　公务上之认证	
第五章　特种手续	第一节　正式行政手续	
	第二节　确定计划手续	听证手续
第六章　法律救济手续		对行政处分之法律救济诉愿程序之费用返还

（三）美国

表 3-34 《美国联邦行政程序法》（1946）（节选）

立法结构	具体内容	要素
第五章　行政程序	相关名词定义	行政机关、行政当事人、规章、制定规章、裁决令、裁判、许可证、核发许可证、制裁、救济、行政诉讼、行政行为、单方面通告的概念和具体内容
	公共情报、行政规章、裁决意见、裁决令、记录和诉讼活动	主要是关于行政机关向公民公开行政行为时的要求，包括：文件说明并且予以公布、必须公布的行政文件和不得公开的文件、申请公开的程序要求、行政公开之诉的要求
	规章的制定	主要是关于规章制定及完成之后的程序
	裁决	
	附属事项	

（四）日本

表 3-35 《日本行政程序法》（1990）

立法结构	具体内容
第一节　总则规定	第一项　概念与定义 第二项　当事人能力与行为能力 第三项　调查 第四项　送达

（续表）

立法结构	具体内容
第二节　处分程序规定	第五项　申请 第六项　通知、听证等 第七项　处分基准 第八项　文书阅览 第九项　处分附记理由
第三节　命令制定程序规定	第十项　命令制定程序
第四节　特别程序规定	第十一项　限制土地利用之计划拟订程序和实施公共事业之计划确定程序 第十二项　多数当事人之程序 第十三项　限制性之行政指导程序

三、我国行政程序立法趋势

1. 现状：我国行政程序法尚未出台

2. 过程性转变：我国地方行政程序立法发展

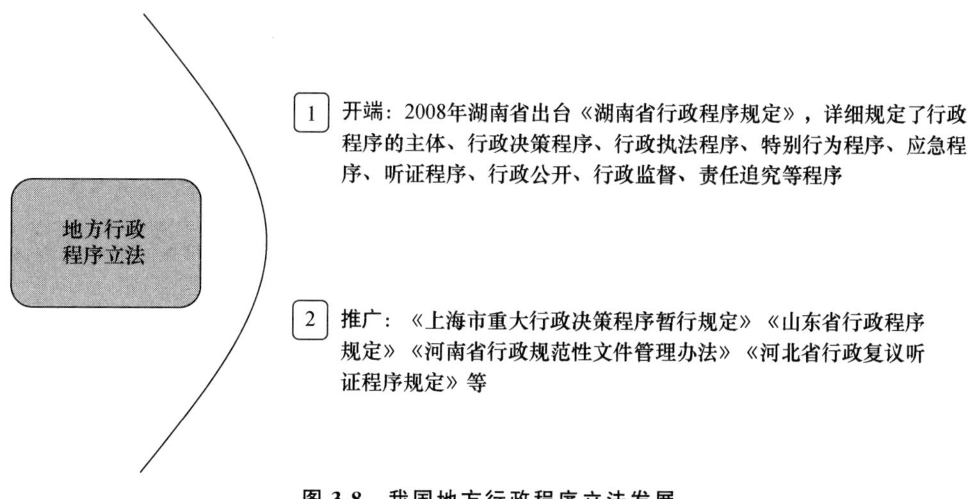

图 3-8　我国地方行政程序立法发展

四、我国现行行政法立法的理论主张

（一）理论背景

制定行政法总则的时机已经成熟，我们有能力借鉴民法典总则的立法技术，将我国行政法中共性的内容抽取出来，形成具有中国特色的行政法总则。在行政法总则的指引下进一步制定行政法分则，最终形成一部体系完整的行政法法典。[①]

（二）学界观点

刘太刚教授：总则模式、通则模式、程序法模式、总法模式、全法模式
叶俊荣教授：最完全的法典化、程序完全的法典化、行政总则法典化、程序最小法典化

“总法模式”应该成为行政法“法典化”的基本思路，即行政法总则与行政法分则共同组成行政法法典

图 3-9　有关我国行政法立法的学界观点

（三）本书观点

表 3-36　行政法法典化结构主张

	行政法总则	行政法分则
要求	以抽象概念为基础，建立行政法外部体系的一般规定	系统梳理现有部门法、单行法，建立独立开放的体系
内容	行政法的适用范围、基本原则、行政组织和公务员的一般性规定、行政行为的概括性规定、行政行为与行政复议和行政诉讼的衔接、行政法律关系主体的权力（利）与义务、程序的一般性规定、附则等	行政组织法、公务员法、行政立法法、行政许可法、行政强制法等

① 2017年12月27日，在中国政法大学举办的“行政法总则与行政法法典化”学术研讨会上，应松年教授提出构建行政法法典化。参见万学忠：《学界首次提出构建中国行政法法典》，载《法制日报》2018年1月19日第6版。

第四章

行政立法

第一节 行政法的渊源

一、行政法渊源的概念

行政法渊源是规范行政机关行使权力、解决行政争议所依据的法律规范的出处，是有关行政的所有种类、各个层级的法规范的集合体。

二、行政法渊源的种类

我国行政法渊源包括了成文法渊源与不成文法渊源。

表 4-1 行政法的成文法渊源

成文法渊源	制定主体	备注
宪法	全国人大	基本原则性规范
法律	全国人大及其常委会	全国人大制定基本法律，全国人大常委会制定一般法律
经济特区法规	经济特区所在省、市的人大及其常委会	根据全国人大授权制定，效力相当于法律，冲突时高于法律
行政法规	国务院	条例、规定、办法
地方性法规	地方国家权力机关（省级＋设区的市的人大及其常委会）	“设区的市”包括：① 直辖市（北京、天津、上海、重庆）； ② 省会市（共 28 个，其中有 10 个副省级市：广州市、武汉市、哈尔滨市、沈阳市、成都市、南京市、西安市、长春市、济南市、杭州市）； ③ 国批市（共 18 个：吉林市、唐山市、大同市、包头市、大连市、鞍山市、邯郸市、本溪市、抚顺市、齐齐哈尔市、青岛市、无锡市、淮南市、洛阳市、宁波市、淄博市、苏州市、徐州市）； ④ 地级市（共 293 个，如江西省的景德镇市、安徽省的黄山市等）

（续表）

成文法渊源	制定主体	备注
自治条例、单行条例	自治区、自治州和自治县的人大及其常委会	① 效力：民族自治条例、单行条例在效力上至少相当于地方性法规，对法律作变通规定的具有优于普通法律的效力； ② 批准：自治区民族自治条例、单行条例报全国人大常委会批准，自治州、县民族自治条例、单行条例报省级人大常委会批准
部门规章	国务院组成部门和有行政管理职能的直属机构、直属事业单位	
地方政府规章	地方国家行政机关（省级＋设区的市的人民政府）	
国际条约	国家或国际组织	并入适用、转化适用
法律解释		立法解释、司法解释、行政解释、地方解释

表 4-2　行政法的不成文法渊源

不成文法渊源	内涵	具体说明
行政惯例	行政机关长期以来处理行政事务形成的惯行	对于重大行政问题召开新闻发布会
指导性案例	对人民法院审理类似案件，作出裁判具有指导作用，即各级人民法院在审判类似案件时应当参照，并可以作为裁判文书的说理依据加以引用	截至2020年年底，共计48个行政指导性案例：最高人民法院指导性案例（28）、最高人民检察院指导性案例（20）
法理与行政法一般原则	最基本的表现形式	行政合法性原则、合理性原则、比例原则、平等原则、正当程序原则、信赖保护原则以及应急性原则等

表 4-3　尹某某诉台州市国土资源局椒江分局土地行政批准案

基本案情	尹某某系台州市椒江区某村村民。2010年3月，尹某某所在村委会允许符合条件的村民申请建房，尹某某提交了《农村私人建房用地呈报表》，并经村委会同意。同年11月，台州市国土资源局椒江分局下属的海门中心所向尹某某作出答复："根据椒江区国土分局领导商量意见，不能审批宅基地。"尹某某申请行政复议未获支持，于2011年1月以台州市国土资源局椒江分局为被告向法院起诉。原告诉请法院撤销上述答复，并判令被告重新作出同意原告审批宅基地的行政行为
法院判决	法院审理查明，在当地实践操作中，农村村民建造住宅的申请材料在报给乡镇人民政府、街道办事处进行审核前，均先由国土资源部门予以审查，无异议后再按照《浙江省实施〈中华人民共和国土地管理法〉办法》第36条第1款规定的程序办理，并据此肯定了国土资源部门的审查权。国土资源部门介入审查并没有法律、法规甚至规章层面的直接规定，实际上是法律规范之外的行政自主性操作。由关键词"当地""实践操作中""均"等可见此种操作办法在实践中被多次、反复、普遍采用，在国土资源部门一方形成一种行政惯例，其他行政机关及当地民众也对此采默认的态度。因此，法院认可被告国土资源部门的审查权力，但根据其他规定判决被告撤销答复

第二节 行政立法概述

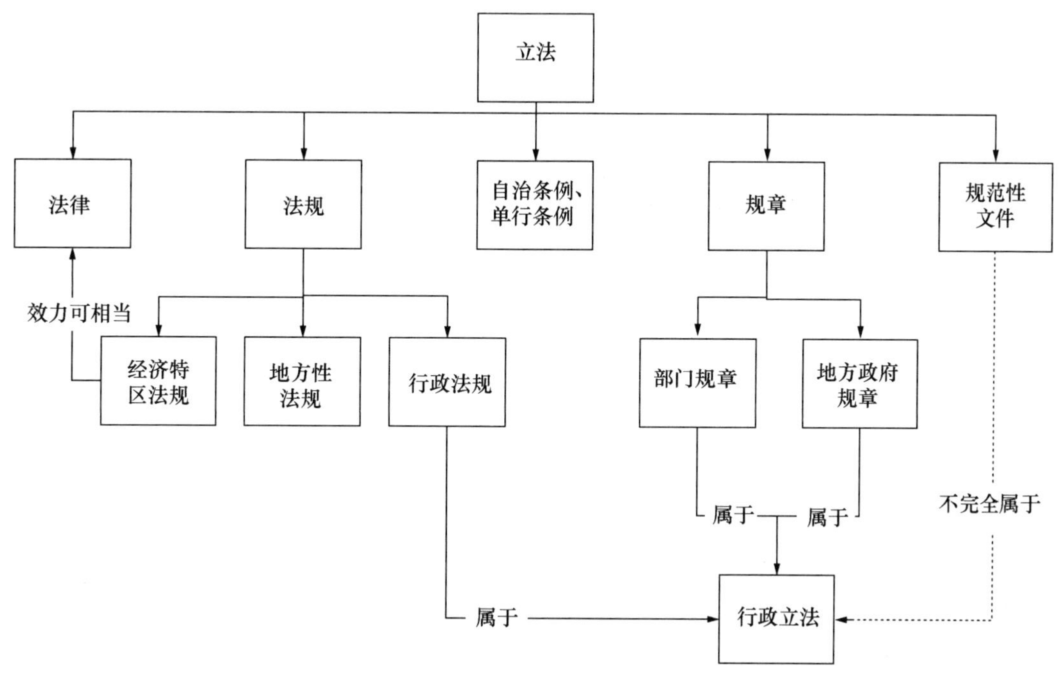

图 4-1 行政立法知识结构图

一、概念和特征

行政立法是指国家行政机关根据法定权限，按照法定程序制定和发布行政法规和行政规章的活动。

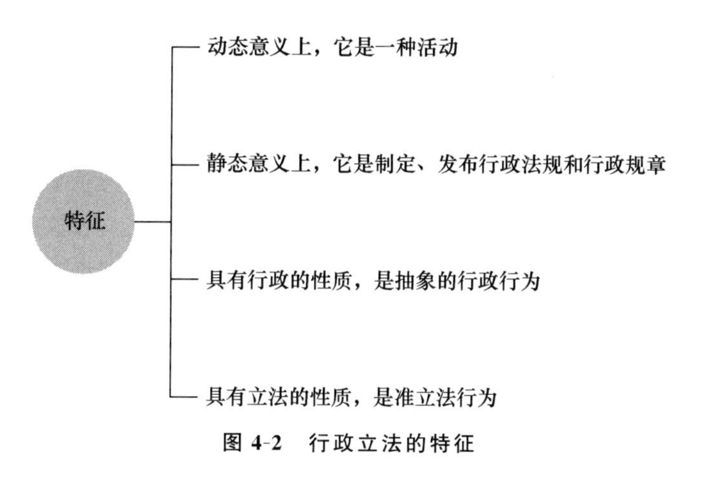

图 4-2 行政立法的特征

二、分类

（一）行政机关立法与权力机关立法

表 4-4　行政机关立法与权力机关立法

	行政机关立法	权力机关立法
立法主体	享有行政法规和行政规章制定权的行政机关	具有立法权的各级人大及其常委会
立法权来源	一部分来源于宪法和组织法规定，一部分来自法律或有权机关授权	由宪法直接规定
立法内容	社会政治、经济等管理事务中的具体问题	国家政治、经济和文化生活中的基本制度和重大问题
效力等级	低	高
立法形式	“条例”“规定”“办法”等	“法”“法典”
立法效果	随客观情势变化，时间效力不稳定	时间效力长，具有稳定性

（二）行政立法与制定其他规范性文件

表 4-5　行政立法与制定其他规范性文件

	行政立法	制定其他规范性文件
立法主体	国务院，国务院各部委和具有行政管理职能的直属机构，省、自治区、直辖市的人民政府，设区的市的人民政府	包括行政立法主体和国务院各部委所属的司、局、办，省级人民政府所属的厅、局、办，设区的市和不设区的市、县级人民政府工作部门，派出机关，乡镇人民政府等
签署	必须由相应行政机关的正职行政首长签署	可以由副职行政首长签署
发布	必须以行政首长令发布，并在法定刊物上登载	可以以一般行政公文的形式发布，公开形式相对随意
效力等级	高	低

（三）职权立法与授权立法

（1）职权立法：行政机关根据宪法和组织法所规定的职权，就职权范围内的事项制定行政法规和行政规章。

（2）授权立法：行政机关根据单行法律、法规或授权决议所授予的立法权而进行的行政立法。

普通授权立法	特别授权立法
① 法律、法规的附带授权，如《食品安全法》A36(3) ② 有权机关通过专门决议授权，如《全国人民代表大会关于授权厦门市人民代表大会及其常务委员会和厦门市人民政府分别制定法规和规章在厦门经济特区实施的决定》	国务院依据最高权力机关的特别授权而进行的行政立法，属于制定法律条件成熟之前的“试验性立法”；效力与法律等同，高于一般行政法规

图 4-3　普通授权立法与特别授权立法

对法律和法规尚未规范的内容进行创制性的规定，因此其可以创设新的权利和义务关系。如《行政处罚法》

可依照职权或授权进行；对法律、法规和上级机关的其他行政规范性文件的具体化和操作化；属于依附性法律，一般不能独立存在。如《长春市妇女儿童健康保护条例》《辽宁省劳动合同规定》

需特别授权，且只能在授权的范围和有效期限内制定；需要创设新的法律规则，不因授权法律、法规的失效而当然失效，只要不与新的法律、法规相抵触，就继续有效。如《关于禁止滥用知识产权排除、限制竞争行为的规定》

图 4-4　自主性立法、执行性立法与补充性立法

（四）中央行政立法与地方行政立法

表 4-6　中央行政立法与地方行政立法

	中央行政立法	地方行政立法
主体	国务院，国务院各部委、具有行政管理职能的直属机构	省、自治区、直辖市人民政府，设区的市、自治州的人民政府，全国人大常委会授权的经济特区的市人民政府
形式	法规和规章	规章
效力范围	全国范围	仅及于本行政区域

第三节　行政立法的制定权限和程序

一、行政法规的概念和名称

《行政法规制定程序暂行条例》[1] A2：“行政法规是国务院为领导和管理国家各项行

① 1987 年 4 月 21 日国务院办公厅发布，现已被废止。

政工作，根据宪法和法律，并且按照本条例的规定制定的政治、经济、教育、科技、文化、外事等各类法规的总称。”

《行政法规制定程序条例》① A5：“行政法规的名称一般称‘条例’，也可以称‘规定’‘办法’等。国务院根据全国人民代表大会及其常务委员会的授权决定制定的行政法规，称‘暂行条例’或者‘暂行规定’。国务院各部门和地方人民政府制定的规章不得称‘条例’。”

二、制定权限和程序

（一）行政法规

1. 行政法规的制定权限

国务院制定行政法规的权限分为以下三种：

（1）依职权制定——为了履行《宪法》A89规定的国务院行政管理职权的事项

例如，为了保障公民的知情权，国务院制定了《政府信息公开条例》。

（2）依授权制定——经全国人大及其常委会的授权决定先制定行政法规的事项

例如，经全国人大常委会授权，国务院制定了《国家公务员暂行条例》，该条例于1993年8月14日公布，自1993年10月1日起施行；2006年1月1日《公务员法》生效施行，《国家公务员暂行条例》同时废止。

（3）执行法律制定——为执行法律的规定需要制定行政法规的事项

例如，国务院为了实施1999年《行政复议法》，于2007年制定了《行政复议法实施条例》。

2. 行政法规的制定程序

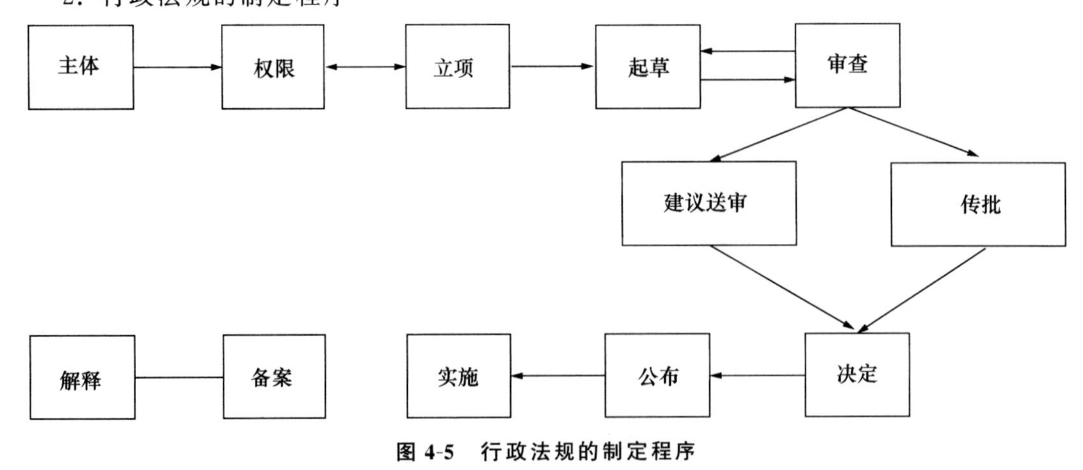

图4-5　行政法规的制定程序

① 2001年11月16日国务院令第321号公布，2017年12月22日修订。

表 4-7　行政法规的制定程序

程序	具体说明
立项	国务院有关部门报请立项→国务院法制机构拟订年度立法工作计划，报国务院审批
起草	国务院组织→有关部门或由法制机构负责→听取意见、部门协商（重大复杂疑难问题、涉及公共利益的应当听取意见）→起草部门主要负责人签署送审稿（联合起草首长均要签署）
审查	法制机构负责审查→征求意见（重要的经国务院同意向社会公布）→直接涉及切身利益的可以听证→ 法制机构将草案建议送审，简单的直接传批
决定	国务院常务会议审议（法制机构或起草部门说明）或由国务院审批→ 法制机构形成草案修改稿，报请总理签署国务院令公布施行
公布	公布 30 日后施行（紧急的可立即施行）→ 公布后 30 日内由国务院办公厅报全国人大常委会备案
解释	条文含义（明确界限、补充规定）必须由国务院解释，解释与行政法规具有同等效力，国务院部门和省级政府可以提出解释要求
	对于行政执法中的具体应用问题国务院法制机构可以答复（重要的报国务院同意），但只具有指导效力，国务院部门和省级政府法制机构可提出解释要求

（二）行政规章

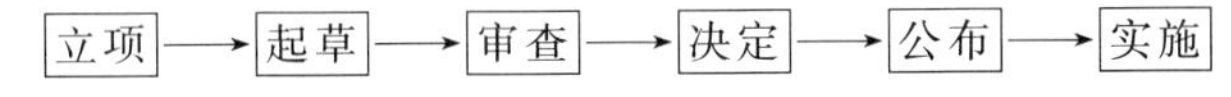

图 4-6　行政规章的制定程序

表 4-8　行政规章的制定

	制定机关	报请立项	决定	公布和实施	备案
部门规章	国务院组成部门、直属机构、部分直属事业单位	部门工作机构	部务会议或委员会会议决定	公布 30 日后施行（紧急的可以立即施行）	由制定机关的法制机构报请国务院备案
地方政府规章	省级政府和设区的市、自治州政府	政府工作部门或其下级政府	政府常务会议或全体会议决定		省级地方政府规章同时报本级人大常委会和国务院备案
① 涉及多个部门职权的事项制定联合规章或行政法规； ② 部门工作机构或政府工作部门起草后送该机关法制机构审查； ③ 涉及公民切身利益又有重大分歧的，应当公布，听取意见，也可以举行听证会； ④ 名称一般使用“规定”“办法”，不能使用“条例”					

（三）行政法规与行政规章制定的区别

表 4-9　行政法规与行政规章

	行政法规	行政规章
制定机关	国务院	国务院部门、省人民政府、地级市人民政府
名称	“条例”“办法”“规定”	“办法”“规定”
报请立项	国务院部门	① 部门规章为内设机构或其他机构； ② 地方规章为下级政府或所属部门

（续表）

	行政法规	行政规章
决定	国务院常务会议或传批	① 部门规章为部务会议或委员会会议； ② 地方规章为全体会议或政府常务会议
公布载体	国务院公报、中国政府法制信息网、在全国范围内发行的报纸	① 部门规章在国务院公报或部门公报、中国政府法制信息网、全国范围内发行的报纸上公布； ② 地方规章在本级政府公报、中国政府法制信息网、本行政区域范围内发行的报纸上公布
标准文本	以在国务院公报上刊登的行政法规文本为标准文本	① 部门规章以在国务院公报或部门公报上刊登的规章文本为标准文本； ② 地方规章以在地方政府公报上刊登的规章文本为标准文本
备案	由国务院办公厅报请全国人大常委会备案	由制定机关的法制机构报请国务院备案

第四节　行政立法的效力和监督

一、行政立法的效力范围、等级、冲突

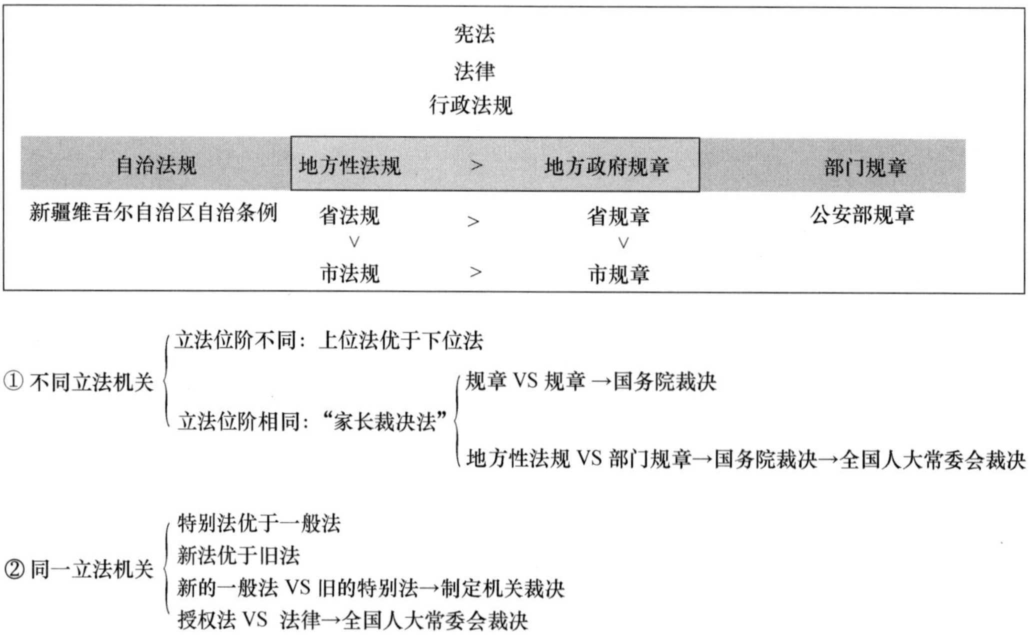

宪法

法律

行政法规

自治法规	地方性法规	>	地方政府规章	部门规章
新疆维吾尔自治区自治条例	省法规	>	省规章	公安部规章
	∨		∨	
	市法规	>	市规章	

① 不同立法机关
- 立法位阶不同：上位法优于下位法
- 立法位阶相同：“家长裁决法”
  - 规章 VS 规章 →国务院裁决
  - 地方性法规 VS 部门规章→国务院裁决→全国人大常委会裁决

② 同一立法机关
- 特别法优于一般法
- 新法优于旧法
- 新的一般法 VS 旧的特别法→制定机关裁决
- 授权法 VS 法律→全国人大常委会裁决

图 4-7　行政立法的效力层级关系图

二、行政立法的监督

监督类型	依据
行政机关内部监督	《立法法》A97："……（三）国务院有权改变或者撤销不适当的部门规章和地方政府规章……（六）省、自治区的人民政府有权改变或者撤销下一级人民政府制定的不适当的规章……"
权力机关监督	《立法法》A97："……（二）全国人民代表大会常务委员会有权撤销同宪法和法律相抵触的行政法规……（五）地方人民代表大会常务委员会有权撤销本级人民政府制定的不适当的规章……"
司法机关监督	《行政诉讼法》A53："公民、法人或者其他组织认为行政行为所依据的国务院部门和地方人民政府及其部门制定的规范性文件不合法，在对行政行为提起诉讼时，可以一并请求对该规范性文件进行审查。前款规定的规范性文件不含规章。"

图 4-8　行政立法的监督

第五章

行政许可

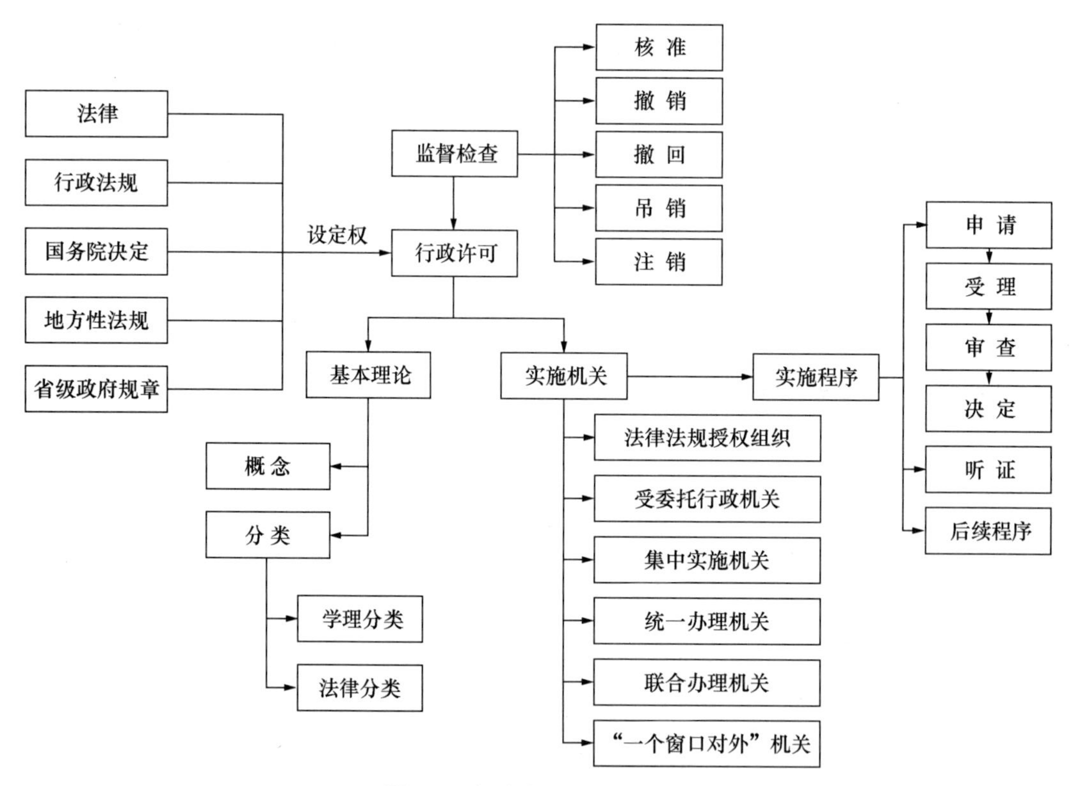

图 5-1 行政许可知识结构图

第一节 行政许可的基本理论

一、概念

（一）行政许可的概念

表 5-1 行政许可的概念

概念	《行政许可法》A2："本法所称行政许可，是指行政机关根据公民、法人或者其他组织的申请，经依法审查，准予其从事特定活动的行为。"
学理定义	行政机关根据公民、法人或者其他组织的申请，经依法审查，作出是否准予其从事特定活动的行为
性质	解禁说、赋权说、特许经营权、综合说
功能	控制社会风险、配置资源、证明和提供信息
存在问题	事项过多、权限不明、程序不完善、缺乏有效监督

（二）行政许可与行政确认的区别

行政确认：行政机关和法定授权的组织依照法定权限和程序对有关法律事实进行甄别，通过确定、证明等方式确认相对人某种法律地位的行政行为。例如，道路交通事故责任认定、医疗事故责任认定、伤残等级评定、产品质量确认。

表 5-2 行政许可与行政确认

	行政许可	行政确认
行为对象	许可相对人获得为某种行为的权利或资格（许可之前不得为之）	对身份、能力、事实确认（业已存在）
法律效果	未被认可即违法，当事人要受法律制裁	未被认可将无效，不适用法律制裁
行为意思	行政主体对申请人的申请进行审查和判断，是否予以准许或同意	表明行政主体态度，予以法律上的承认、确定或否认
行为性质	形成性行为（建立、改变、消灭）	确认性行为（仅表明现在状态）
内容	授益性行为	中立性行为，不直接设定权利或义务
方式	必须依申请	可依申请也可依职权

二、特征

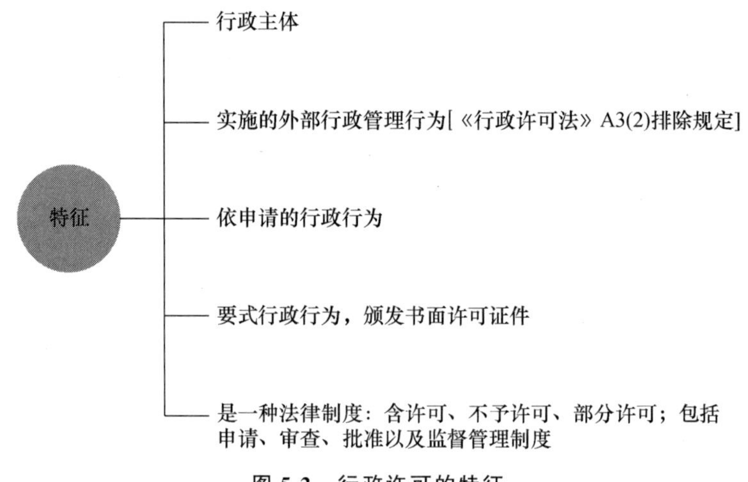

图 5-2　行政许可的特征

三、分类

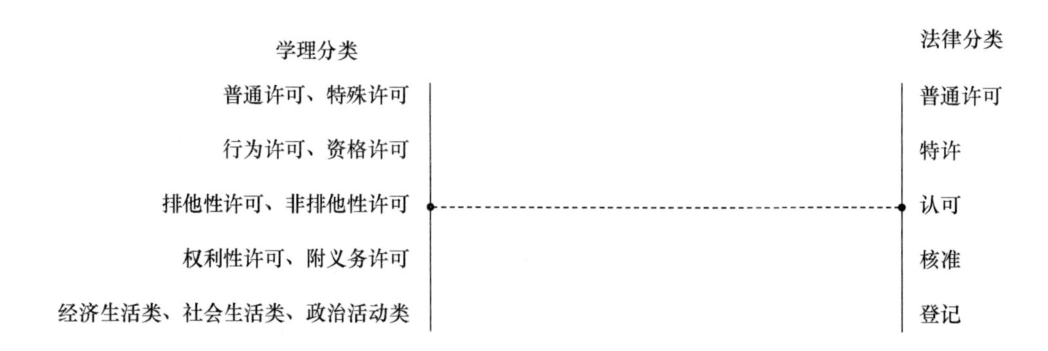

图 5-3　行政许可的分类

（一）学理分类

表 5-3　行政许可的学理分类

划分标准	种类	内涵	举例
权利来源	普通许可	相对人行使法定权利或者从事法律没有禁止但附带条件的活动的解除，属于禁止的解除	驾驶执照
	特殊许可	不享有法定权利且法律禁止，是权利的赋予	经营保险业务许可、烟草专卖许可

（续表）

划分标准	种类	内涵	举例
许可的内容	行为许可	允许相对人从事某种活动，采取某种行为的行政许可，其侧重实际的行为条件及过程要求	生产、经营许可及销售许可
	资格许可	通过考试、考核的形式对合格者发放证明文件，允许持证人从事某一职业或者进行某种活动	导游资格证、注册会计师资格证、律师资格证书、机动车驾驶证
许可的享有程度	排他性许可	某个人或组织获得该项许可后，其他任何人或组织均不能再获该项许可	专利许可、商标许可
	非排他性许可	具备法定条件的任何个人或组织经申请获得的许可	经营许可证、机动车驾驶证
许可是否附加必须履行的义务	权利性许可	取得行政许可后，并不承担作为义务，可自由放弃被许可的权利，并且不因此承担任何法律责任	排污许可证、护照
	附义务许可	获得许可的同时，亦承担一定期限内从事该活动的义务，否则要承担一定的法律责任	专利许可、商标许可、建设用地许可

（二）法律分类

表 5-4 行政许可的法律分类

类型	内涵	法条依据（《行政许可法》A12）	举例
普通许可	【安全活动】行政机关经过审查，依法确认其是否具备从事特定活动的条件的一种许可形式，也是运用最为广泛的一种行政许可	“（一）直接涉及国家安全、公共安全、经济宏观调控、生态环境保护以及直接关系人身健康、生命财产安全等特定活动，需要按照法定条件予以批准的事项”	集会、游行、示威许可，民用爆炸物品生产许可，商业银行设立许可
特许	【资源利用】直接为相对人设定权利能力、行为能力、特定的权利的行为，又称为“设权行为”	“（二）有限自然资源开发利用、公共资源配置以及直接关系公共利益的特定行业的市场准入等，需要赋予特定权利的事项”	海域使用许可、无线电频率使用许可、出租车经营许可、排污许可
认可	【资格赋予】行政机关通过考试、考核方式确定自然人、法人或者其他组织是否具备从事向公众提供直接关系公共利益的服务所要求具备的特殊信誉、特殊条件或者特殊技能的资格、资质的行政许可	“（三）提供公众服务并且直接关系公共利益的职业、行业，需要确定具备特殊信誉、特殊条件或者特殊技能等资格、资质的事项”	律师资格、建筑业企业资质、注册会计师资格、医师资格

（续表）

类型	内涵	（法条依据《行政许可法》A12）	举例
核准	【技术审定】行政机关对某些事项是否达到特定技术标准、经济技术规范的判断、确定	“（四）直接关系公共安全、人身健康、生命财产安全的重要设备、设施、产品、物品，需要按照技术标准、技术规范，通过检验、检测、检疫等方式进行审定的事项”	消防验收、电梯安装核准、生猪屠宰检疫、药品批文、产品合格证
登记	【组织设立】行政机关确立相对人的特定主体资格的行为	“（五）企业或者其他组织的设立等，需要确定主体资格的事项”	企业法人登记、事业单位登记、社团登记

表 5-5　行政许可示例

类型	示例	法律依据
普通许可	集会、游行、示威许可	《集会游行示威法》A7（1）：“举行集会、游行、示威，必须依照本法规定向主管机关提出申请并获得许可。”
	民用爆炸物品生产许可	《民用爆炸物品生产许可实施办法》A2：“在中华人民共和国境内设立民用爆炸物品生产企业应当依据本办法取得民用爆炸物品生产许可。”
	商业银行设立许可（包含前置性许可）	《中国银监会中资商业银行行政许可事项实施办法》A3：“银监会及其派出机构依照本办法和《中国银行业监督管理委员会行政许可实施程序规定》，对中资商业银行实施行政许可。” 《商业银行法》A16：“经批准设立的商业银行，由国务院银行业监督管理机构颁发经营许可证，并凭该许可证向工商行政管理部门办理登记，领取营业执照。”
特许	海域使用许可	《城市供水条例》A7：“国务院城市建设行政主管部门主管全国城市供水工作。省、自治区人民政府城市建设行政主管部门主管本行政区域内的城市供水工作。县级以上城市人民政府确定的城市供水行政主管部门（以下简称城市供水行政主管部门）主管本行政区域内的城市供水工作。”
	无线电频率使用许可	《无线电管理条例》A10（1）：“省、自治区、直辖市无线电管理机构在国家无线电管理机构和省、自治区、直辖市人民政府领导下，负责本行政区域除军事系统外的无线电管理工作，根据审批权限实施无线电频率使用许可，审查无线电台（站）的建设布局和台址，核发无线电台执照及无线电台识别码（含呼号，下同），负责本行政区域无线电监测和干扰查处，协调处理本行政区域无线电管理相关事宜。”
	排污许可（以青岛市为例）	《青岛市排污许可证管理办法》A4：“市环境保护主管部门负责本办法的组织实施和监督管理，区（市）环境保护主管部门负责本辖区内排污许可证的核发和日常管理。”

（续表）

类型	示例	法律依据
认可	律师资格	《律师法》A6："申请律师执业，应当向设区的市级或者直辖市的区人民政府司法行政部门提出申请，并提交下列材料：（一）国家统一法律职业资格证书；（二）律师协会出具的申请人实习考核合格的材料；（三）申请人的身份证明；（四）律师事务所出具的同意接收申请人的证明。申请兼职律师执业的，还应当提交所在单位同意申请人兼职从事律师职业的证明。受理申请的部门应当自受理之日起二十日内予以审查，并将审查意见和全部申请材料报送省、自治区、直辖市人民政府司法行政部门。省、自治区、直辖市人民政府司法行政部门应当自收到报送材料之日起十日内予以审核，作出是否准予执业的决定。准予执业的，向申请人颁发律师执业证书；不准予执业的，向申请人书面说明理由。"
	注册会计师资格	《注册会计师注册办法》A3："省、自治区、直辖市注册会计师协会（以下简称'省级注册会计师协会'）负责本地区注册会计师的注册及相关管理工作。中国注册会计师协会对省级注册会计师协会的注册管理工作进行指导。注册会计师依法执行业务，应当取得财政部统一制定的中华人民共和国注册会计师证书（以下简称'注册会计师证书'）。"A4："具备下列条件之一，并在中国境内从事审计业务工作2年以上者，可以向省级注册会计师协会申请注册：（一）参加注册会计师全国统一考试成绩合格；（二）经依法认定或者考核具有注册会计师资格。"
	医师资格	《执业医师法》A12："医师资格考试成绩合格，取得执业医师资格或者执业助理医师资格。"A13："国家实行医师执业注册制度。取得医师资格的，可以向所在地县级以上人民政府卫生行政部门申请注册。除有本法第十五条规定的情形外，受理申请的卫生行政部门应当自收到申请之日起三十日内准予注册，并发给由国务院卫生行政部门统一印制的医师执业证书。医疗、预防、保健机构可以为本机构中的医师集体办理注册手续。"
核准	消防验收	《消防法》A13："国务院住房和城乡建设主管部门规定应当申请消防验收的建设工程竣工，建设单位应当向住房和城乡建设主管部门申请消防验收。前款规定以外的其他建设工程，建设单位在验收后应当报住房和城乡建设主管部门备案，住房和城乡建设主管部门应当进行抽查。依法应当进行消防验收的建设工程，未经消防验收或者消防验收不合格的，禁止投入使用；其他建设工程经依法抽查不合格的，应当停止使用。"
	电梯安装核准	《特种设备安全法》A22："电梯的安装、改造、修理，必须由电梯制造单位或者其委托的依照本法取得相应许可的单位进行。电梯制造单位委托其他单位进行电梯安装、改造、修理的，应当对其安装、改造、修理进行安全指导和监控，并按照安全技术规范的要求进行校验和调试。电梯制造单位对电梯安全性能负责。"
	药品批文	《药品管理法》A41："从事药品生产活动，应当经所在地省、自治区、直辖市人民政府药品监督管理部门批准，取得药品生产许可证。无药品生产许可证的，不得生产药品。药品生产许可证应当标明有效期和生产范围，到期重新审查发证。"

（续表）

类型	示例	法律依据
登记	企业法人登记	《企业法人登记管理条例》A3：“申请企业法人登记，经企业法人登记主管机关审核，准予登记注册的，领取《企业法人营业执照》，取得法人资格，其合法权益受国家法律保护。依法需要办理企业法人登记的，未经企业法人登记主管机关核准登记注册，不得从事经营活动。”
	事业单位登记	《事业单位登记管理暂行条例》A5：“县级以上各级人民政府机构编制管理机关所属的事业单位登记管理机构（以下简称登记管理机关）负责实施事业单位的登记管理工作。县级以上各级人民政府机构编制管理机关应当加强对登记管理机关的事业单位登记管理工作的监督检查。事业单位实行分级登记管理。分级登记管理的具体办法由国务院机构编制管理机关规定。法律、行政法规对事业单位的监督管理另有规定的，依照有关法律、行政法规的规定执行。”
	社团登记	《社会团体登记管理条例》A6：“国务院民政部门和县级以上地方各级人民政府民政部门是本级人民政府的社会团体登记管理机关（以下简称登记管理机关）。国务院有关部门和县级以上地方各级人民政府有关部门、国务院或者县级以上地方各级人民政府授权的组织，是有关行业、学科或者业务范围内社会团体的业务主管单位（以下简称业务主管单位）。法律、行政法规对社会团体的监督管理另有规定的，依照有关法律、行政法规的规定执行。”

四、行政许可的限制范围

表 5-6　行政许可的限制范围

行政许可的限制范围	示例
公民、法人或者其他组织自主决定，不致损害国家、社会、集体利益和他人合法权益的事项	聘请保姆等可以由当事人自主决定的事项
通过市场竞争机制能够有效调节的事项	商品如何定价、一些行业的投资等
行业组织或者中介机构能够自律管理的事项	从事电工、烹饪、电脑软件工作以及对产品质量的认证等
行政机关采用事后监督等其他行政管理方式能够解决的事项	对于广播电台播出什么样的节目、出版社出版什么样的书籍，事先并不需要审查，但播出或出版之后，如发生侵犯名誉权、著作权纠纷等问题，可以通过事后监督、处罚等解决

第二节　行政许可的设定

一、概念和原则

行政许可的设定：国家有权机关根据法定权限和法定程序创设行政许可的规范活动。

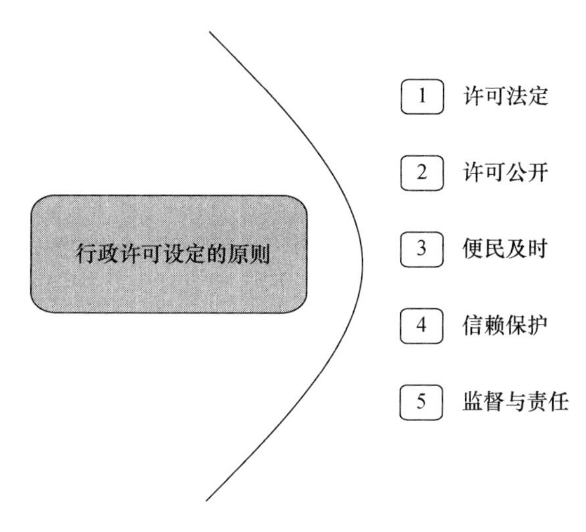

图 5-4　行政许可设定的原则

二、设定的事项

（一）可以设定行政许可的事项

（1）普通许可：从事直接涉及公共利益或个人重大利益的特殊活动（如集会、游行、示威许可，商业银行设立许可，民用爆炸物品生产运输许可）；

（2）特许：有限自然资源的开发利用、公共资源配置以及特定行业的市场准入（如海域使用许可、排污许可、出租车经营许可）；

（3）认可：特定职业、行业资格、资质的确定（如律师资格、建筑业企业资质）；

（4）核准：特定设备、设施、产品、物品的检验、检测、检疫（如消防验收、电梯安装核准）；

（5）登记：企业或者其他组织的设立（如企业法人登记）。

（二）可以不设行政许可的事项

（1）公民、法人或者其他组织能够自主决定的事项（如签订买卖合同、雇佣合同，婚姻登记）；

（2）通过市场竞争机制能够有效调节的事项（如能通过价格机制、消费者选择、民事赔偿解决的）；

（3）行业组织或者中介机构能够自律管理的事项（如行业协会的统一定价、核心技术的共享、专业技术的培训）；

（4）行政机关采用事后监督等其他行政管理方式能够解决的事项（如备案、制定标准、处罚、签订行政合同）。

三、设定权限

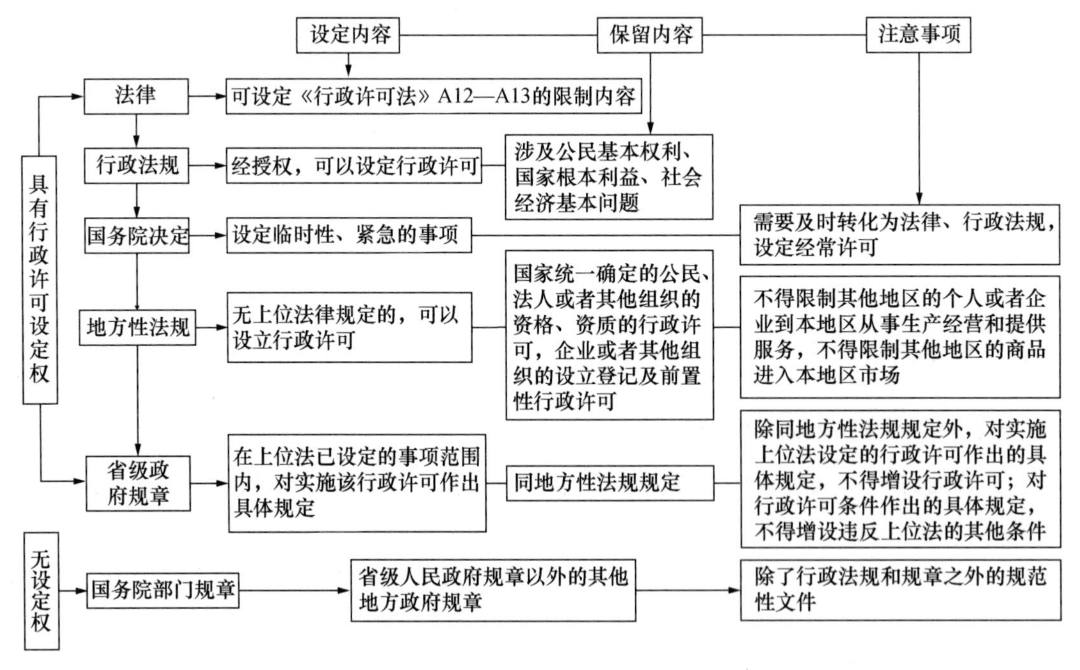

图 5-5 行政许可的设定权限

四、设定内容

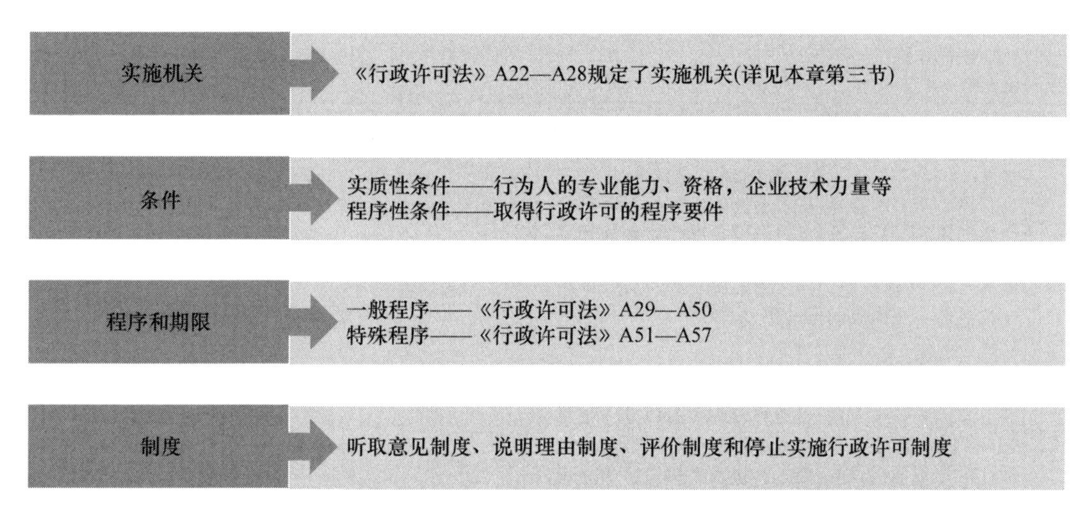

图 5-6　行政许可的设定内容

第三节　行政许可的实施机关

一、行政许可的一般实施主体与特殊实施主体

一般实施主体：行政许可由具有行政许可权的行政机关在其法定职权范围内实施。

表 5-7　行政许可的特殊实施主体

特殊主体	法律法规授权的组织	★受委托行政机关	集中实施（权力集中）	统一办理（程序集中）	联合办理（空间集中）	“一个窗口对外”（应当）
名义	被授权组织	委托机关	集中机关	各机关以自己名义分别实施		所属行政机关名义
要求	① 以法律、法规为依据； ② 只能被授权组织以自己的名义实施； ③ 授予共有权力	① 以法律、法规、规章为依据； ② 委托内容应以书面形式进行并公告； ③ 不得转委托； ④ 只能委托行政机关	① 经国务院批准； ② 省级政府决定； ③ 遵循精简、统一、效能原则	一个机关统一受理、听取其他机关意见后决定	联合、集中办理，但分别决定	多个内设机构的审核集中到一个对外窗口进行

二、行政许可的受委托机关

表 5-8　行政许可受委托的构成及示例

要点解析	委托对象（委托对象只能是行政机关，为什么?）	委托许可必须公告（为什么要公告?）	不得转委托（为什么不得转委托?）	委托要有法律、法规、规章依据（为什么规章也可以规定委托许可?）
备注	① 委托给行政机关体现行政许可权的慎重； ② 行政许可必须委托行政机关，而处罚不必委托行政机关（许可持久赋权或解禁，处罚则是一次性限制权利）	① 授权许可不必公告（通过法律、法规直接公示）； ② 委托许可是解决自己许可之不便，由其他行政机关代为许可，因此就必须把许可实施的机关、条件、程序、期限等进行公告，不然人们无从知晓	① 许可权力重要，一是只能委托给行政机关，二是法律也明确规定不得转委托； ② 行政许可和行政处罚均不得转委托	规章可以委托许可的原因：规章不能设定许可，但可以委托，是出于行政管理的方便，国务院的组成部门可以通过规章进行委托，方便行政管理。（例如，烟草许可的发放，县一级无烟草专卖局，将烟草专卖许可委托给工商行政管理部门，但又需要法律依据，由于法律法规层级较高，无法细致规范，所以可以通过规章作出规定）
示例	县工商行政管理部门（市烟草局委托县工商行政管理部门代为审查批准发放烟草专卖零售许可证）	工商行政管理部门发放烟草专卖零售许可证，应当提前公告，如果不提前公告，申请人可能无法知晓工商行政管理部门可受理烟草专卖零售许可证申请		法律依据：《烟草专卖法》A16："经营烟草制品零售业务的企业或者个人，由县级人民政府工商行政管理部门根据上一级烟草专卖行政主管部门的委托，审查批准发给烟草专卖零售许可证。已经设立县级烟草专卖行政主管部门的地方，也可以由县级烟草专卖行政主管部门审查批准发给烟草专卖零售许可证。"

第四节　行政许可的实施程序

一、概述

（一）行政许可申请的一般程序

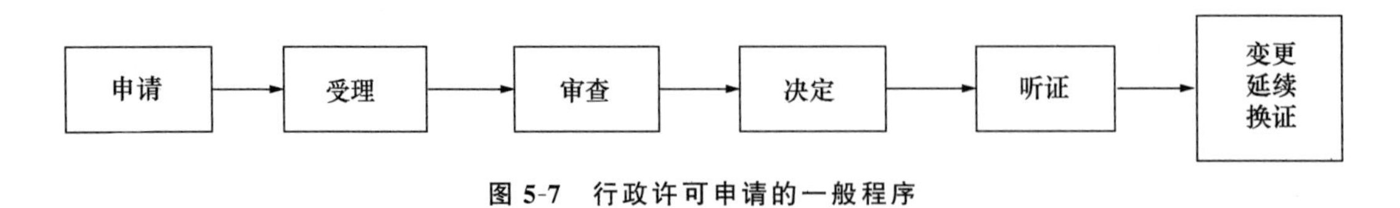

图 5-7　行政许可申请的一般程序

（二）行政许可申请的特殊程序

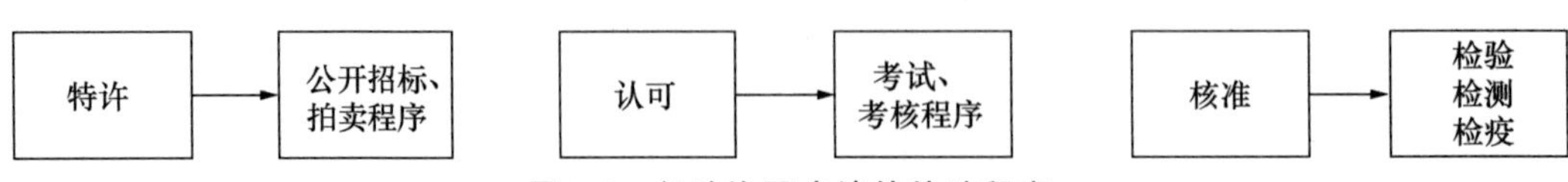

图 5-8　行政许可申请的特殊程序

二、程序流程

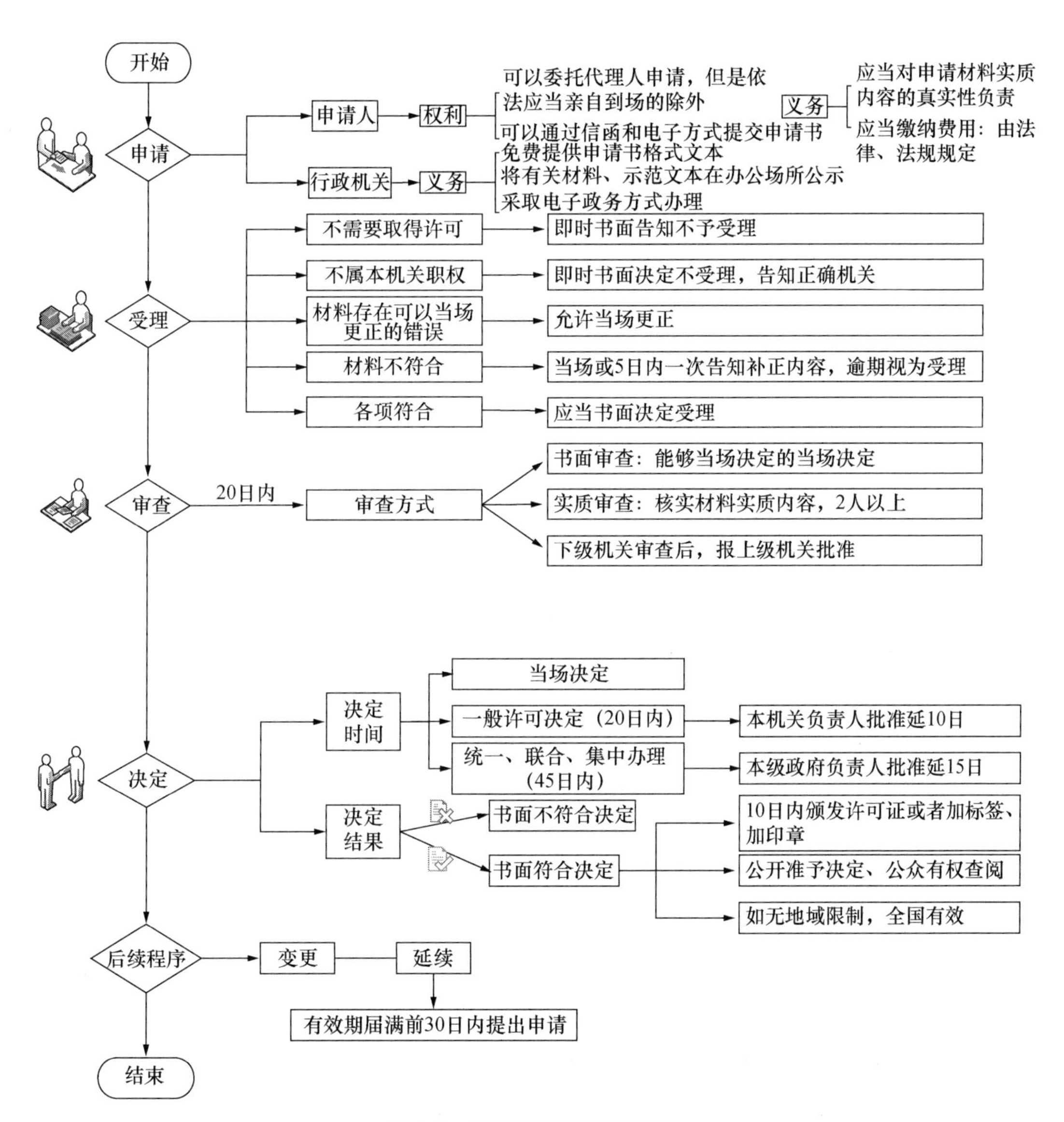

图 5-9　行政许可的程序流程

三、听证程序

表 5-9 听证事项和听证程序

听证事项	① 依职权：法定事项或行政机关认为涉及重大公共利益； ② 依申请：直接涉及申请人与他人之间重大利益关系的事项事前告知，申请人 5 日内申请，行政机关 20 日内组织
听证程序	① 7 日前通知或公告，公开进行（但涉密除外）； ② 案外人主持，可申请回避； ③ 质证：办案人员、申请人、利害关系人就案件事实依据、法律依据质证； ④ 听证笔录：核对无误后交由当事人签字生效，须根据笔录作出决定； ⑤ 可委托代理人； ⑥ 免费听证

第五节 行政许可的监督检查和法律责任

一、监督检查

表 5-10 行政许可的监督检查

	撤销许可（资格） （《行政许可法》A69）	注销许可 （《行政许可法》A70）	撤回（合法收回）许可
情节	① 行政机关违法准予许可（可以）：滥用职权、玩忽职守、超越职权、违反法定程序、授予不具备资格条件者许可等； ② 申请人违法获得许可（应当）：欺骗、贿赂等； ③ 行政机关自己、上级行政机关、许可法定实施机关均有权撤销	① 撤销、撤回、吊销、许可期满未续； ② 主体丧失能力； ③ 其他法定情况	① 许可已生效； ② 公共利益需要； ③ 法律、法规、规章修改或废止，或者客观情况发生重大变化
处理	① 赔偿； ② 相对人有过错的不赔偿； ③ 对公共利益造成重大损害的不予撤销	许可效力终止	撤回对被许可人造成的财产损失应当予以补偿
变更延续	① 变更：向许可机关申请，依法定程序变更许可相关事项； ② 延续：有效期届满 30 日前申请，法律、法规、规章另有规定的除外；许可机关逾期未决定的，视为准予延续；未按期申请延续的，许可应予以注销		
直接关系重要安全的事项	① 申请时隐瞒情况或提供虚假材料的，1 年内不得再次申请； ② 通过欺骗、贿赂等不正当手段取得许可的，3 年内不得再次申请		
行政许可概念区分	撤销：撤销对象是违法准予的许可，造成损害的予以赔偿（有损失、有过错，则赔偿）； 撤回：基于公共利益的需要合法收回，造成损害的予以补偿； 吊销：吊销对象是相对人违法的使用许可（属于行政处罚，但会对许可效力产生处分性）； 注销：撤销、吊销、撤回均是撤掉许可资格，仍需注销其许可证件的效力		

二、法律责任

表 5-11　行政许可的法律责任

<table>
<tr><th>违法责任人</th><th>违法情形</th><th>法律责任</th></tr>
<tr><td rowspan="2">行政机关</td><td>违法设定行政许可</td><td>① 责令设定行政许可的机关自行改正；
② 撤销设定许可的规范性文件；
③ 追究个人责任</td></tr>
<tr><td>违法实施行政许可</td><td>① 责令改正；
② 返还利益；
③ 行政赔偿责任</td></tr>
<tr><td rowspan="3">行政相对人</td><td>申报不实</td><td rowspan="3">① 程度较轻者，予以行政处罚；
② 程度较重者，予以刑事处罚</td></tr>
<tr><td>被许可人违法</td></tr>
<tr><td>其他行政相对人违法</td></tr>
</table>

第六章

行政处罚

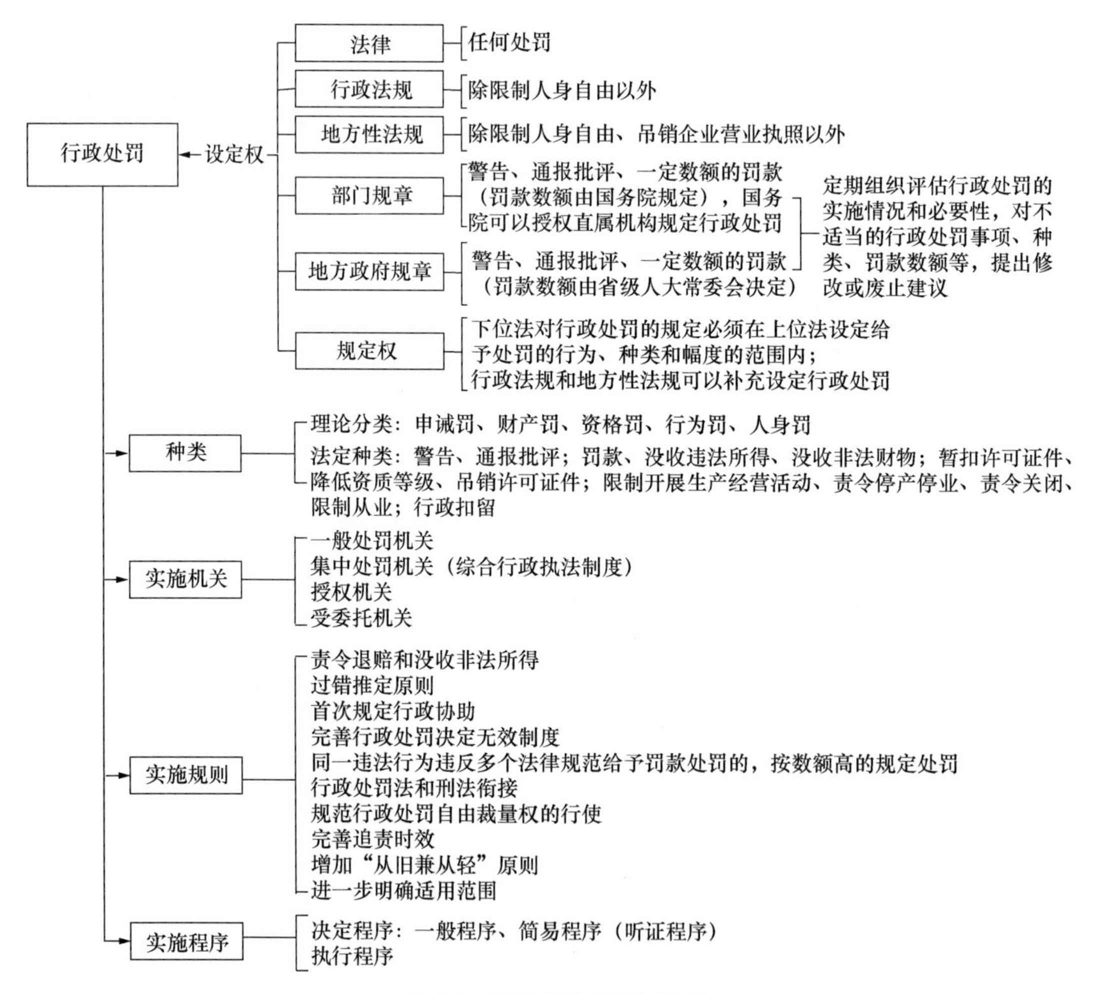

图 6-1　行政处罚知识结构图

一、修法背景

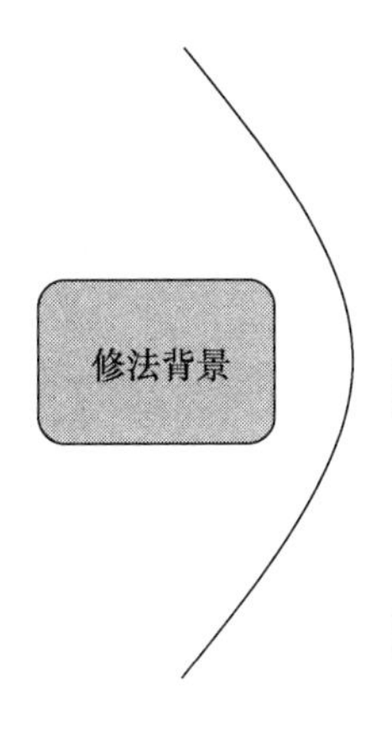

1 贯彻落实党中央重大决策部署，立法主动适应改革需要
体现和巩固行政执法领域中取得的重大改革成果

2 坚持问题导向，适应实践需要
扩大地方的行政处罚设定权限，加大重点领域行政处罚力度

3 坚持权由法定的法治原则
增加综合行政执法，赋予乡镇人民政府、街道办事处行政处罚权，完善行政处罚程序，严格行政执法责任，更好地保障严格、规范、公正、文明执法

4 把握通用性
从行政处罚法是行政处罚领域的通用规范出发，认真总结实践经验，发展和完善行政处罚的实体和程序规则，为单行法律、法规设定行政处罚和行政机关实施行政处罚提供基本遵循

图 6-2　《行政处罚法》2021 年修订背景

二、修改变化

表 6-1　《行政处罚法》2021 年修订要点与具体内容

修改要点	具体内容
增加行政处罚定义、扩大行政处罚的种类	(1) 定义：行政处罚是指行政机关依法对违反行政管理秩序的公民、法人或者其他组织，以减损权益或者增加义务的方式予以惩戒的行为（A2）
	(2) 扩大行政处罚的种类：增加通报批评、降低资质等级、限制开展生产经营活动、责令关闭、限制从业的行政处罚种类（A9）
扩大地方性法规设定行政处罚的权限，充分发挥地方性法规在地方治理中的作用	(1) 地方性法规可以补充设定行政处罚［A12 (3)］
	(2) 进一步明确了行政法规设定行政处罚的创制性立法权［A11 (3)］
完善行政处罚实施主体的规定	(1) 首次规定“综合行政执法” 国家在城市管理、市场监管、生态环境、文化市场、交通运输、应急管理、农业等领域推行建立综合行政执法制度，相对集中行政处罚权［A18 (1)］
	(2) 进一步规范委托行政处罚权 委托书应当载明委托的具体事项、权限、期限等内容。委托行政机关和受委托组织应当将委托书向社会公布［A20 (2)］
	(3) 规定交由乡镇人民政府、街道办事处行使县级人民政府部门的行政处罚权 省、自治区、直辖市根据当地实际情况，可以决定将基层管理迫切需要的县级人民政府部门的行政处罚权交由能够有效承接的乡镇人民政府、街道办事处行使。［A24 (1)］但规定了“基层管理迫切需要”“能够有效承接”“定期组织评估”“决定应当公布”“加强执法能力建设”“完善评议、考核制度”等诸多限制性要求（A24）

（续表）

修改要点	具体内容
完善行政处罚的适用	（1）违法所得是指实施违法行为所取得的款项［A28（2）］
	（2）规定过错推定原则 当事人有证据足以证明没有主观过错的，不予行政处罚［A33（2）］
	（3）首次规定了行政协助 行政机关因实施行政处罚的需要，可以向有关机关提出协助请求。协助事项属于被请求机关职权范围内的，应当依法予以协助（A26）
	（4）规定同一个违法行为违反多个法律规范应当给予罚款处罚的，按照罚款数额高的规定处罚（A29）
	（5）完善了"两法衔接"，首次要求从司法机关到行政机关的"逆循环"，并对衔接机制作了进一步规定 行政处罚实施机关与司法机关之间应当加强协调配合，建立健全案件移送制度，加强证据材料移交、接收衔接，完善案件处理信息通报机制［A27（2）］
	（6）规范了行政处罚自由裁量权的行使 完善了从轻或者减轻行政处罚制度，增加了行政机关可以依法制定行政处罚裁量基准的规定（A30—A34）
	（7）完善追责时效 涉及公民生命健康安全、金融安全且有危害后果的违法行为，追责期限由两年延长至五年［A36（1）］
	（8）增加"从旧兼从轻"适用规则（A37）
	（9）完善行政处罚决定无效制度 行政处罚没有依据或者实施主体不具有行政主体资格的，行政处罚无效。违反法定程序构成重大且明显违法的，行政处罚无效（A38）
	（10）明确行政处罚的证据种类和适用规则 规定了八种证据种类。证据必须经查证属实，方可作为认定案件事实的根据。以非法手段取得的证据，不得作为认定案件事实的根据（A46）
	（11）进一步明确法律适用范围 外国人、无国籍人、外国组织在中华人民共和国领域内有违法行为，应当给予行政处罚的，适用本法，法律另有规定的除外（A84）
完善行政处罚的程序	（1）明确公示要求 行政处罚的实施机关、立案依据、实施程序和救济渠道等信息应当公示（A39）
	（2）体现全程记录 行政机关应当依法以文字、音像等形式，对行政处罚的启动、调查取证、审核、决定、送达、执行等进行全过程记录，归档保存（A47）
	（3）细化法制审核程序，列明适用情形 有下列情形之一，在行政机关负责人作出行政处罚的决定之前，应当由从事行政处罚决定法制审核的人员进行法制审核；未经法制审核或者审核未通过的，不得作出决定：① 涉及重大公共利益的；② 直接关系当事人或者第三人重大权益，经过听证程序的；③ 案件情况疑难复杂、涉及多个法律关系的；④ 法律、法规规定应当进行法制审核的其他情形［A58（1）］

（续表）

修改要点	具体内容
完善行政处罚的程序	(4) 规范非现场执法 行政机关利用电子技术监控设备收集、固定违法事实的，应当经过法制和技术审核，确保电子技术监控设备符合标准、设置合理、标志明显，设置地点应当向社会公布；设备记录违法事实应当真实、清晰、完整、准确；保障当事人享有的陈述权、申辩权（A41）
	(5) 进一步完善回避制度（A43）
	(6) 增加关于应对重大传染病疫情等突发事件的规定 发生重大传染病疫情等突发事件，为了控制、减轻和消除突发事件引起的社会危害，行政机关对违反突发事件应对措施的行为，依法快速、从重处罚。（A49）但不完全等同于简易程序
	(7) 将适用简易程序的罚款数额分别提高至（对公民）200 元以下和（对法人或者其他组织）3000 元以下（A51）
	(8) 增加立案程序和办案时限 符合立案标准的，行政机关应当及时立案。[A54（2）] 行政机关应当自行政处罚案件立案之日起 90 日内作出行政处罚决定（A60）
	(9) 完善听证程序 扩大听证适用范围，适当延长申请期限，明确行政机关应当根据听证笔录作出决定（A63—65）
	(10) 增加电子送达 当事人同意并签订确认书的，行政机关可以采用传真、电子邮件等方式，将行政处罚决定书等送达当事人[A61（2）]
完善行政处罚的执行	(1) 适应行政执法的实际需要 将行政机关执法人员可以当场收缴的罚款数额提高至 100 元以下（A68）
	(2) 与《行政强制法》衔接，完善行政处罚的强制执行程序 当事人逾期不履行行政处罚决定的，行政机关可以根据法律规定实施行政强制执行。行政机关批准延期、分期缴纳罚款的，申请人民法院强制执行的期限，自暂缓或者分期缴纳罚款期限结束之日起计算（A72）
	(3) 增加电子支付的方式 当事人可以通过电子支付系统缴纳罚款[A67（3）]
加强行政执法监督	(1) 罚款、没收的违法所得或者没收非法财物拍卖的款项，不得同作出行政处罚决定的行政机关及其工作人员的考核、考评直接或者变相挂钩[A74（3）]
	(2) 县级以上人民政府应当定期组织开展行政执法评议、考核，加强对行政处罚的监督检查，规范和保障行政处罚的实施[A75（1）]
	(3) 行政机关实施行政处罚应当接受社会监督[A75（2）]

第一节 行政处罚概述

一、概念和特征

行政处罚：行政机关依法对违反行政管理秩序的公民、法人或者其他组织，以减损权益或者增加义务的方式予以惩戒的行为。

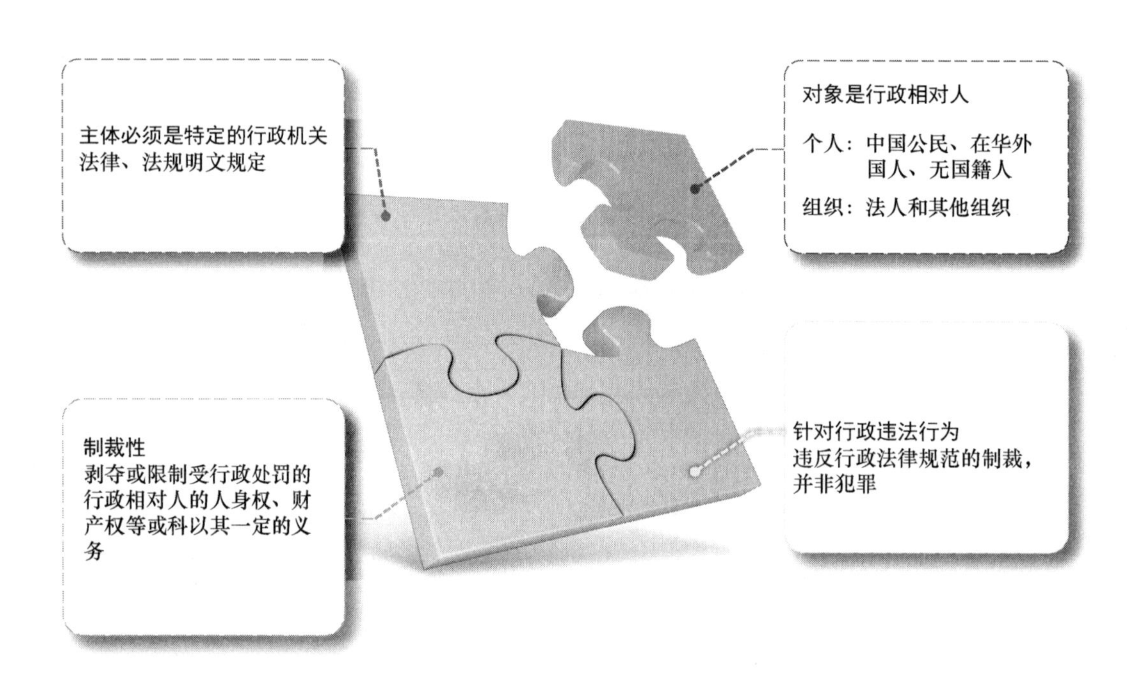

图 6-3 行政处罚的特征

二、与相关概念的区别

(一) 行政处罚与行政处分

行政处分：国家行政机关按隶属关系，依法对其内部犯有轻微违法失职行为尚不够刑事处罚的公务员的一种纪律处分。

表 6-2　行政处罚与行政处分

	行政处罚	行政处分
主体	拥有行政处罚权的行政机关	公务员所属的行政机关、上级行政机关、监察机关
种类	警告、通报批评；罚款、没收违法所得、没收非法财物；暂扣许可证件、降低资质等级、吊销许可证件；限制开展生产经营活动、责令停产停业、责令关闭、限制从业；行政拘留	警告、记过、记大过、降级、撤职、开除
性质	外部行政行为	内部行政行为
制裁对象	不特定的个人或组织	具有隶属关系的违法公务人员
法律救济途径	行政复议和行政诉讼	内部申诉

（二）行政处罚与执行罚

执行罚：间接强制执行的一种形式，指强制执行机关依法对拒不履行已经生效的行政决定的行政相对人，科以新的金钱给付义务，以促使其履行的行政强制执行方式。

例如，海关法对滞纳金的规定、税收法对未按期纳税的规定。

表 6-3　行政处罚与执行罚

	行政处罚	执行罚
目的	为使违法者不再违法	迫使行政相对人履行义务
原则	一事不再罚	迫使义务人履行义务，可再实施
种类	申诫罚、财产罚、行为罚、人身罚	财产给付

（三）行政处罚与刑罚

刑罚：刑法规定的由国家审判机关依法对犯罪分子所适用的剥夺或者限制其某种权益的最严厉的法律强制方法。

表 6-4　行政处罚与刑罚

	行政处罚	刑罚
适用前提	尚未构成犯罪的行为	犯罪行为
适用主体	行政主体	法院
处罚适用的依据	行政法律规范	刑法、刑事诉讼法
种类	警告、通报批评；罚款、没收违法所得、没收非法财物；暂扣许可证件、降低资质等级、吊销许可证件；限制开展生产经营活动、责令停产停业、责令关闭、限制从业；行政拘留	主刑与附加刑

三、基本原则

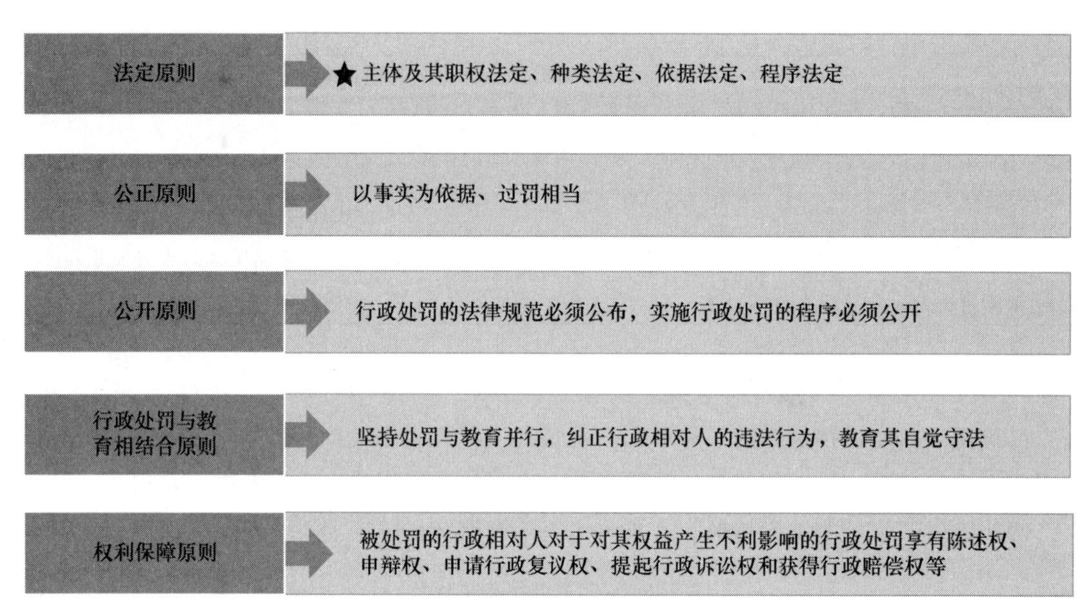

图 6-4　行政处罚的基本原则

表 6-5　行政处罚法定原则

	说明	示例
主体法定	特定行政机关	各级人民政府以及公安、土地、审计等部门
	被授权组织	市监所、税务所、公安派出所等行政机关的派出机构
职权法定	公安部门	公安机关负责治安管理工作
种类法定	“5＋n”	① 警告、通报批评；② 罚款、没收违法所得、没收非法财物；③ 暂扣许可证件、降低资质等级、吊销许可证件；④ 限制开展生产经营活动、责令停产停业、责令关闭、限制从业；⑤ 行政拘留； 法律、行政法规规定的其他行政处罚，例如驱逐出境、撤销注册等
依据法定		作出处罚要有明确的法律依据、是适用简易程序还是普通程序、是否需要批准、由几人实施、处罚的决定书怎样送达、是否需要告知亲属等等
程序法定		行政处罚法规定的程序，如立案、调查取证、审理和听证等程序，行政机关应严格执行，否则无效

第二节　行政处罚的种类和设定

一、行政处罚的种类

（一）理论分类

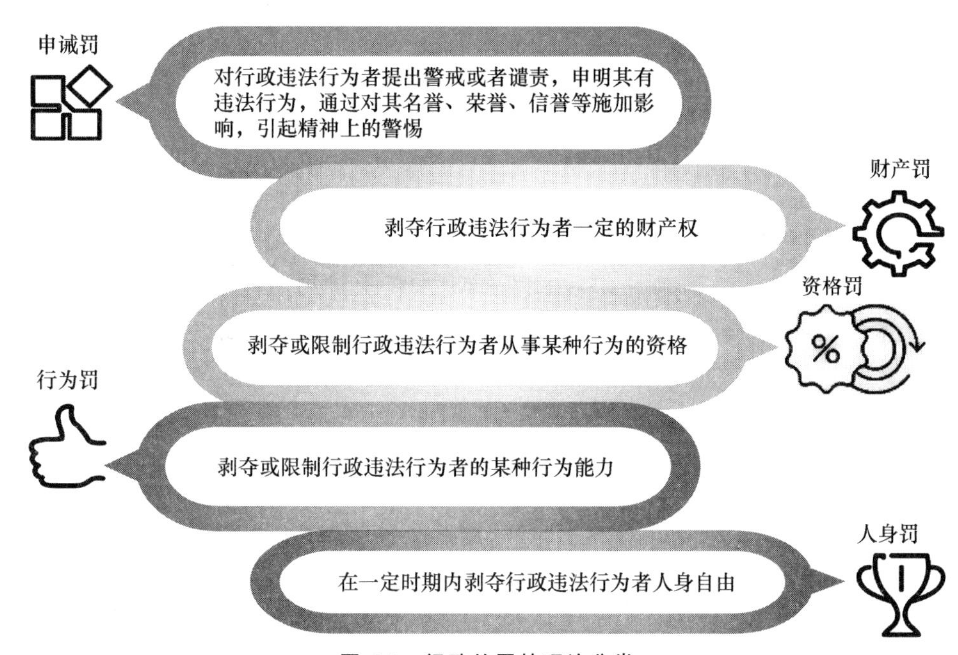

图 6-5　行政处罚的理论分类

（二）法定分类

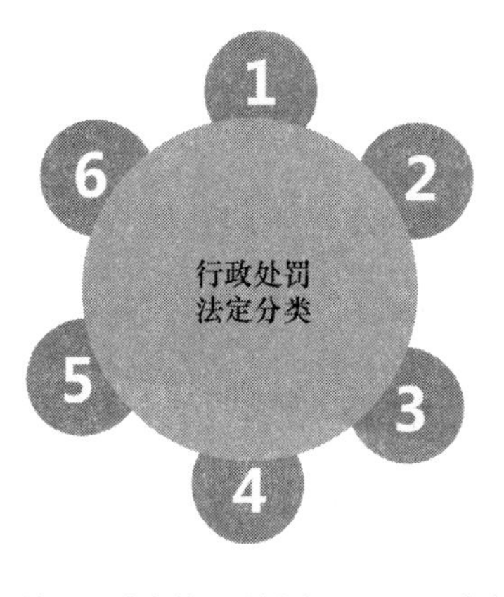

①警告(最轻处罚)：对违法较轻的行为人予以谴责和告诫；
通报批评

②罚款：依法责令违反行政法律规范的行为人承担一定的金钱给付义务；
没收违法所得、没收非法财物：违法行为人从事非法经营等所获得的物质利益，从事违法行为时使用的违法工具、物品、违禁品等收归国有

③ 暂扣、吊销许可证件：附期限，具有听证程序；
降低资质等级：附期限，具有听证程序

④ 限制开展生产经营活动、责令停产停业、责令关闭、限制从业：附期限，具有听证程序

⑤ 行政拘留（最重处罚）：限制人身自由的行政处罚权只能由公安机关和法律规定的其他机关（如国安机关）行使；1日以上15日以下；《治安管理处罚法》A16，有两种以上违反治安管理行为，行政拘留合并执行的，最长不超过20日

注：《治安管理处罚法》A10(2)：“对违反治安管理的外国人，可以附加适用限期出境或者驱逐出境。”

图 6-6　行政处罚的法定分类

表 6-6 行政拘留、司法拘留与刑事拘留

	行政拘留	司法拘留	刑事拘留
性质	行政处罚	司法强制措施	刑事强制措施
目的	惩罚和教育违反治安管理行为人	保证诉讼活动的顺利进行	防止现行犯或重大嫌疑分子等逃离侦查、审判或继续危害社会
适用机关	公安机关决定	人民法院决定并交公安机关执行	公安机关决定并执行
适用对象	违反治安管理行为人	妨害民事、行政诉讼情节严重，但尚未构成犯罪的人	现行犯或重大犯罪嫌疑人在法定的紧急情况下
拘留期限	1 日以上 15 日以下	1 日以上 15 日以下	一般为 10—14 日，符合法定情形的最多不超过 37 日
法律后果	执行完毕立即解除	如果确有悔改表现，保证以后不再妨害诉讼的顺利进行，可以提前解除拘留	拘留后可能会变为其他刑事强制措施，如逮捕、取保候审、监视居住等，也可能被释放，或者转变为治安管理处罚
执行场所	拘留所	拘留所	看守所

二、行政处罚的设定

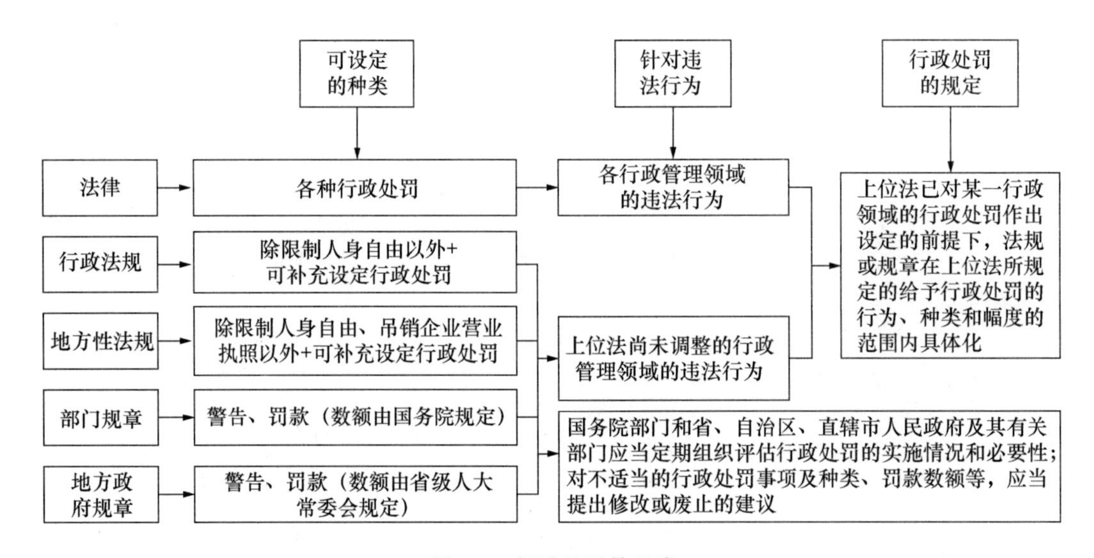

图 6-7 行政处罚的设定

第三节　行政处罚的实施机关

表 6-7　行政处罚的实施机关

实施机关	具体要求
行政机关	行政处罚由具有行政处罚权的行政机关在法定职权范围内实施
★相对集中实施机关（综合行政执法制度）	国家在城市管理、市场监督、生态环境、文化市场、交通运输、应急管理、农业等领域推行建立综合行政执法制度，相对集中行政处罚权
	国务院或者省、自治区、直辖市人民政府可以决定一个行政机关行使有关行政机关的行政处罚权，但限制人身自由的行政处罚权只能由公安机关和法律规定的其他机关行使
被授权组织	法律、法规授权的具有管理公共事务职能的组织可以在法定授权范围内实施行政处罚
★受委托组织	行政机关依照法律、法规或者规章的规定，可以在其法定权限内书面委托依法成立的管理公共事务的事业组织实施行政处罚；委托书应当载明委托的具体事项、权限，期限等，应当向社会公布

表 6-8　相对集中实施机关

	授权主体	取得资格主体	限制性条件
一般情况	国务院、经国务院授权的省级人民政府	一个行政机关（行使多个行政机关的处罚权）	限制人身自由的行政处罚权只能由公安机关和法律规定的其他机关行使
示例：《珠海经济特区相对集中行政处罚权条例》	广东省人大常委会	城市管理执法部门（市人民政府可以根据城市管理的需要，对行政处罚权相对集中行使的范围进行调整，报省人民政府批准后公布实施。纳入相对集中行政处罚权范围的事项应当与城市管理密切相关，一般属于现场易于判断、不需要专业设备和技术检测手段即可定性的事项）	

表 6-9　受委托组织

	委托主体	取得资格主体	限制性条件
一般情况	行政机关	具备一定条件的社会组织	《行政处罚法》A21： ① 依法成立并具有管理公共事务职能； ② 有熟悉有关法律、法规、规章和业务并取得行政执法资格的工作人员； ③ 需要进行技术检查或者技术鉴定的，应当有条件组织进行相应的技术检查或者技术鉴定
示例：《公安部关于加强治安联防队伍建设的通知》	公安派出所	居委会（配合公安派出所做好治安联防）	

第四节　行政处罚的管辖和适用

一、管辖

表 6-10　行政处罚的管辖

种类	享有管辖权的行政机关	注意事项	法条依据
地域管辖	违法行为发生地（违法行为的着手地、经过地、实施地、结果发生地）的行政机关	法律、行政法规、部门规章另有规定的除外，如最先查处的行政机关、违法行为人所在地的行政机关	《行政处罚法》A22
级别管辖	县级以上地方人民政府行政机关	法律、行政法规另有规定的除外； 确定级别的标准：行为违法程度、处罚的轻重程度、违法组织的法律地位	《行政处罚法》A23
	行政处罚权下放到乡镇街道（交由乡镇人民政府、街道办事处行使县级人民政府部门的行政处罚权）	基层管理迫切需要、能够有效承接、定期组织评估、决定应当公布、加强执法能力建设、完善评议和考核制度等	《行政处罚法》A24
职能管辖	依据职能进行分工		《治安管理处罚法》：治安案件由公安机关管辖
共同管辖	两个以上行政机关都有管辖权，由最先立案的行政机关管辖		《行政处罚法》A25（1）
管辖权争议	应当协商解决，协商不成的，报请共同的上一级行政机关指定管辖； 也可以直接由共同的上一级行政机关指定管辖		《行政处罚法》A25（2）
行政协助	行政机关因实施行政处罚的需要，可以向有关机关提出协助请求	协助事项属于被请求机关职权范围内的，应当依法予以协助	《行政处罚法》A26
两法衔接	违法行为涉嫌犯罪的，行政机关移送司法机关；违法但不追究刑事责任或免予刑事处罚的，司法机关移送行政机关	行政处罚实施机关与司法机关之间应当加强协调配合，建立健全案件移送制度，加强证据材料移交、接收衔接，完善案件处理信息通报机制	《行政处罚法》A27

表 6-11　指定管辖权存在争议的情形

情形	举例	处理结论
同一行政区域的不同业务部门之间发生的争议	同属一县的市场监督管理部门与技术监督部门依照各自的部门法律规定，争抢某起“造假”案件的处理权	由争议各方共同隶属的人民政府，即县人民政府指定管辖
不同行政区域的相同业务部门之间发生的争议	甲省的市场监管部门和乙省的市场监管部门分别依据本地区的网络交易管理法规，对跨区域的网络交易行为行使管辖权	由争议各方中级别最高的行政机关的上一级行政机关指定管辖，级别最高的行政机关是地级市人民政府的，由省人民政府指定管辖，级别最高的行政机关是省级人民政府的，则由国务院指定管辖
不同行政区域的不同业务部门之间发生的争议	某市城市建设主管部门与乙县交通主管部门为处理城乡结合地带的道路交通运输管理案件发生争议	
上级主管部门与下级人民政府之间发生的争议		根据《行政处罚法》A25 可以得出，上级主管部门与下级人民政府之间发生管辖权争议的，由其共同上级，即上级主管部门所在的人民政府指定管辖

二、适用

（一）概念

行政处罚的适用：行政处罚的实施机关，在认定行政相对人行为违反行政法律规范的基础上，具体运用行政处罚规范以决定是否给予相对人行政处罚，以及给予何种行政处罚的执法活动。

（二）原则

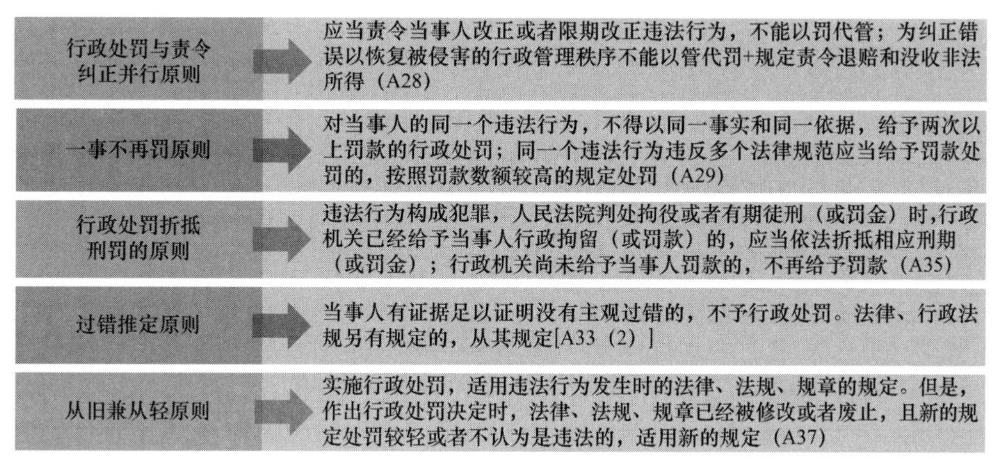

图 6-8　行政处罚的适用原则

（三）自由裁量权

行政机关可以依法制定行政处罚裁量基准，规范行使行政处罚裁量权。行政处罚裁量基准应当向社会公布。（《行政处罚法》A34）

（四）行政处罚决定无效制度

行政处罚没有依据或者实施主体不具有行政主体资格的，行政处罚无效。违反法定程序构成重大且明显违法的，行政处罚无效。（《行政处罚法》A38）

（五）适用范围

外国人、无国籍人、外国组织在中华人民共和国领域内有违法行为，应当给予行政处罚的，适用本法，法律另有规定的除外。（《行政处罚法》A84）

表 6-12　一事不再罚原则

	界定	案例	说明
一	一个行为	甲无证经营纯净水加工厂，存在卫生问题，造成100名消费者饮水中毒住院。卫生局依据《食品安全法》对甲生产不卫生纯净水一事作出罚款5000元的处罚决定；市监部门以甲无证经营作出罚款1万元的处罚决定	两个以上的违法行为不适用（如既生产假冒伪劣产品，又偷税漏税，则可分别处罚）
事	行政违法（须是相同事实，不同事实不适用）	甲无证经营纯净水加工厂，生产的一批纯净水存在卫生问题不合格，造成100人饮水中毒住院。卫生局依据《食品安全法》对甲罚款5000元；市监部门以甲无证经营作出罚款1万元的处罚决定（这里是不同的事由，一个是生产不合格产品，一个是无证经营）	若均以不合格产品为事由进行处罚，则违反一事不再罚的原则
已罚	有机关已处罚	某违法行为，同时违反了工商管理法规和城市管理法规，市监部门根据工商管理法规规定已先行予以2000元的罚款，则市政部门进行查处时不得再根据城市管理法规进行罚款	市监部门已先处罚
不再罚	不再次作出同类的处罚	《治安管理处罚法》A53："船舶擅自进入、停靠国家禁止、限制进入的水域或者岛屿的，对船舶负责人及有关责任人员处五百元以上一千元以下罚款；情节严重的，处五日以下拘留，并处五百元以上一千元以下罚款。"本条中，在情节严重的情况下，拘留与罚款并处，并不违反一事不再罚原则	不同种类的处罚可以同时适用（如果情况严重，公安机关可另行拘留）
例外：责令改正的应用	当事人在被处罚后，如果违法行为具备及时纠正条件而不纠正的，行政机关可以再次处罚	① 当事人在被处罚后，如果违法行为具备及时纠正条件而不纠正的，行政机关可以再次处罚，如开车不系安全带； ② 如果是连续或继续状态的行为，被处罚后不具备及时纠正的条件的，行政机关不得再次处罚，否则就违反一事不再罚原则，如某段封闭高速公路上的车辆超载	

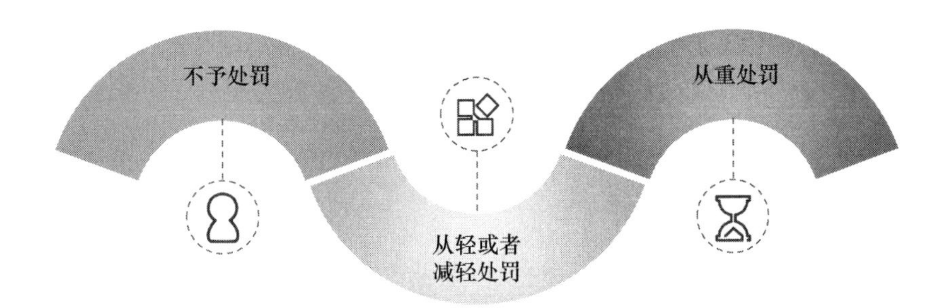

《行政处罚法》A30、A31、A33
① 不满14周岁；
② 精神病人、智力残疾人在不能辨认或控制自己行为时；
③ 违法行为轻微并及时纠正，无危害后果的；
④ 初次违法且危害后果轻微并及时改正的；
⑤ 当事人有证据足以证明没有主观过错的

《行政处罚法》A30—A32
① 14—18周岁；
② 尚未完全丧失辨认或者控制自己行为能力的精神病人、智力残疾人（可以）；
③ 主动消除或减轻违法行为危害后果的；
④ 受他人胁迫或者诱骗实施违法行为的；
⑤ 主动供述行政机关尚未掌握的违法行为的；
⑥ 配合行政机关查处违法行为有立功表现的；
⑦ 其他

《行政处罚法》未规定，
《治安管理处罚法》A20：
① 有较严重后果的；
② 教唆、胁迫、诱骗他人违反治安管理的；
③ 对报案人、控告人、举报人、证人打击报复的；
④ 6个月内曾受过治安管理处罚的

图 6-9　行政处罚的具体量罚

表 6-13　行政处罚的追罚时效

追罚时效	原则	《行政处罚法》A36（1）：“违法行为在二年内未被发现的，不再给予行政处罚；涉及公民生命健康安全、金融安全且有危害后果的，上述期限延长至五年。法律另有规定的除外。”
	例外	《治安管理处罚法》A22（1）：“违反治安管理行为在六个月内没有被公安机关发现的，不再处罚。”
		《税收征收管理法》A86：“违反税收法律、行政法规应当给予行政处罚的行为，在五年内未被发现的，不再给予行政处罚。”
起算		《行政处罚法》A36（2）：“前款规定的期限，从违法行为发生之日起计算；违法行为有连续或者继续状态的，从行为终了之日起计算。”

第五节　行政处罚的程序

一、一般规定

表 6-14　行政处罚的一般规定

规定	具体要求	法律规范
明确公示要求	行政处罚的实施机关、立案依据、实施程序和救济渠道等信息应当公示	《行政处罚法》A39
规范非现场执法	利用电子技术监控设备收集、固定违法事实的，应当经过法制和技术审核，确保电子技术监控设备符合标准、设置合理、标志明显，设置地点应当向社会公布；电子技术监控设备记录违法事实应当真实、清晰、完整、准确	《行政处罚法》A41（1）（2）
明确证据种类	证据包括：① 书证；② 物证；③ 视听资料；④ 电子数据；⑤ 证人证言；⑥ 当事人的陈述；⑦ 鉴定意见；⑧ 勘验笔录、现场笔录。证据必须经查证属实，方可作为认定案件事实的根据。以非法手段取得的证据，不得作为认定案件事实的根据	《行政处罚法》A46
体现全程记录	行政机关应当依法以文字、音像等形式，对行政处罚的启动、调查取证、审核、决定、送达、执行等进行全过程记录，归档保存	《行政处罚法》A47
完善回避制度	细化回避情形，明确对回避申请应当依法审查，但不停止调查	《行政处罚法》A43
规定发生重大传染病疫情等突发事件	为了控制、减轻和消除突发事件引起的社会危害，行政机关对违反突发事件应对措施的行为，依法快速、从重处罚（但不完全等同于简易程序）	《行政处罚法》A49
保密规定	行政机关及其工作人员对实施行政处罚过程中知悉的国家秘密、商业秘密或者个人隐私，应当依法予以保密	《行政处罚法》A50

二、决定程序

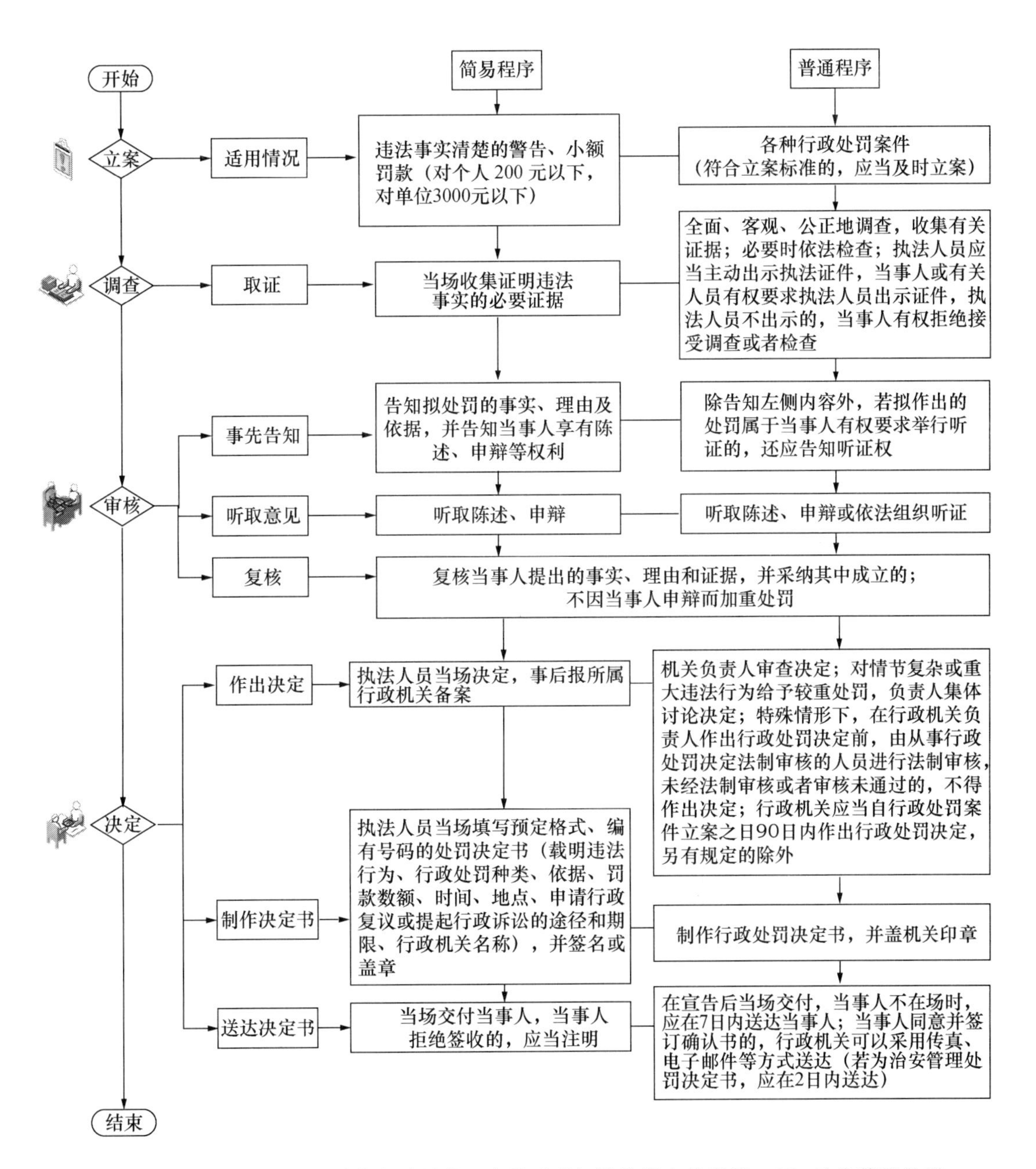

注：（1）决定给予行政拘留处罚的，应及时通知被处罚人的家属；（2）治安管理处罚有被侵害人的，应将处罚决定书副本抄送被侵害人。

图 6-10　行政处罚的简易程序与普通程序

三、听证程序

表 6-15　行政处罚的听证程序

项目		内容
行政机关依申请被动举行听证		行政机关作出较大数额罚款；没收较大数额违法所得、没收较大价值非法财物；降低资质等级、吊销许可证件；责令停产停业、责令关闭、限制从业；其他较重的行政处罚等行政处罚决定之前，应当告知当事人有要求举行听证的权利（治安案件：较大数额为 2000 元以上）
		当事人在行政机关告知后 5 日内要求听证的，行政机关应当组织听证
组织听证	举行通知	在听证的 7 日前，通知当事人及有关人员举行听证的时间、地点；当事人及其代理人无正当理由拒不出席听证或未经许可中途退出，视为放弃听证权利，听证终止
	公开举行	除涉及国家秘密、商业秘密或个人隐私依法予以保密外，听证公开举行
	听证主持	由行政机关指定非本案调查人员主持
	听证对抗	听证举行时，调查人员提出当事人违法的事实、证据和行政处罚建议；当事人进行申辩和质证
	听证笔录	听证应当制作笔录；笔录应当交当事人审核无误后签字或盖章
听证后处理		听证结束后，行政处罚依照普通程序作出决定
听证费用		当事人不承担行政机关组织听证的费用
案卷排他原则		听证结束后，行政机关应当根据听证笔录，作出决定

四、执行程序

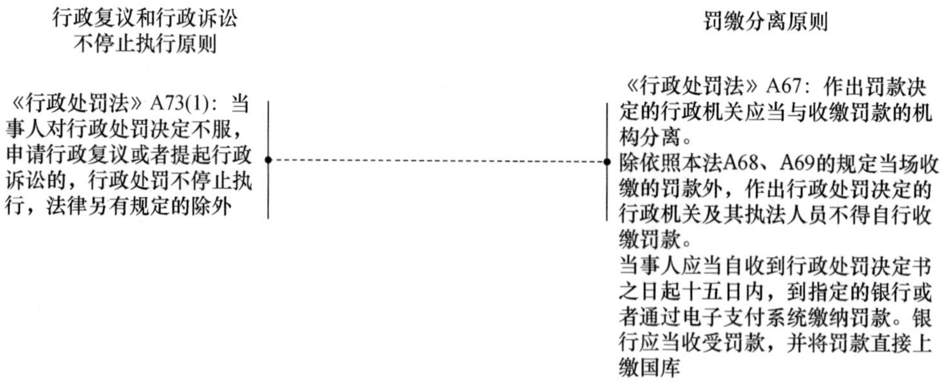

行政复议和行政诉讼不停止执行原则

《行政处罚法》A73(1)：当事人对行政处罚决定不服，申请行政复议或者提起行政诉讼的，行政处罚不停止执行，法律另有规定的除外

罚缴分离原则

《行政处罚法》A67：作出罚款决定的行政机关应当与收缴罚款的机构分离。
除依照本法A68、A69的规定当场收缴的罚款外，作出行政处罚决定的行政机关及其执法人员不得自行收缴罚款。
当事人应当自收到行政处罚决定书之日起十五日内，到指定的银行或者通过电子支付系统缴纳罚款。银行应当收受罚款，并将罚款直接上缴国库

图 6-11　行政处罚的执行原则

当场收缴罚款情形、程序

情形:
①给予100元以下的罚款的;
②不当场收缴事后难以执行的;
③在边远、水上、交通不便地区,当事人到指定的银行或者通过电子支付系统缴纳罚款确有困难,经当事人提出,行政机关及其执法人员可以当场收缴罚款

程序:
①必须向当事人出具国务院财政部门或者省、自治区、直辖市人民政府财政部门统一制发的专用票据;不出具专用票据的,当事人有权拒绝缴纳;
②当场收缴的罚款在两日内,交至行政机关;在水上当场收缴的罚款,应当自抵岸之日起两日内交至行政机关

执行的措施

①到期不缴纳罚款的,每日按罚款数额的3%加处罚款,加处罚款的数额不得超过罚款的数额;

②根据法律规定,将查封、扣押的财物拍卖、依法处理或者将冻结的存款、汇款划拨抵缴罚款;

③根据法律规定,采取其他行政强制执行方式;

④按照《行政强制法》的规定申请人民法院强制执行;

⑤当事人确有经济困难,需要延期或者分期缴纳罚款的,经当事人申请和行政机关批准,可以暂缓或者分期缴纳

罚没款物的处理

①销毁;

②依法没收的非法财物必须按照国家规定公开拍卖或者按照国家有关规定处理;

③所得款项,必须全部上缴国库;

④款项不得同作出行政处罚决定的行政机关及其工作人员的考核、考评直接或变相挂钩

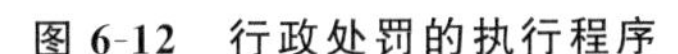

图 6-12　行政处罚的执行程序

加强行政执法监督

1 罚款、没收违法所得或没收非法财物拍卖的款项,不得同作出行政处罚决定的行政机关及其工作人员考核、考评直接或变相挂钩

2 县级以上人民政府应当定期组织开展行政执法评议、考核,加强对行政处罚的监督检查,规范和保障行政处罚的实施

3 行政机关实施行政处罚应当接受社会监督

图 6-13　加强行政执法监督

第七章

行政强制

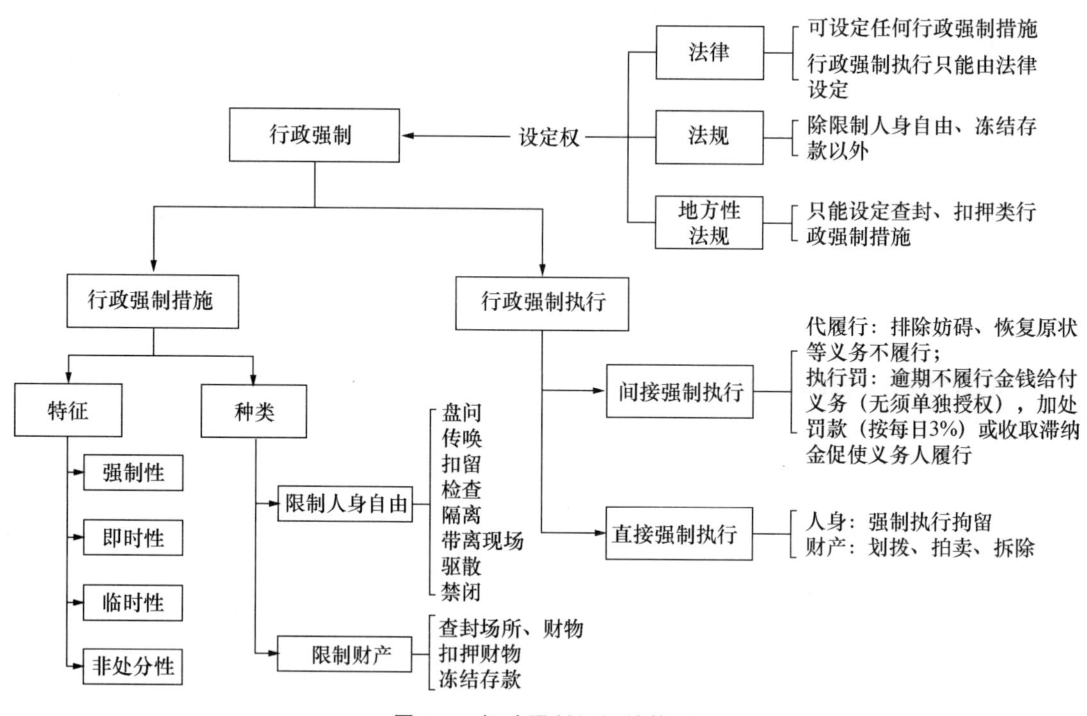

图 7-1　行政强制知识结构图

第一节　行政强制概述

一、行政强制的概念与特征

行政强制是指行政主体为预防、纠正违法行为和确保行政法上的义务得以履行，而在行政管理活动中实施的强行限制相对人权利的行为。如限制人身自由、查封、扣押、冻结存款等。

形式上的附属性

附属于行政权的其他权能——行政决定不能独立存在

来源上的法定性

获得相关法律的明确授权；
设定和行使严格遵循法律优先和法律保留原则

强制方式的递进性

以特定的行政决定内容为限；
极强的破坏力，应坚持强制方式的循序渐进

行使方式的民主性

充分说明理由；听取相对人陈述与申辩；
是穷尽非强制手段的最后选择

图 7-2　行政强制的特征

二、行政强制的原则

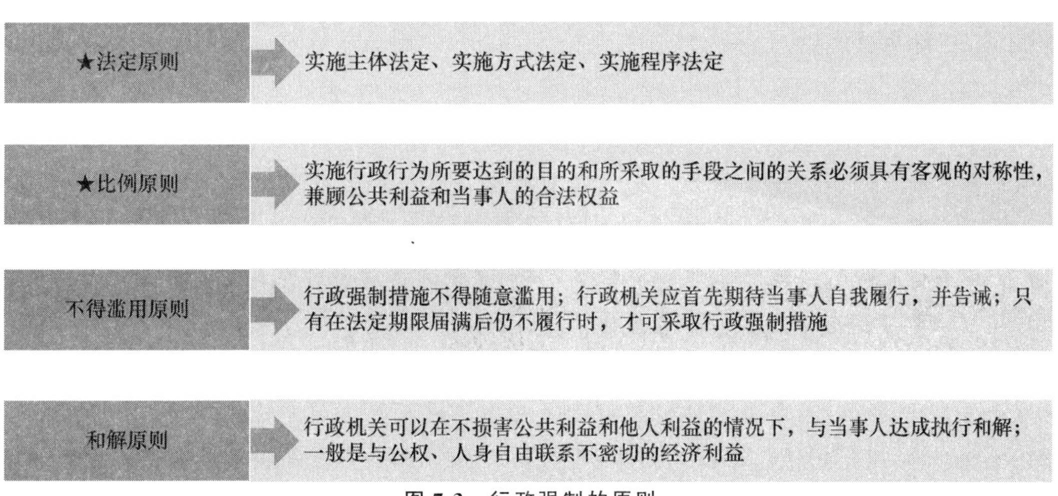

图 7-3　行政强制的原则

（一）法定原则

表 7-1　行政强制的法定原则

构成	表现	举例
主体法定	必须是法律、法规规定的有强制执行权的主体行使	暂时限制人身自由的强制措施只能由公安机关作出，而其他组织不可以
方式法定	行政强制的实施必须按照法律规定的方式行使	对贩卖物品的违法行为只可以进行查封、扣押等，而不能随意进行毁灭
程序法定	行政强制的实施必须严格按照法律规定的程序进行	强制拆除房屋、违章建筑或者强制退出土地都必须依法签发公告；查封、扣押应当出具清单

（二）比例原则

表 7-2　比例原则的构成（司法实践中的判断标准）

构成	适当性原则 （目的和手段的一致性）	必要性原则 （手段选择）	均衡原则 （利益衡量）
含义	行使行政权力是为了达到法定目的，如果行政权力根本不能达成目的，则违反本原则	行政权力的行使仅仅达到行政目的即可，不能过度侵犯公民权利	权衡行政目的的达成时获得的利益与侵犯的公民权益孰大孰小
应用：酒后闹事： ① 警察把他铐起来； ② 警察把他打伤	“铐起来”和“打伤”都是为了阻止当事人闹事，目的和手段一致	在“铐起来”和“打伤”这两种手段中，选择对当事人权益侵犯最小的一种——“铐起来”	当事人闹事→侵犯公共利益 采取强制措施→限制个人利益 公共利益＞个人利益

三环家具城案

原告：北京市国东经济发展公司（以下简称“国东公司”）

被告：北京市海淀区规划办公室（以下简称“规划管理局”）

第三人：中国外文出版发行事业局（以下简称“外文局”）

基本案情：外文局委托纸张公司将西三环89号院出租给国东公司，并由国东公司以外文局的名义办理有关手续，出资建设临时商业用房。根据许可证的规定，该临时建筑的期限为1995年3月8日至1998年3月8日。之后由于未补办临时建筑延期手续，致使其成为违法建筑。后经催告和限期拆除无果后，规划管理局向法院申请强制执行。在强制执行期间，因国东公司以规划管理局为被告提起行政诉讼并提交执行异议书，法院决定中止执行。

法院判决：维持被告规划管理局的限期拆除通知，驳回原告国东公司的其他诉讼请求。该判决导致三环家具城的临时建筑被拆除，但是经实际调查发现拆除临时建筑对公共利益造成了损害。该案中，如果规划管理局与当事人能达成执行和解，则不仅对当事人各方都有利，而且也有利于公共利益的维护和实现。

表 7-3　比例原则的应用

适当性原则	必要性原则	均衡原则
① 拆除三环家具城的临时建筑； ② 与当事人达成执行和解，采取补救办法使临时建筑成为合法的建筑。这两种不同的方式都是为了依法行政，维护法律的尊严	拆除和执行和解这两种方式应当选择其中最合理的，即最小侵害措施，故选择达成执行和解	拆除临时建筑会侵犯公共利益，而达成执行和解并不会侵害公共利益和个人利益，反而使得临时建筑成为合法建筑，故选择达成执行和解

三、与相关概念的区别

表 7-4　行政强制与行政处罚

	行政强制	行政处罚
性质与目的	确保行政执法活动顺利进行和结果的实现； 临时性、非惩罚性	为使行政相对人遭受精神上的痛苦或物质上的损失而进行的制裁； 结论性、惩罚性
对行政相对人权利的影响	一旦相对人履行义务，执行罚不再实际发生	对行政相对人权利的剥夺

表 7-5　行政强制与行政诉讼强制措施

	行政强制	行政诉讼强制措施
性质	行政权	司法权
适用主体	行政机关	人民法院
法律依据	行政实体和程序法律规范	行政诉讼法
追求目标	实现社会秩序和行政性义务的内容	确保行政诉讼程序运转稳定、安全和有效
救济途径	具有可诉性	不具有可诉性，只能向上一级法院申请复议

第二节　行政强制的种类

表 7-6　行政强制的种类

种类	概念	特征	举例
行政强制措施	预防、制止、控制违法行为或危险事态，依法律、法规而对相对人的人身、财产采取的暂时性、临时性措施 (防范危险，临时措施)	① 强制性； ② 即时性； ③ 临时性； ④ 非处分性	① 对醉酒的人在醉酒状态中采取的保护性措施，约束其至酒醒； ② 处罚中对证据先行登记保存； ③ 对传染病患者强制隔离治疗； ④ 对吸毒者强制隔离戒毒； ⑤ 对道路交通违法者扣留机动车驾驶证； ⑥ 对财产查封、扣押、冻结

（续表）

<table>
<tr><th>种类</th><th>概念</th><th>特征</th><th colspan="2">举例</th></tr>
<tr><td rowspan="2">行政强制执行</td><td rowspan="2">行政机关或者由行政机关申请人民法院，针对无正当理由拒不履行行政决定所确定的义务的行政相对人，为促使其履行义务或实现与履行义务相同状态而采取强制性措施的行为
（拒不履行，强制执行）</td><td rowspan="2">① 前提确定；
② 主体特定；
③ 目的确定；
④ 方式法定</td><td>间接强制</td><td>① 执行罚：逾期不缴纳税款或社会保险费的，每日按滞纳数额的5‰加处滞纳金（海关、税务机关收缴滞纳金）；
② 代履行：对相对人行为后果已经或将危害交通安全、造成环境污染或破坏自然资源（对城市房屋的强制拆迁、市容环境卫生管理中的强制拆除、强制清除河道、防洪法中的代为恢复原状、交通事故中的强制处理、水土保持法中的强制治理）的，行政机关可以代履行</td></tr>
<tr><td>直接强制</td><td>划拨存款、汇款；拍卖或者依法处理查封、扣押的场所、设施或者财物等</td></tr>
</table>

表 7-7　行政强制执行的种类

<table>
<tr><th>种类</th><th>概念</th><th>分类</th><th>概念</th><th>条件</th><th>举例</th></tr>
<tr><td rowspan="2">间接强制</td><td rowspan="2">行政机关不直接实施强制措施，而是通过其他间接措施达到目的</td><td>代履行</td><td>当事人不履行义务的，该义务可以由他人代为、行政机关自行或请他人代为履行，再向义务人征收费用</td><td>① 不履行作为义务；
② 他人能代为履行；
③ 由行政机关自行或请第三人代为履行；
④ 义务人负担费用</td><td>① 对城市房屋的强制拆迁；
② 市容环境卫生管理中的强制拆除；
③ 强制清除河道；
④ 防洪法中的代为恢复原状；
⑤ 交通事故中的强制处理；
⑥ 水土保持法中的强制治理</td></tr>
<tr><td>执行罚</td><td>行政机关在义务人不及时履行他人不能代为履行的义务时，科以新的金钱给付等义务</td><td>① 不履行他人无法代为履行的义务；
② 执行罚数额由法律、法规明确规定</td><td>① 海关法对滞纳金的规定；
② 税收法对未按期纳税的规定</td></tr>
<tr><td>直接强制</td><td>间接强制未达到目的或者情况紧急时行政机关直接采取强制措施</td><td colspan="4">① 对人身的强制；
② 对财物的强制（划拨存款、汇款，变卖、拍卖、处理查扣物）；
③ 对行为的强制</td></tr>
</table>

第三节　行政强制措施

一、设定机关

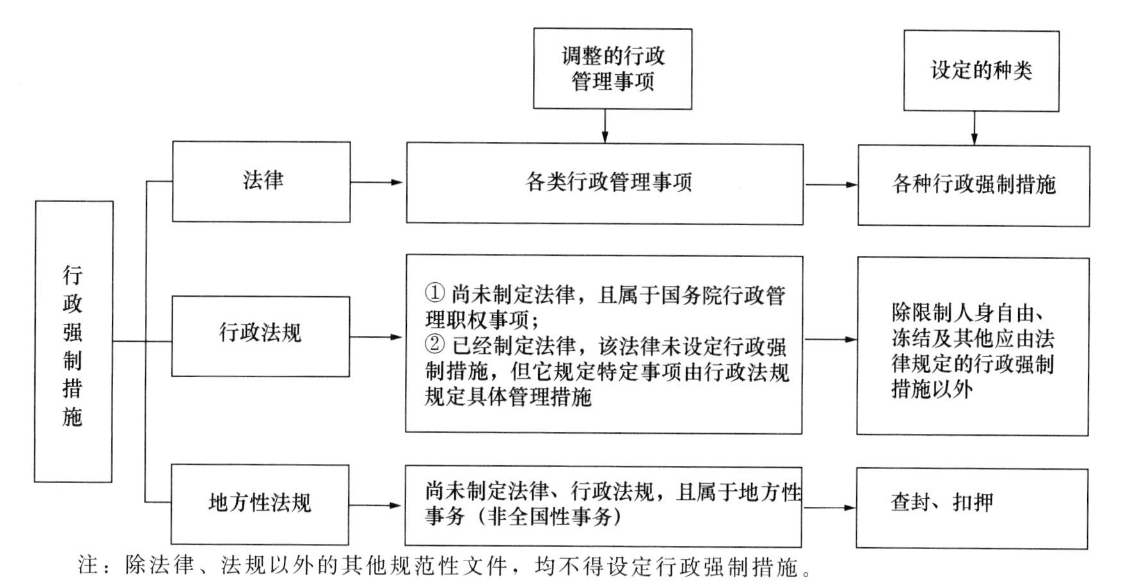

注：除法律、法规以外的其他规范性文件，均不得设定行政强制措施。

图 7-4　行政强制措施的设定

二、实施机关

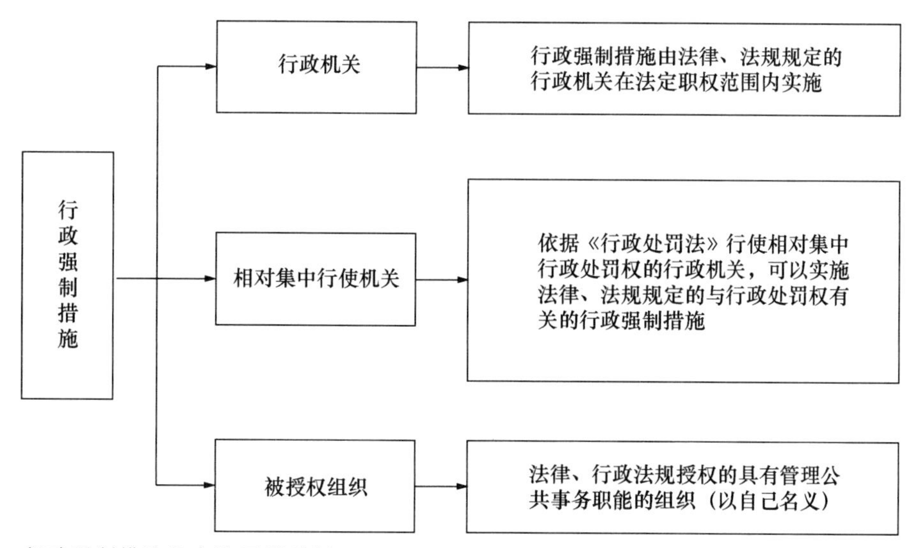

注：行政强制措施的实施不得委托。

图 7-5　行政强制措施的实施机关

三、实施程序

（一）一般程序

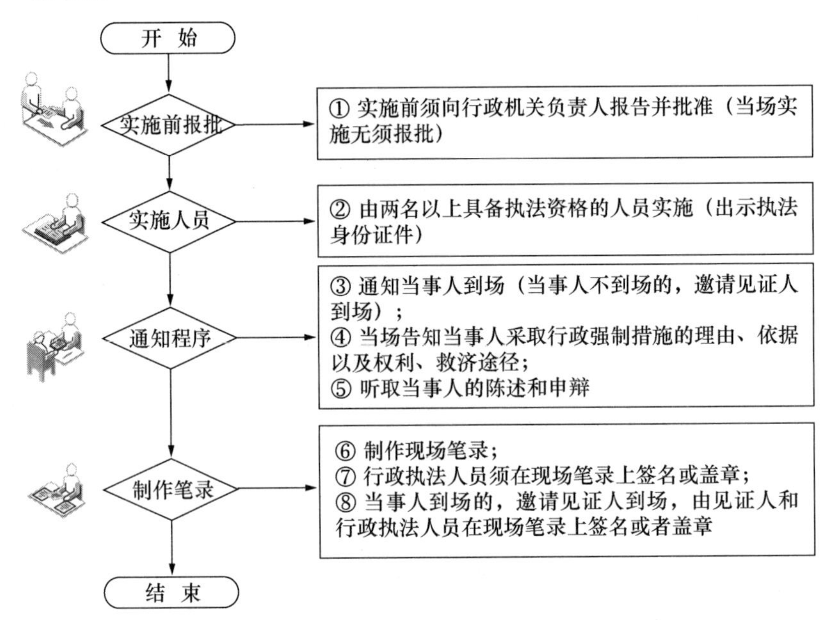

注：当场实施行政强制措施的条件：(1) 情况紧急；(2) 实施后报告并补办批准手续。

图 7-6　行政强制措施实施的一般程序

（二）特殊程序

表 7-8　行政强制措施实施的特殊程序

		查封、扣押	冻结
对象		① 限于涉案的物，不得查封、扣押与违法行为无关的物； ② 不得重复查封； ③ 不得查封、扣押公民个人及其所抚养家属的生活必需品	① 冻结数额应当与违法行为涉及的金额相当； ② 不得重复冻结
实施程序		应履行一般程序，制作并当场交付查扣决定书和清单（一式两份，由当事人和行政机关分别保存）	① 向金融机构交付冻结通知书； ② 制作现场笔录； ③ 实施后的 3 日内向当事人交付冻结决定书
实施期限	一般	30 日（情况复杂的，可最多延长 30 日）；延长期限须经行政机关负责人批准，且延长决定应及时、书面告知当事人，并说明理由	
	特别	法律、行政法规另有规定的除外	法律另有规定的除外
解除	情形	当事人无违法行为；“查扣冻”对象与违法行为无关；行政机关对违法行为已作处理决定，不再需要“查扣冻”；“查扣冻”期限已届满；其他不再需要“查扣冻”的情形	
	决定	行政机关应当及时解除查封、扣押决定	行政机关应当及时解除冻结决定，若逾期未作出，金融机构应当自冻结期满之日起解除冻结
	效果	应当退还原物、拍卖所得价款	行政机关应当及时通知金融机构、当事人

第四节　行政强制执行

一、设定

行政强制执行必须由法律设定，行政法规、地方性法规均不得设定。

《行政强制法》A13：“行政强制执行由法律设定。法律没有规定行政机关强制执行的，作出行政决定的机关应当申请人民法院强制执行。”

二、程序

（一）行政机关自行强制执行程序

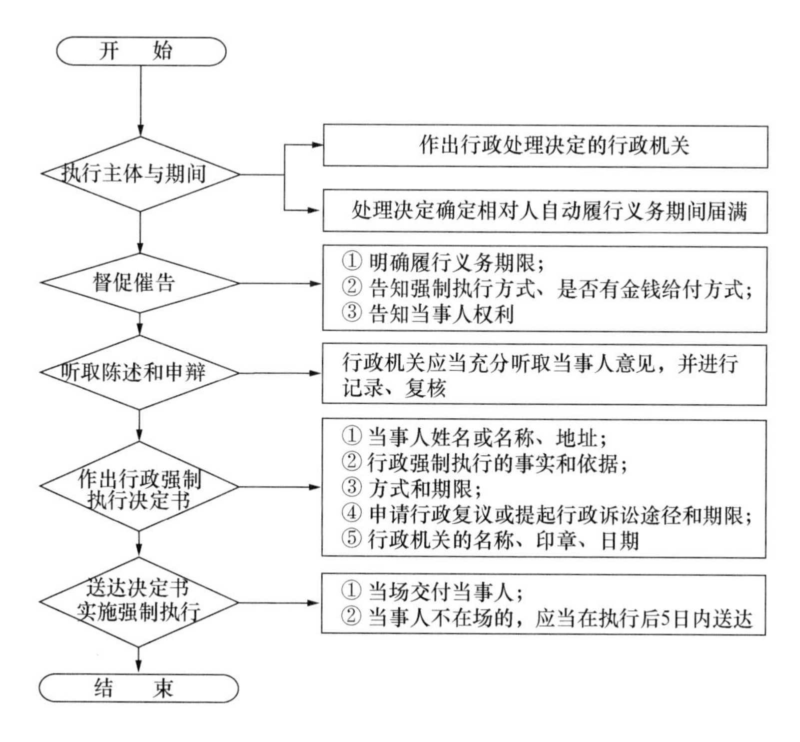

注：(1) 行政强制执行不得在夜间和法定节假日实施，紧急情况除外；(2) 不得采取停止供电、供水、供热、供燃气等方式。

图 7-7　行政机关自行强制执行程序

（二）行政机关申请法院强制执行程序

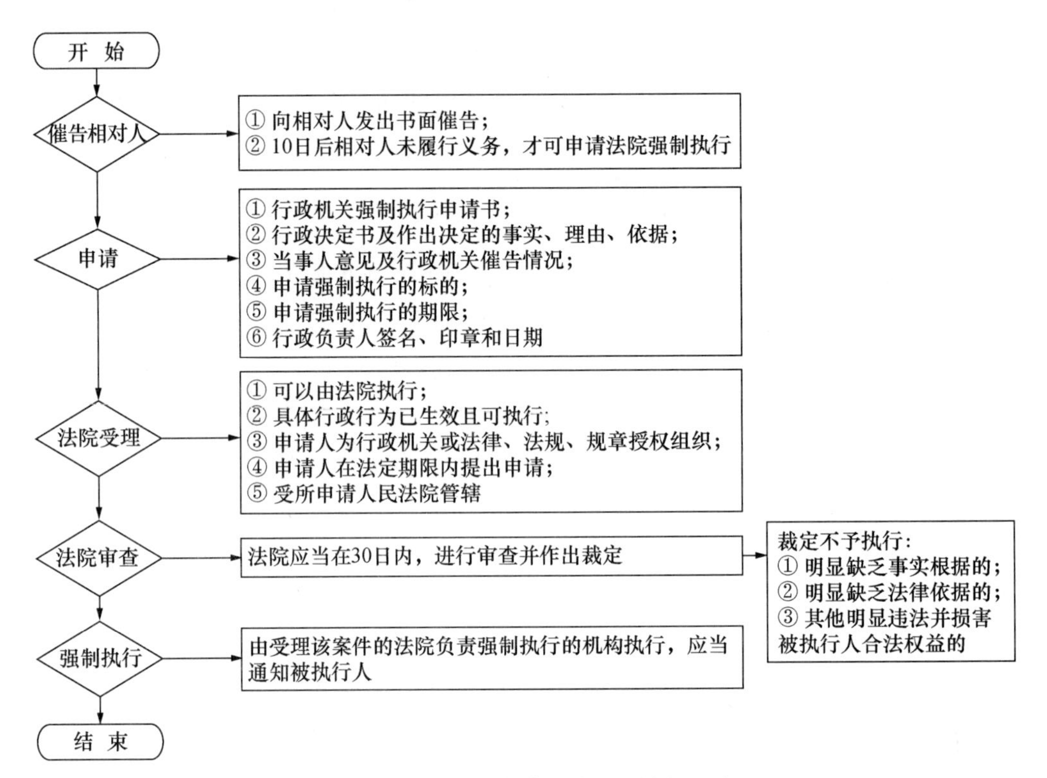

图 7-8　行政机关申请法院强制执行程序

第八章

其他行政行为

第一节　行政协议

一、概念与特征

行政协议：行政机关为了实现行政管理或者公共服务目标，与公民、法人或者其他组织协商订立的具有行政法上权利义务内容的协议。（《关于审理行政协议案件若干问题的规定》A1）

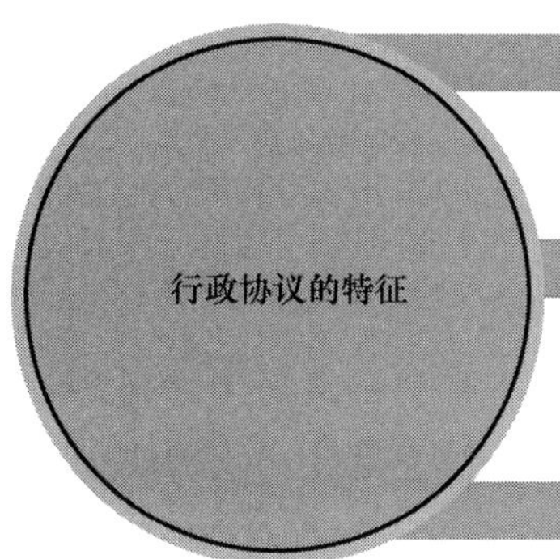

协议一方必定是行政主体

- 行政协议只能是行政主体为行使行政权而与其他行政主体或相对方协商签订——是一种行政行为

以双方当事人的意思表示一致为前提

- 具有非强制性，行政权明显减弱
- 以维护公益为前提

行政机关在协议的履行、变更或解除中享有行政优益权

- 签订协议前：能自主选择行政协议相对方
- 履行协议中：有指导权与监督权
- 解除协议时：具有强制执行权、解除契约权、行政制裁权
- 情势变更情形下，具有单方变更权与解除权

图 8-1　行政协议的特征

二、种类

表 8-1　行政协议的种类

名称	界定	举例
政府特许经营协议	将商号、商标、服务标志、商业秘密等在一定条件下许可给他人，允许其在一定区域内从事与授权人相同的经营业务	城市燃气特许经营协议、城市污水处理特许经营协议

（续表）

名称	界定	举例
土地、房屋等征收、征用补偿协议	征收：国家行政机关依据一定的法定标准和条件，向公民、法人等强制地征收实物或货币的行政行为； 征用：行政主体基于公共利益的需要，依法强制取得行政相对人的财产使用权并给予一定补偿的行政行为	
矿业权等国有自然资源使用权出让协议		矿业权、国有土地使用权、海域使用权的出让协议
政府投资的保障性住房的租赁、买卖等协议	保障性住房指政府为中低收入住房困难家庭所提供的限定标准、限定价格或租金的住房	廉租住房、经济适用住房、公共租赁房、定向安置房、安居商品房等的租赁、买卖协议
符合特定规定的政府与社会资本合作协议	政府和社会资本合作（PPP）模式是指政府为增强公共产品和服务供给能力、提高供给效率，通过特许经营、购买服务、股权合作等方式，与社会资本建立的利益共享、风险分担及长期合作关系	
其他行政协议	其他行政机关为了实现行政管理或者公共服务目标，与公民、法人或者其他组织协商订立的具有行政法上权利义务内容的协议	环境管理合同

三、订立、履行、变更与解除

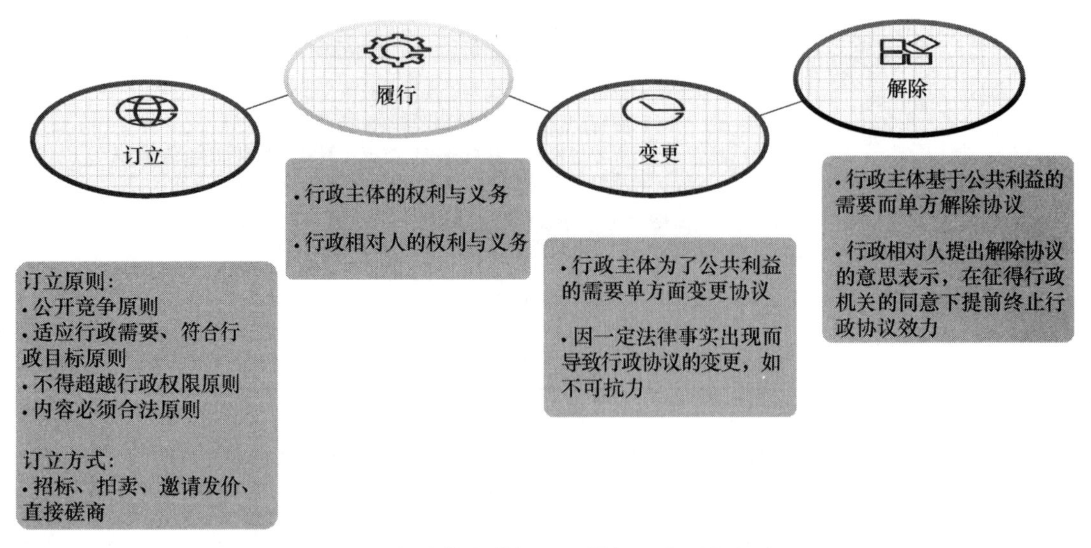

图 8-2　行政协议的订立、履行、变更与解除

四、与一般民事合同的区别

表 8-2　行政协议与一般民事合同

	行政协议	一般民事合同
目的	为了实现公共利益	为满足日常物质和文化需要
主体	当事人一方必定是行政主体，另一方是行政相对人（双方地位不完全平等，行政主体有单方面解除协议的权力）	公民、法人或者其他组织之间（双方地位平等）
职责	行政机构签订协议必须“在法定的职责范围内”	
意思表示	签订协议需要意思表示一致，但撤销、变更和解除主要取决于行政机关单方的意志	主要根据双方当事人的合意作出
内容	行政法意义上的权利义务	为了满足日常物质和文化需要而明确的权利义务

第二节　行政给付与行政奖励

表 8-3　行政给付与行政奖励

	行政给付	行政奖励
概念	行政机关对公民在年老、疾病或丧失劳动能力等情况或其他特殊情况下，依照有关法律、法规规定，赋予其一定的物质权益或与物质有关的权益的具体行政行为	行政机关或者法律授权的组织，对于自觉遵纪守法、工作成绩显著、为国家和社会做出重大贡献的行政相对人，给予的某种精神或物质鼓励
特征	① 依申请行为； ② 授益性行为； ③ 对象是处于某种特殊状态下的行政相对人（灾民、残疾人、革命军人及其家属等）	① 授益性行为； ② 可以依申请，也可以依职权； ③ 主体是国家行政机关或法律、法规授权的组织； ④ 对象包括了个人和组织
种类	抚恤金、生活补助费、安置费、救济费、优待费、社会福利等	赋予权利的奖励、赋予能力的奖励、荣誉性奖励、财务性奖励、职位性奖励；通报表扬、通令嘉奖、记功、晋级、晋职等

第三节　行政裁决与行政调解

表 8-4　行政裁决与行政调解

	行政裁决	行政调解
概念	行政机关依照法律的明确授权，裁决与行政管理有关的非合同民事纠纷的活动	行政机关对其主管范围内的民事纠纷和特定行政纠纷，以国家法律和政策为依据，以自愿为原则，通过说服教育等方法，促使双方当事人友好协商、互让互谅、达成协议、消除纠纷的诉讼外活动

（续表）

	行政裁决	行政调解
特征	① 主体：行政机关； ② 对象：与合同无关的民事纠纷； ③ 依申请作出； ④ 行政裁决机关主要是以居间裁决的公断人身份出现	① 主体：行政机关； ② 对象：由法律、法规规定或双方协议向行政机关申请调解； ③ 以自愿为原则； ④ 属于诉讼外的活动（一般不具有法律上的强制力）
种类	① 因自然资源的所有权、使用权而引起的权属纠纷裁决； ② 侵权纠纷裁决； ③ 损害赔偿纠纷裁决	① 主持调解的主体：基层人民政府、主管行政机关、行政仲裁机关，此外还有行政机关的内部调解等； ② 调解的事项：民事争议（仅限行政赔偿、行政补偿）和行政争议等
原则	以事实为依据、以法律为准绳；公正；事先调解；双方自愿；行政先行处理原则	自愿原则、平等原则、合法原则、如实调解原则等

表 8-5　行政调解、人民调解与司法调解

	行政调解	人民调解	司法调解
概念	行政机关对其主管范围内的民事纠纷和特定行政纠纷，以国家法律和政策为依据，以自愿为原则，通过说服教育等方法，促使双方当事人友好协商、互让互谅、达成协议、消除纠纷的诉讼外活动	在人民调解委员会的主持下，依照法律、政策及社会主义道德规范，对纠纷当事人进行说服规劝，促使其彼此互谅互让，在自主自愿情况下达成协议，消除纷争的活动	即法院调解，指对民事案件在人民法院审判组织主持下，诉讼双方当事人平等协商，达成协议，经人民法院认可，以终结诉讼活动的一种结案方式
主持调解的主体	行政机关	人民调解委员会	人民法院
调解协议的效力	① 具有民事合同性质。 ② 当事人应当按照约定履行自己的义务，不得擅自变更或者解除调解协议。一方当事人不履行调解协议规定的义务，另一方当事人可以向人民法院提起诉讼，请求对方当事人履行调解协议规定的义务		① 一经送达，即具有法律约束力； ② 司法调解协议与法院的判决具有同等的法律效力

第四节　行政征收与行政征用

表 8-6　行政征收与行政征用

	行政征收	行政征用
概念	国家行政机关依据一定的法定标准和条件，向公民、法人等强制地征收实物或货币的行政行为	行政主体基于公共利益的需要，依法强制取得行政相对人的财产使用权并给予一定补偿的行政行为

（续表）

	行政征收	行政征用
特征	① 主体：法律法规授权的特定的行政主体； ② 对象：特定的负有行政法上缴纳义务的公民、法人或其他组织	行政征用的主体、条件、对象、方式、范围都必须有法律法规的明确规定
法律后果	财产所有权从个人/组织转至国家	① 有时不导致财产所有权转移，如紧急情况下对交通工具的使用； ② 有时导致财产所用权转移，如国家对集体所有土地的征用
征收范围	财产，表现为实物、货币	财产，还可以是劳务
有偿性	无偿性/有偿性	有偿性，征用方应当支付购买金、补偿金等

第九章

行政复议

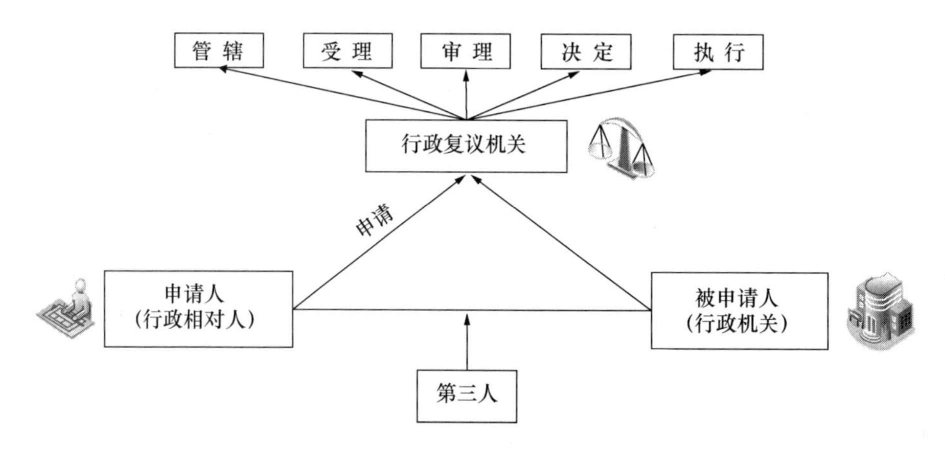

图 9-1　行政复议知识结构图

第一节　行政复议概述

一、概念和特征

行政复议：公民、法人或者其他组织认为具体行政行为侵犯其合法权益，依照法定的条件和程序，向法定行政机关提出重新审议的申请，受理申请的行政机关依法对该具体行政行为是否合法、适当进行审查并作出决定的活动。

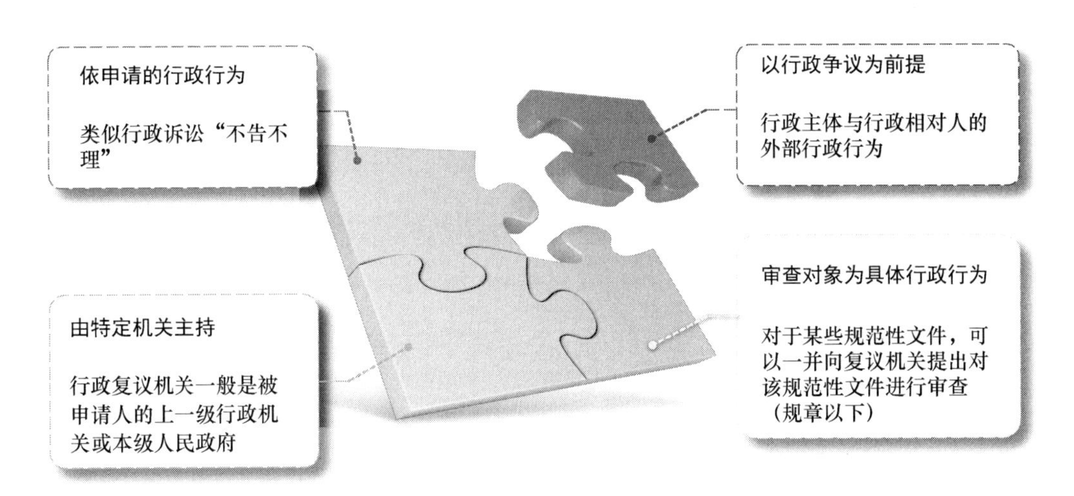

图 9-2　行政复议的特征

王某某等五人诉松阳县人民政府行政复议案

原告：王某某等五人

被告：松阳县人民政府

基本案情：王某某等五人是浙江省松阳县人民政府西屏街道办事处西屏十一村村民，曾向西屏街道办反映其所在的村委会擅自分配该村征地所得——八幢建房指标，严重侵犯村集体、村民合法权益的问题，并要求西屏街道办履行保护村民权益的法定职责。因认为西屏街道办对其所反映的事项不作为，故向松阳县人民政府申请行政复议，同时提请对西坪镇人民政府西政〔2017〕070号文件进行审查。松阳县政府作出了不予受理的行政决定。王某某等不服提起行政诉讼。

法院判决：西屏村因征地所得的八幢建房指标应属于集体所有，王某某等五人反映所涉建房指标不属于其自身合法权益范围，因此没有利害关系，不具有申请行政复议的资格。因为行政复议附带审查具有附带性，故原告对西坪镇政府的规定无权提出审查申请。因此，法院判决驳回王某某等五人的诉讼请求。

二、基本原则

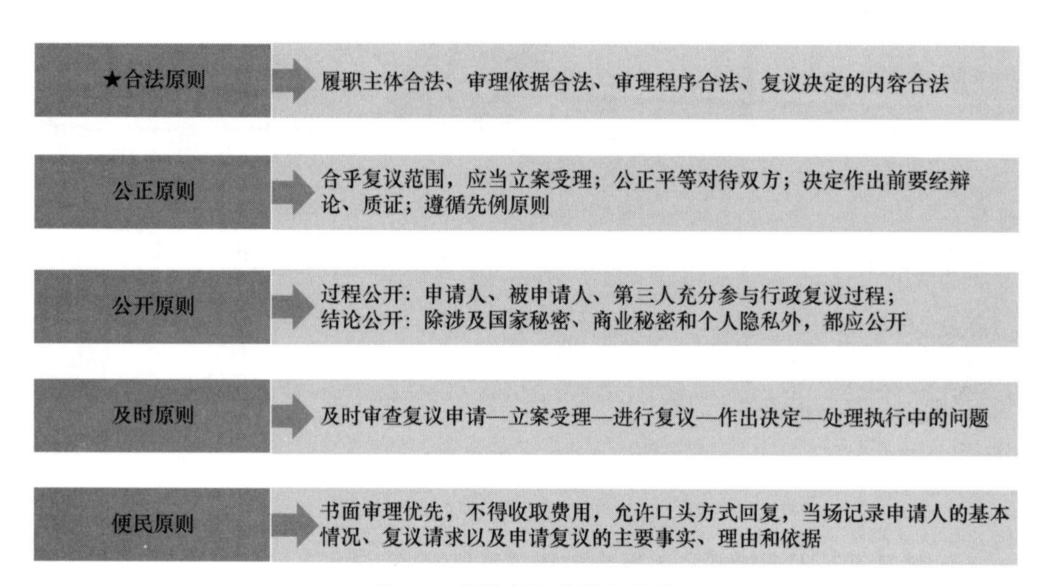

图 9-3　行政复议的基本原则

表 9-1　行政复议的合法原则

	表现	举例
主体合法	必须是依法成立并享有法定复议权的行政机关	对派出所这一派出机构作出的具体行政行为申请复议，可以向公安局或者与公安局同级的人民政府提出
依据合法	作出行政复议决定应当有法律依据	《行政复议法》A6 第 1 项：对行政处罚决定可以提起行政复议
程序合法	审理行政复议时不可以简化或者放弃法定步骤，不能省略或者改变法定形式，不能颠倒顺序，违反时限	行政复议的申请期限一般为 60 日，只有法律规定大于 60 日的才可除外，其他任何情形都不可延长期限
内容合法	行政复议机关在复议决定中赋予或确认的权利、设定或免除的义务必须符合法律、法规的规定	复议机关在复议决定中可以同意公安机关限制人身自由，但不可以赋予税务机关此权力

三、基本制度

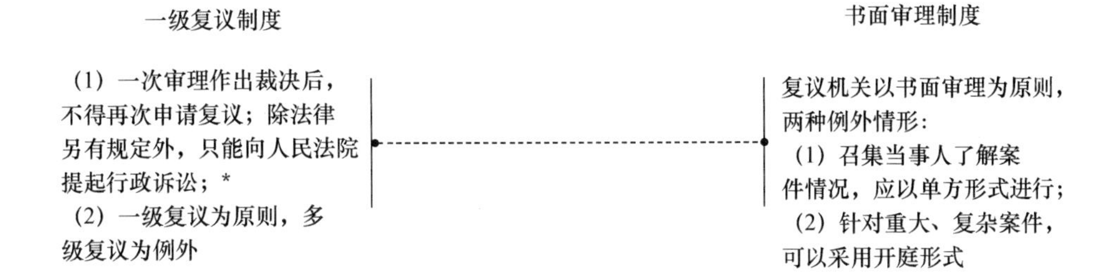

*申请人撤回申请，也同样丧失再次申请的权利。

图 9-4 行政复议的基本制度

第二节 行政复议参加人

一、申请人

申请人：认为行政机关的具体行政行为侵犯其合法权益，依法以自己的名义向行政复议机关申请，要求撤销或变更具体行政行为的公民、法人或者其他组织。

表 9-2 行政复议申请人

行政相对人	行政行为直接作用的对象
行政相关人	不是行政行为直接作用的对象，但是其合法权益受到该行政行为的影响，与行政行为之间存在利害关系的公民、法人或者其他组织，如受害人、相邻权人、公平竞争权人等

表 9-3 行政复议申请人的类型

特殊的行政相对人	行政复议申请人	参与行政复议的代表	例外	法条依据
合伙企业	核准登记的企业	执行合伙事务的合伙人	其他合伙组织申请行政复议的，由合伙人共同申请行政复议	《行政复议法实施条例》A6—A8
不具备法人资格的其他组织	该组织的主要负责人		共同推选的其他成员参加行政复议	
股份制企业	企业的股东大会、股东代表大会、董事会			
同一行政复议案件申请人超过 5 人的	推选 1 至 5 名代表参加行政复议			

二、被申请人

被申请人：其具体行政行为被指控违法，侵犯申请人的合法权益，并经由行政复议机关通知参加行政复议的行政机关以及法律、法规授权的组织。

表 9-4　行政复议被申请人

<table>
<tr><th></th><th colspan="2">行为主体</th><th>被申请人</th><th>法条依据</th></tr>
<tr><td rowspan="5">有行政主体资格的，该行政主体为被申请人</td><td colspan="2">作出具体行政行为的机关（作为/不作为）</td><td>该行政机关</td><td>《行政复议法实施条例》A11：“公民、法人或者其他组织对行政机关的具体行政行为不服，依照行政复议法和本条例的规定申请行政复议的，作出该具体行政行为的行政机关为被申请人。”</td></tr>
<tr><td colspan="2">县级以上人民政府的派出机关</td><td>该派出机关</td><td>《地方各级人大和政府组织法》A68（1）：“省、自治区的人民政府在必要的时候，经国务院批准，可以设立若干派出机关。”</td></tr>
<tr><td rowspan="2">共同名义</td><td>行政机关与行政机关/法律、法规授权的组织</td><td>共同被申请人</td><td>《行政复议法实施条例》A12（1）：“行政机关与法律、法规授权的组织以共同的名义作出具体行政行为的，行政机关和法律、法规授权的组织为共同被申请人。”</td></tr>
<tr><td>行政机关与其他组织</td><td>该行政机关</td><td>《行政复议法实施条例》A12（2）：“行政机关与其他组织以共同名义作出具体行政行为的，行政机关为被申请人。”</td></tr>
<tr><td colspan="2">法律、法规授权的组织</td><td>法律、法规授权的组织</td><td>依据相关法律、法规，如《地震行政复议规定》《中国证券监督管理委员会行政复议办法》</td></tr>
<tr><td rowspan="2">无行政主体资格的，有行政主体资格的为被申请人</td><td colspan="2">行政机关委托的组织</td><td>委托的行政机关</td><td>如《税务行政复议规则》A27：“申请人对扣缴义务人的扣缴税款行为不服的，主管该扣缴义务人的税务机关为被申请人；对税务机关委托的单位和个人的代征行为不服的，委托税务机关为被申请人。”</td></tr>
<tr><td colspan="2">派出机构、内设机构以设立该机构部门的名义作出行政行为（类似于委托）</td><td>设立该机构的行政机关</td><td>如派出所以其所属的公安局的名义作出行政决定，则该公安局为被申请人</td></tr>
</table>

（续表）

<table>
<tr><th></th><th colspan="2">行为主体</th><th>被申请人</th><th>法条依据</th></tr>
<tr><td>行政复议看职权</td><td colspan="2">经批准作出行政行为</td><td>批准机关</td><td>《行政复议法实施条例》A13：“下级行政机关依照法律、法规、规章规定，经上级行政机关批准作出具体行政行为的，批准机关为被申请人。”</td></tr>
<tr><td rowspan="2">幅度越权告机构，种类越权告机关</td><td colspan="2" rowspan="2">内设机构、派出机构</td><td>以自己的名义，没有法律、法规、规章授权的，以该行政机关为被申请人</td><td>《行政复议法实施条例》A14：“行政机关设立的派出机构、内设机构或者其他组织，未经法律、法规授权，对外以自己名义作出具体行政行为的，该行政机关为被申请人。”</td></tr>
<tr><td>以自己的名义，有法律、法规、规章的授权，以该机构为被申请人</td><td>如公安局的派出所作出的罚款处罚过重，应当以该派出所为被申请人（类似于被授权组织）</td></tr>
<tr><td rowspan="2">特殊的被申请人</td><td rowspan="2">被撤销的行政机关</td><td>有继续行使其职权的行政机关</td><td>继续行使其职权的行政机关（谁承受，谁负责）</td><td>如当事人对县文化局作出的罚款行为不服准备申请行政复议，但是在其提出申请之前，发现县文化局已经被撤销，现由县教育局承担其职责和义务，则县教育局为被申请人</td></tr>
<tr><td>没有继续行使其职权的行政机关</td><td>作出撤销决定的行政机关或其指定的行政机关</td><td>如当事人对县文化局作出的罚款行为不服准备申请行政复议，但是在其提出申请之前，发现县文化局已经被县政府撤销，且没有承担其职责的机关，则县政府为被申请人</td></tr>
</table>

三、第三人

第三人：与申请行政复议的具体行政行为有利害关系，为了保护自己的合法权益，依申请或由行政复议机关通知，参加到行政复议活动中来的公民、法人或者其他组织。

表 9-5 行政复议第三人

第三人资格	① 有利害关系（申请人、被申请人之外的人）； ② 为了保护自身合法权益（不同于证人、鉴定人、代理人等）； ③ 参与到正在进行的行政复议中
如何参加复议	①【通知参加】复议机构（即复议机关的法制机构）可以通知第三人参加复议； ②【申请参加】第三人也可以向行政复议机构申请参加行政复议。 注：第三人不参加行政复议，不影响行政复议案件的审理

（续表）

权利义务（地位类似于申请人）	① 可以委托1—2名代理人代为参加复议； ② 在复议过程中可向行政复议机构提出意见； ③ 除涉及国家秘密、商业秘密、个人隐私外，可查阅被申请人提出的材料（包括书面答复、被复议行政行为的证据和依据等）； ④ 对行政复议决定不服，可提起行政诉讼； ⑤ 逾期不起诉又不履行复议决定的，可依法对其强制执行

表9-6　行政复议第三人的类型

类型	概念	说明	举例
有独立请求权第三人	第三人的复议请求并非依附于申请人或被申请人，而是排斥申请人和被申请人复议请求的独立的复议请求	常见于竞争性许可案件、公平竞争权案件	在竞争性的行政许可案件中，甲乙丙同时向市监局申请一个行政许可，市监局仅向甲颁发，乙不服提起行政复议，要求撤销办证行为。此时，甲和丙是复议案件中的第三人，丙有权单独要求撤销该许可并且颁发给自己，其主张与被申请人（复议机关）、甲和乙都冲突，因此丙是有独立请求权第三人。甲作为行政许可的既得利益者，与乙和丙的利益冲突，其主张应该是维持颁发许可行为，因此与被申请人的利益一致。如果乙或丙不提起复议，甲无法提出撤销颁证或维护被申请人利益的复议请求，其依附于乙或丙的复议请求，因此甲是无独立请求权第三人
无独立请求权第三人	复议请求标的没有独立请求权，但是与复议结果具有利害关系而参加复议的第三人	该类第三人在复议中处于辅助地位，其复议目的是请求复议机关维护申请人或被申请人的复议请求，以保护自己的利益	

第三节　行政复议范围

一、具体行政行为

表9-7　具体行政行为的肯定式列举

种类	法律依据（《行政复议法》A6）	说明
行政处罚	“（一）对行政机关作出的警告、罚款、没收违法所得、没收非法财物、责令停产停业、暂扣或者吊销许可证、暂扣或者吊销执照、行政拘留等行政处罚决定不服的”	
行政强制措施	“（二）对行政机关作出的限制人身自由或者查封、扣押、冻结财产等行政强制措施决定不服的”	① 限制人身自由：强制戒毒、扣留、强制遣送、强制隔离等； ② 限制财产流通：查封、扣押、冻结等

（续表）

种类	法律依据（《行政复议法》A6）	说明
行政许可的变更、中止、撤销行为	“（三）对行政机关作出的有关许可证、执照、资质证、资格证等证书变更、中止、撤销的决定不服的”	许可证、执照、资质证、资格证等证书有确定力（作为违法）
行政确权行为	“（四）对行政机关作出的关于确认土地、矿藏、水流、森林、山岭、草原、荒地、滩涂、海域等自然资源的所有权或者使用权的决定不服的”	行政复议前置、绝对复议终局（省部级）
侵犯经营自主权的行为	“（五）认为行政机关侵犯合法的经营自主权的”	如行政机关违法撤换企业的法定代表人、强制企业合并、强制企业转让知识产权等
变更或废止农业承包合同的行为	“（六）认为行政机关变更或者废止农业承包合同，侵犯其合法权益的”	农业承包经营合同属于行政协议的一种
行政机关违法要求履行义务的行为	“（七）认为行政机关违法集资、征收财物、摊派费用或者违法要求履行其他义务的”	“三乱”行为：违法集资、征收财物、摊派费用等
行政许可不作为的	“（八）认为符合法定条件，申请行政机关颁发许可证、执照、资质证、资格证等证书，或者申请行政机关审批、登记有关事项，行政机关没有依法办理的”	如拒绝受理、受理后拒绝批准、受理后超过法定期限不予答复（不作为违法）
不履行法定职责的行为	“（九）申请行政机关履行保护人身权利、财产权利、受教育权利的法定职责，行政机关没有依法履行的”	① 未履行保护人身权利、财产权利、受教育权利的行为； ② 行政机关没有正当理由而拒绝履行或不予答复的
行政给付行为	“（十）申请行政机关依法发放抚恤金、社会保险金或者最低生活保障费，行政机关没有依法发放的”	“三金”：抚恤金、社会保险金、最低生活保障费
兜底条款	“（十一）认为行政机关的其他具体行政行为侵犯其合法权益的”	

表 9-8　具体行政行为的否定式列举

种类	依据和性质	说明
内部行政行为	《行政复议法》A8（1）：“不服行政机关作出的行政处分或者其他人事处理决定的，依照有关法律、行政法规的规定提出申诉。”	行政机关内部的人事处理行为：指行政机关对其工作人员的奖惩、任免、考核、调动、处分、工资、福利待遇等事项
民事调解和处理行为	《行政复议法》A8（2）：“不服行政机关对民事纠纷作出的调解或者其他处理，依法申请仲裁或者向人民法院提起诉讼。”	行政机关对民事纠纷作出的调解或者仲裁等行为；在当事人自愿的基础上，不行使强制权

（续表）

种类		依据和性质	说明
国防、外交等国家行为		属于政治行为，而非法律行为	如任命驻外使节、缔结条约
刑事司法行为		属于司法行为，而非行政行为	如侦查、拘留、逮捕、监视居住、取保候审
行政指导行为		非强制性	如乡政府对种植农作物的建议
驳回当事人对行政行为提起申诉的重复处理行为		只是对已经生效的行政行为的简单重复	不属于行政复议范围的原因：该行为本身只是对已经生效的行政行为的简单重复，并没有形成新的法律关系
法律规定使用特别复审程序处理的	专利复审委员会	《专利法》A46："国务院专利行政部门对宣告专利权无效的请求应当及时审查和作出决定，并通知请求人和专利权人。宣告专利权无效的决定，由国务院专利行政部门登记和公告。对国务院专利行政部门宣告专利权无效或者维持专利权的决定不服的，可以自收到通知之日起三个月内向人民法院起诉。人民法院应当通知无效宣告请求程序的对方当事人作为第三人参加诉讼。"	对国务院专利行政部门的决定不服只能诉讼，不能复议
	商标评审委员会	《商标法》A34："对驳回申请、不予公告的商标，商标局应当书面通知商标注册申请人。商标注册申请人不服的，可以自收到通知之日起十五日内向商标评审委员会申请复审。商标评审委员会应当自收到申请之日起九个月内做出决定，并书面通知申请人。有特殊情况需要延长的，经国务院工商行政管理部门批准，可以延长三个月。当事人对商标评审委员会的决定不服的，可以自收到通知之日起三十日内向人民法院起诉。"	对商标评审委员会的决定不服只能诉讼，不能复议
法律规定行政机关作出的行政决定是终局的	公安机关	《出境入境管理法》A36："公安机关出入境管理机构作出的不予办理普通签证延期、换发、补发，不予办理外国人停留居留证件、不予延长拘留期限的决定为最终决定。"	绝对终局的行政决定

二、抽象行政行为

表 9-9　抽象行政行为的种类

<table>
<tr><th></th><th>行政复议范围</th><th>举例</th><th>法条依据</th><th>注意事项</th></tr>
<tr><td rowspan="3">肯定式列举</td><td>国务院部门的规定</td><td>商务部发布的《进出口许可证证书管理规定》
教育部发布的《普通高等学校学生管理规定》</td><td rowspan="5">《行政复议法》A7</td><td rowspan="5">【规章均不可附带审查】对国务院部、委员会规章和地方人民政府规章的审查，依照法律、行政法规办理</td></tr>
<tr><td>县级以上地方各级人民政府及其工作部门的规定</td><td>上海市青浦区人民政府办公室发布的《青浦区加强建筑垃圾全程管理工作实施意见》</td></tr>
<tr><td>乡、镇人民政府的规定</td><td>上海市崇明区横沙乡人民政府发布的《横沙乡垃圾分类监督考核机制》</td></tr>
<tr><td rowspan="2">否定式列举</td><td>国务院本身的所有抽象行政行为</td><td>《食品安全法实施条例》</td></tr>
<tr><td>部门规章和地方政府规章</td><td>《企业法人登记管理条例施行细则》</td></tr>
</table>

第四节　行政复议管辖

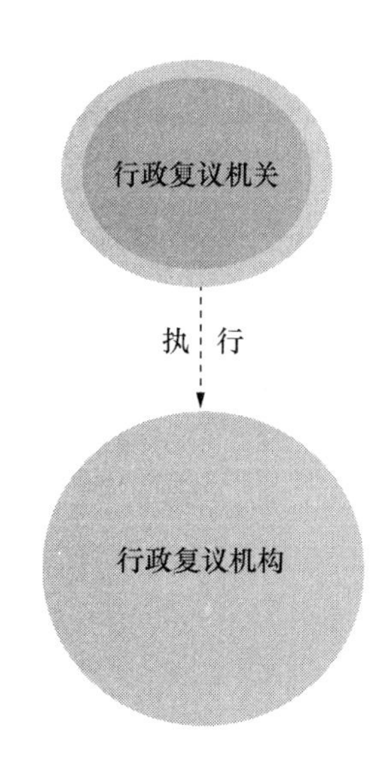

《行政复议法》A3：依法履行行政复议职责的行政机关是行政复议机关；

具体是指依照法律、法规的规定，有权受理行政复议的申请，依法对被申请的行政行为进行合法性、适当性审查并作出决定的行政机关；

除实行全国垂直领导的部门外，原则上允许申请人选择向同级政府或者上级主管部门申请行政复议

【内设机构】行政复议机关中具体办理行政复议事项的机构，如法制办、法制科等；

《行政复议法》A3规定了行政复议机构的职责；

注意：(1) 行政机关中初次从事行政复议的人员，应当通过国家统一法律职业资格考试取得法律职业资格；

(2) 2018年国务院机构改革方案，将司法部和国务院法制办公室的职责整合，重新组建司法部，作为国务院组成部门，不再保留国务院法制办公室

图 9-5　行政复议机关与行政复议机构

一、一般管辖

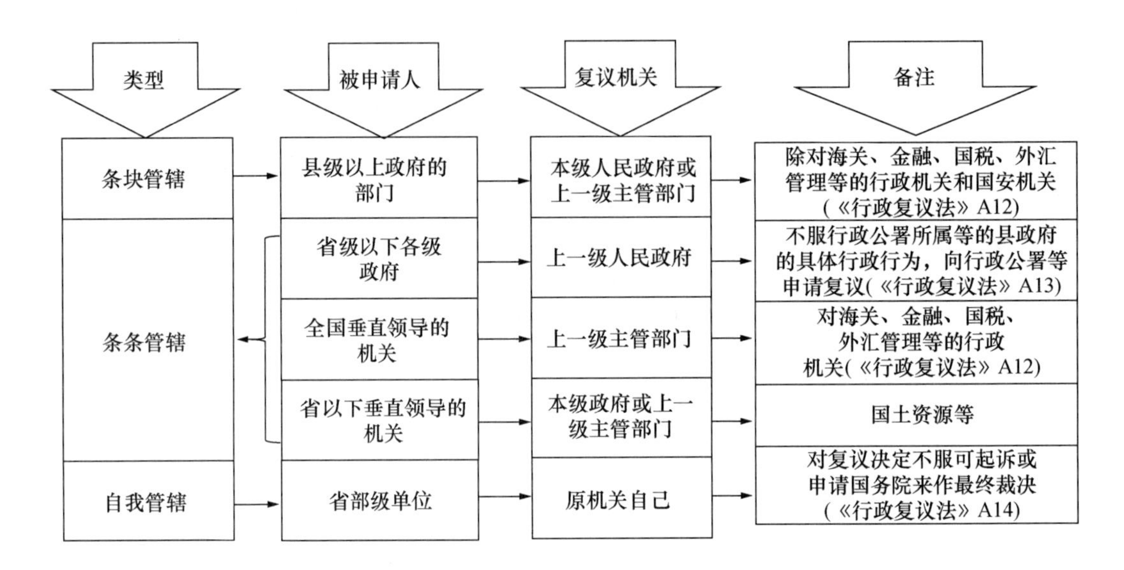

图 9-6　行政复议的一般管辖

李某某与山东省国土资源厅复议案

原告：李某某

被告：山东省国土资源厅

基本案情：2016 年 10 月 12 日，原告李某某向淄博市国土资源局提交政府信息公开申请。因原告认为淄博市国土资源局未履行法定义务，于 2016 年 11 月 23 日向被告山东省国土资源厅提出行政复议申请。被告山东省国土资源厅收到原告李某某的行政复议申请后，在法定期限内作出《行政复议告知书》，告知原告李某某向淄博市人民政府提出行政复议申请，并通过 EMS 特快专递方式向原告李某某邮寄送达上述告知书。原告不服该行政复议决定，向人民法院提起诉讼。

法院判决：驳回原告李某某的诉讼请求。

表 9-10　李某某与山东省国土资源厅复议案

一般规定	特殊规定	结论
《行政复议法》A12（2）：对海关、金融、国税、外汇管理等实行垂直领导的行政机关和国家安全机关的具体行政行为不服的，向上一级主管部门申请行政复议	《山东省行政复议条例》A6（2）："经省人民政府批准，设区的市、县（市、区）人民政府可以集中行使行政复议职权。"【仅政府有权】	被告山东省国土资源厅的行政复议决定合法

二、特殊管辖

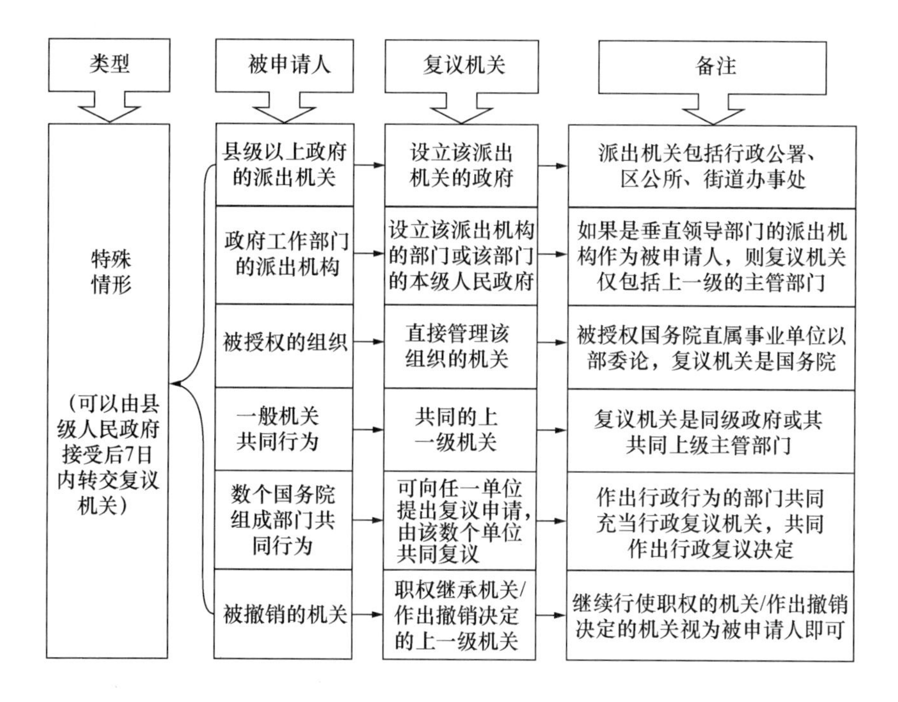

注：管辖竞合处理：（1）按收到申请时间先后处理；（2）同时收到的，由复议机关在10日内协商；（3）协商不成的，由共同上一级行政机关在10日内指定管辖。

图 9-7　行政复议管辖的特殊情形

第五节　行政复议程序

一、申请

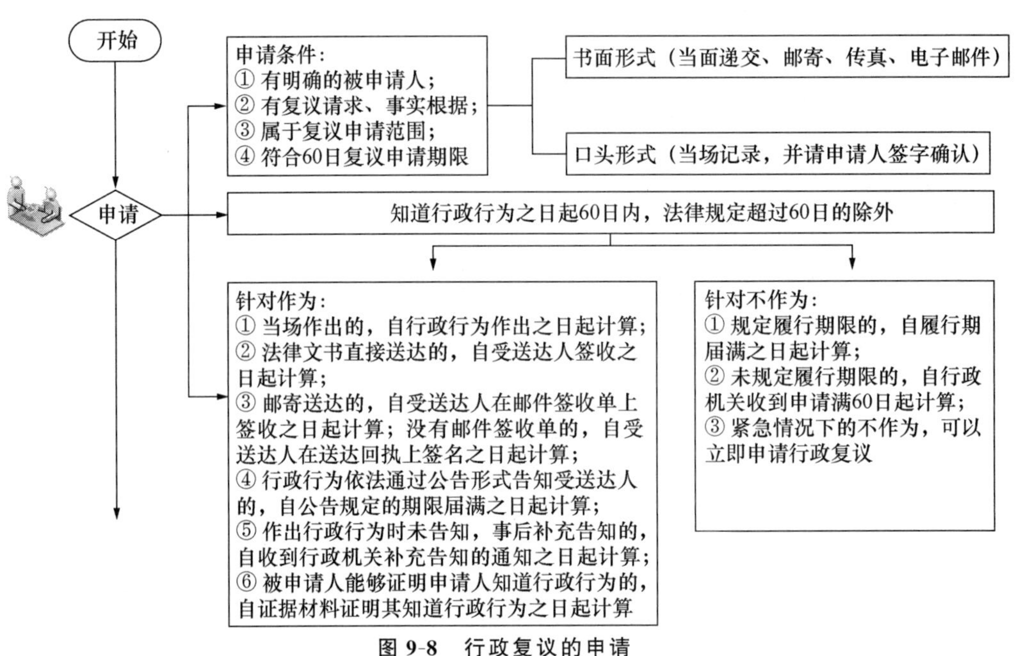

图 9-8　行政复议的申请

二、受理

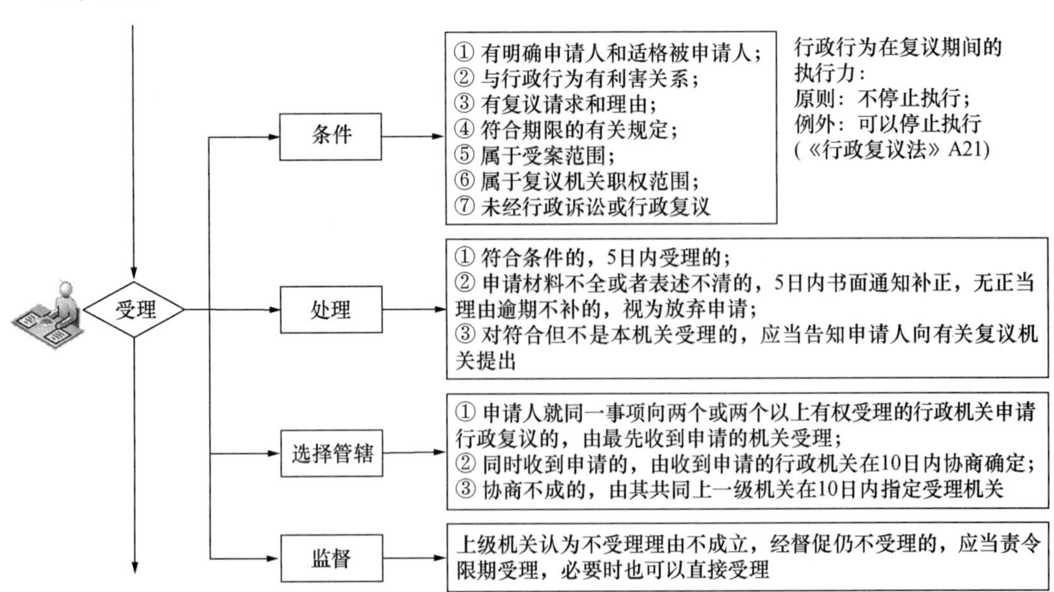

图 9-9　行政复议的受理

三、审理

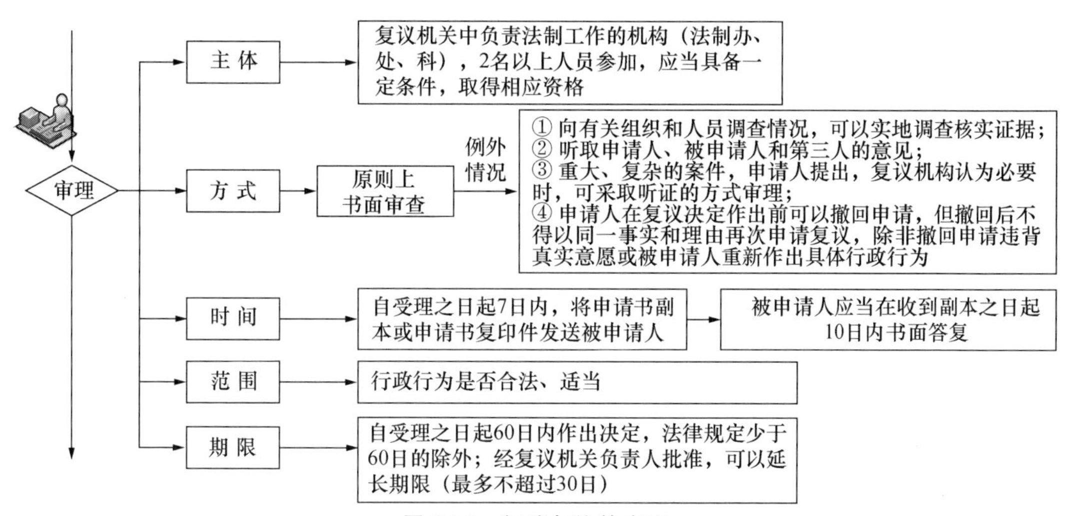

图 9-10　行政复议的审理

表 9-11　规范性文件的审查

依申请附带审查	当事人认为被复议行政行为所依据的行政规定（即国务院之外的行政机关制定的规范性文件，但不含规章）不合法，在申请复议时或复议决定作出前，可以一并向行政复议机关提出对该规定的审查申请
	行政复议机关对该规定有权处理的，应当在30日内依法处理；无权处理的，应当在7日内按照法定程序转送有权处理的行政机关在60日内依法处理。处理期间，中止对被复议行政行为的审查
依职权附带审查	行政复议机关在对被复议行政行为进行审查时，认为其依据不合法，本机关有权处理的，应当在30日内依法处理；无权处理的，应当在7日内按照法定程序转送有权处理的国家机关依法处理。处理期间，中止对被复议行政行为的审查

注：行政机关有权处理本机关及下级行政机关制定的规范性文件。

表 9-12　行政复议的撤回、中止和终止

	说明	法条依据
行政复议的撤回	时间：案件受理之后，行政复议决定作出之前； 条件：自愿撤回，不受强迫、威胁； 后果：经复议机构同意，可以撤回，但撤回即终止，除非申请人能够证明撤回行政复议申请违背其真实意思表示	《行政复议法实施条例》A38
行政复议的中止	在行政复议过程中，因发生特殊情况而中途停止复议程序的一种法律制度； 行政复议中止的原因消除后，应当及时恢复行政复议案件的审理	《行政复议法实施条例》A41
行政复议的终止	在行政复议过程中，因发生特殊情况而结束正在进行的复议程序的一种法律制度	《行政复议法实施条例》A42

表 9-13　行政复议的和解与调解

	和解	调解
适用范围	自由裁量行为	自由裁量行为＋行政赔偿、行政补偿
原则	平等、自愿、合法	自愿、合法
参加人	申请人、被申请人案外协商	申请人、被申请人＋复议机关案中主持
效力	和解协议不具有强制执行力	调解书具有强制执行效力，相当于行政复议决定
说明	时间：行政复议决定作出前； 限制：不得损害社会公共利益和他人合法权益； 程序：达成书面和解协议	程序：① 行政复议机关主持案件的调解，当事人经调解达成协议的，行政复议机关应当制作行政复议调解书； ② 行政复议申请书经双方当事人签字，即具有法律效力；调解未达成协议或者调解书生效前一方反悔的，行政复议机关应当及时作出行政复议决定
举例	《治安管理处罚法》A71 规定的行政拘留情形（公安机关对于行政拘留期限的决定就是在行使自由裁量权，可以和解、调解）	

四、决定

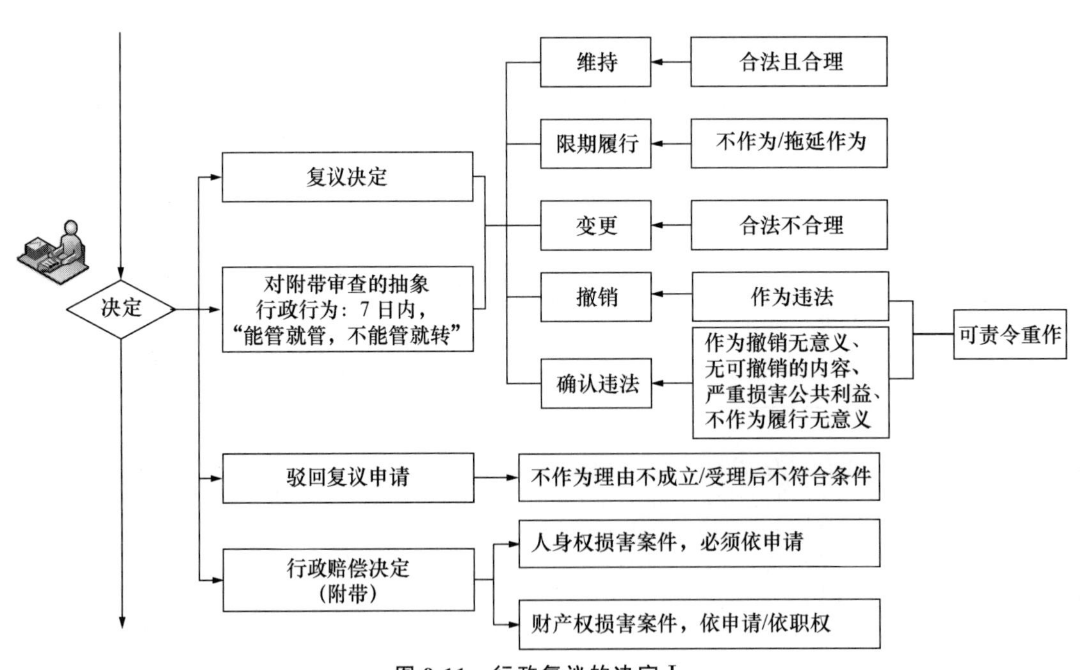

图 9-11　行政复议的决定 Ⅰ

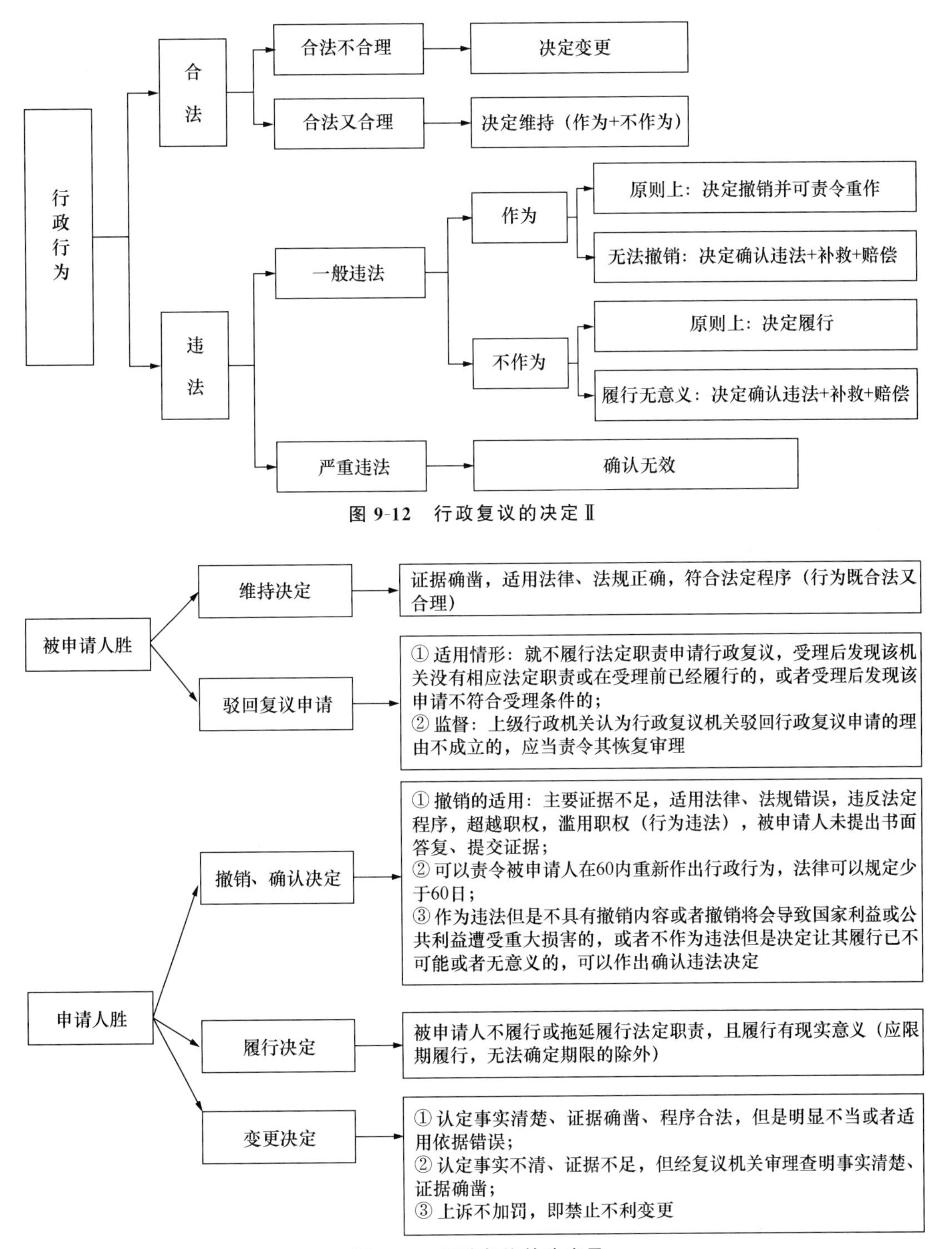

图 9-12　行政复议的决定Ⅱ

图 9-13　行政复议的决定Ⅲ

五、执行

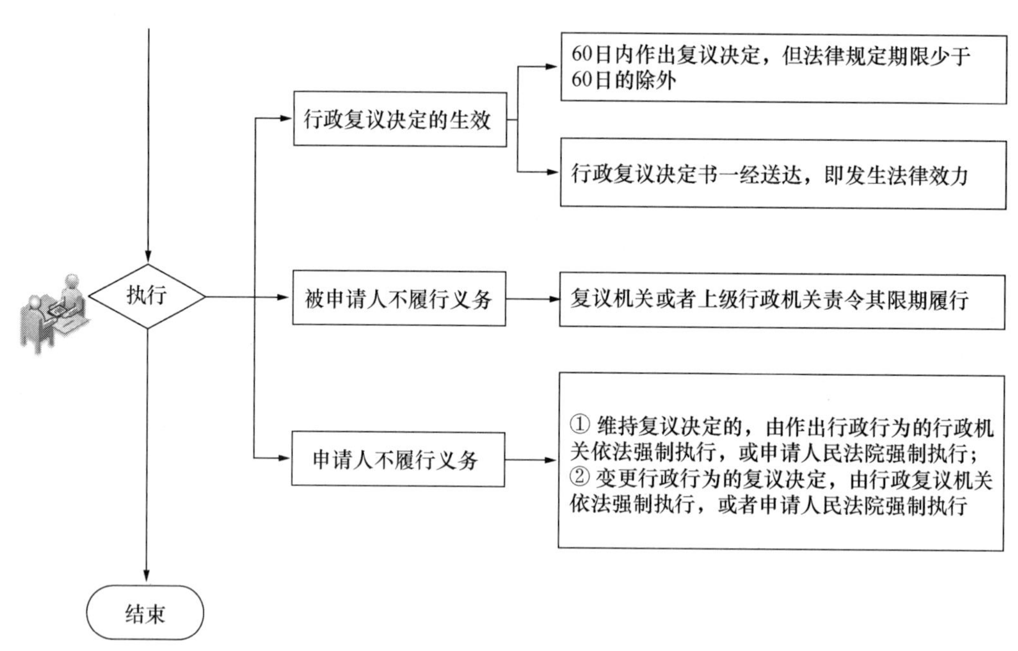

图 9-14　行政复议的执行

第六节　行政复议与行政诉讼的关系

行政复议与行政诉讼关系的核心是两者之间的衔接与先后顺序。

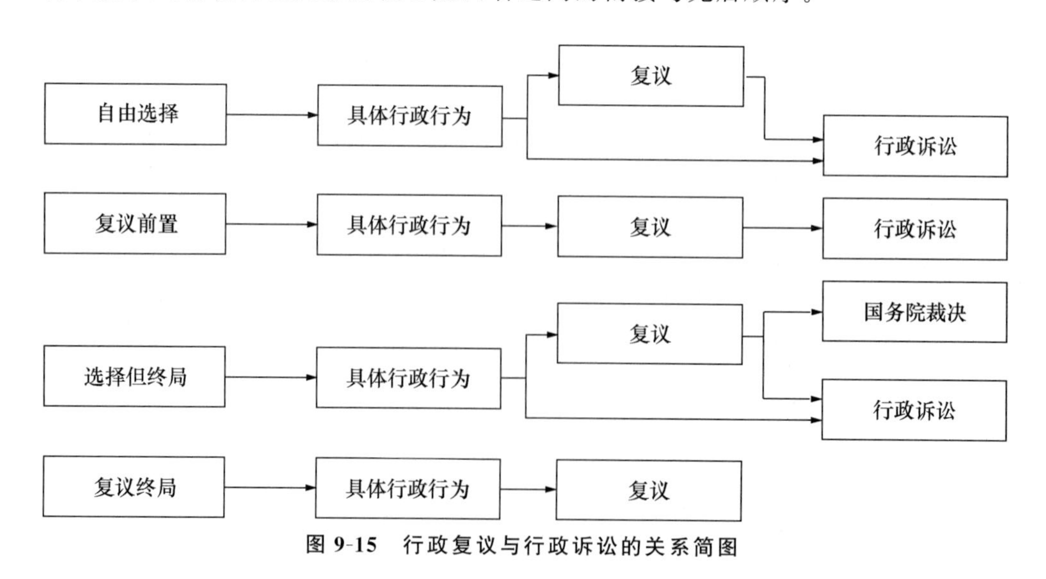

图 9-15　行政复议与行政诉讼的关系简图

表 9-14 行政复议与行政诉讼的衔接关系

<table>
<tr><th>衔接关系</th><th>说明</th><th>备注</th></tr>
<tr><td rowspan="4">自由选择关系</td><td colspan="2">① 行政复议已经被依法受理的，当事人在法定复议期限以内不得提起诉讼；行政诉讼已经被依法受理的，则不得再申请行政复议</td></tr>
<tr><td colspan="2">② 行政复议机关作出复议决定，当事人不服的，可以提起行政诉讼；行政复议机关对复议申请拒绝受理或者受理后久拖不决不予答复的，当事人可以提起行政诉讼</td></tr>
<tr><td colspan="2">③ 行政复议机关受理之后作出复议决定之前，当事人依法申请撤回行政复议申请获得准许的，仍有权提起行政诉讼；但是，如果复议前置，则当事人在撤回复议申请后，不得提起行政诉讼</td></tr>
<tr><td colspan="2">④ 复议和诉讼管辖竞合的处理：当事人就同一行政行为，既向复议机关申请行政复议，又向法院提起行政诉讼的，应当由最先受理的一方管辖；如果复议机关和法院同时受理的，则应当由当事人在复议和诉讼中作出选择</td></tr>
<tr><td rowspan="3">复议前置</td><td>① 自然资源确权行为［《行政复议法》A30（1）、《关于适用〈行政复议法〉第三十条第一款有关问题的批复》］</td><td>① 自然资源的权属争议案件复议前置的必要性；
② 行政行为条件：该行政行为必须是确权决定；
③ 权益条件：当事人认为行政机关的行政行为侵犯了自己已经依法取得的自然资源所有权或使用权</td></tr>
<tr><td colspan="2">②《税收征收管理法》A88 中关于纳税争议的规定（具体涉及税款的“交不交、谁来交、交多少、怎么交”时，需要前置）</td></tr>
<tr><td colspan="2">③ 禁止或限制经营者集中的行为（根据《反垄断法》A53，不服反垄断执法机构禁止或限制经营者集中的行为，先经复议后才能诉讼）</td></tr>
<tr><td>相对复议终局</td><td>当事人对行政行为不服，可以选择申请复议，对复议决定不服的，可以再向法院提起诉讼，也可以向国务院申请裁决，但对该裁决不服的，不得再向法院提起诉讼</td><td>《行政复议法》A14：“对国务院部门或者省、自治区、直辖市人民政府的具体行政行为不服的，向作出该具体行政行为的国务院部门或者省、自治区、直辖市人民政府申请行政复议。对行政复议决定不服的，可以向人民法院提起行政诉讼；也可以向国务院申请裁决，国务院依照本法的规定作出最终裁决。”</td></tr>
<tr><td rowspan="3">绝对复议终局</td><td colspan="2">① 对于侵犯已经依法取得的自然资源所有权或者使用权的行政行为，必须首先进行行政复议。对行政复议决定不服的，可以依法向法院提起行政诉讼。省级政府确认自然资源所有权和使用权的行政复议决定，是终局裁决，不得提起行政诉讼</td></tr>
<tr><td rowspan="2">② 公安机关出入境管理</td><td>① 对外国人出入境的处罚决定：当事人为外国人的出入境处罚案件，只能选择行政复议，并且复议决定具有终局效力，当事人对此不得提起行政诉讼</td></tr>
<tr><td>② 关于签证、外国人停留居留权的决定：此类决定为行政终局行为，当事人不得申请复议，也不得提起行政诉讼</td></tr>
</table>

第十章

行政诉讼

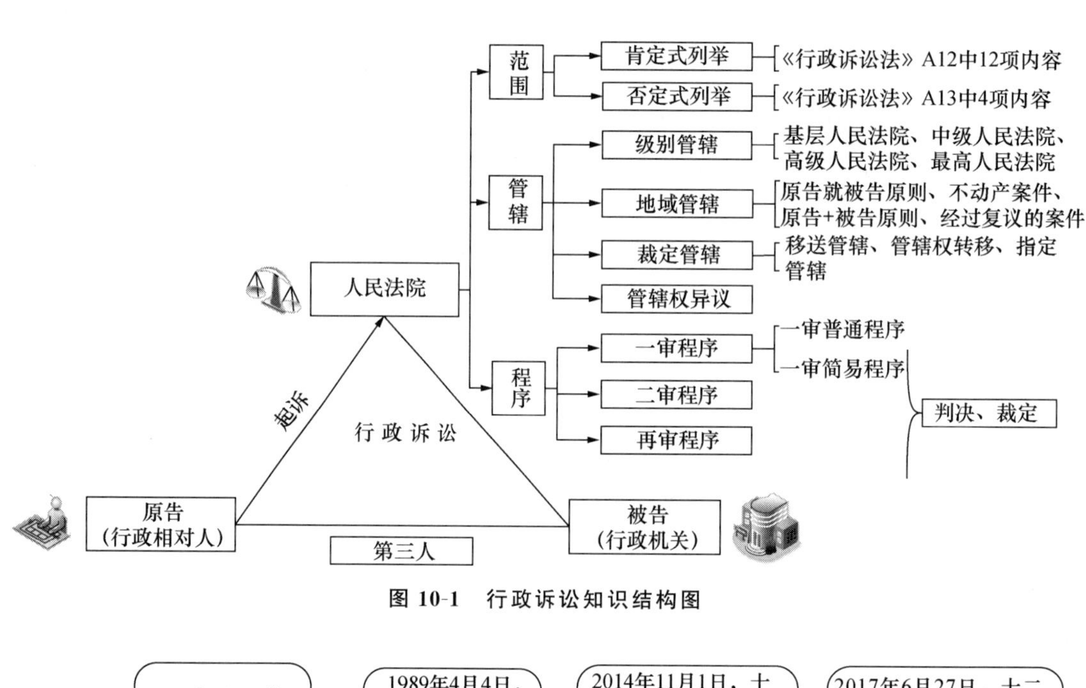

图 10-1　行政诉讼知识结构图

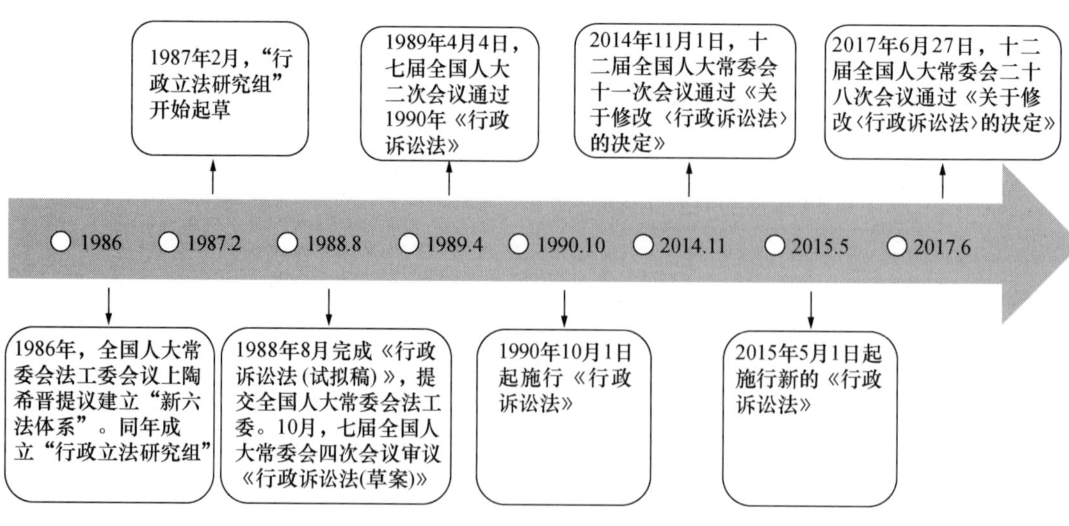

图 10-2　《行政诉讼法》的立法背景

第一节　行政诉讼概述

一、概念和特征

行政诉讼：公民、法人或其他组织认为行政机关或被授权组织及其工作人员的行政行为侵犯其合法权益，向法院提起诉讼，由法院依法行使行政审判权解决行政争议的活动。

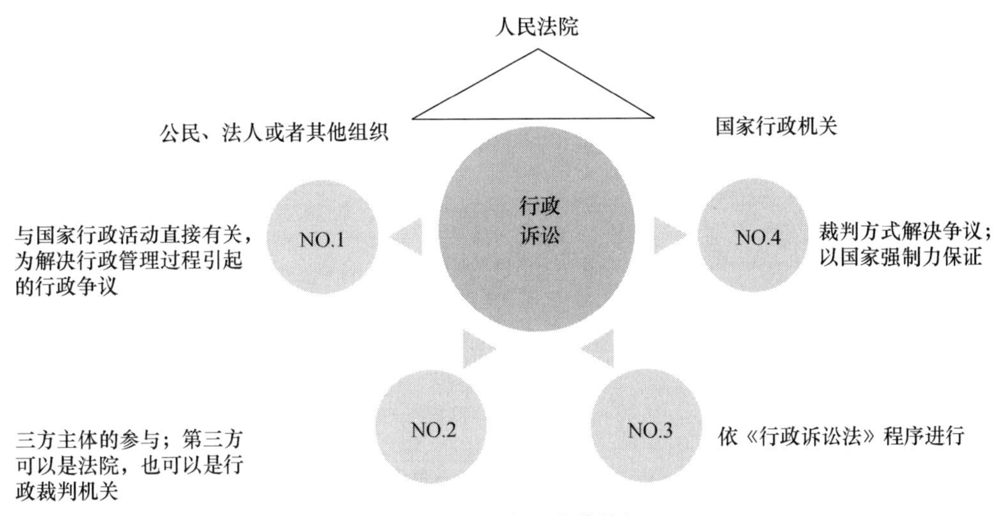

图 10-3　行政诉讼的特征

二、与相关制度的比较

表 10-1　行政诉讼与行政复议

		行政诉讼	行政复议
区别	性质	司法行为	行政行为
	审理机关	人民法院	行政复议机关
	审理程序	二审终审制，一审必须开庭	一级复议原则，书面审理原则
联系	① 共同构成我国解决行政争议的主要法律救济途径； ② 以解决行政争议为主要目的		

表 10-2　行政诉讼、民事诉讼与刑事诉讼

	行政诉讼	民事诉讼	刑事诉讼
案件性质	行政争议 行政案件	民事争议 民事案件	是否构成犯罪及受何种处罚 刑事案件
参与主体	行政相对人＋行政主体	平等地位的民事主体	被害人＋被告人＋检察院

（续表）

	行政诉讼	民事诉讼	刑事诉讼
举证责任	主要由行政主体承担	谁主张，谁举证	检察院＋自诉案件的自诉人
适用法律	行政法和行政诉讼法	民法和民事诉讼法	刑法和刑事诉讼法
共同点	都是为了维护社会秩序，解决特定主体之间的争议		

三、基本原则

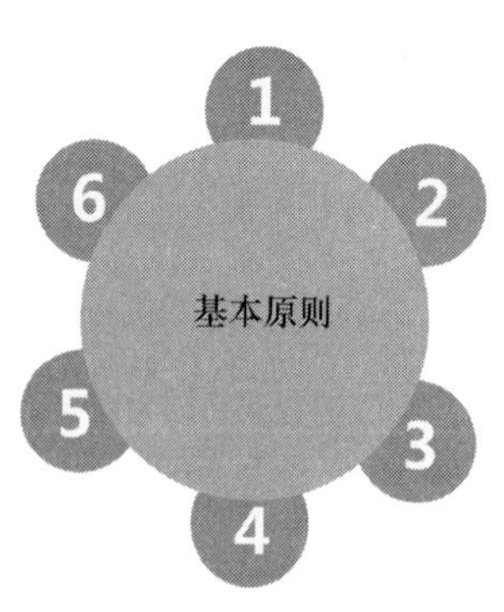

① 人民法院特定主管原则
内部行政争议不受理；
多为具体行政行为

② 审查具体行政行为合法性原则

③ 被告负举证责任原则

④ 不适用调解原则
行政职权和职责无自由处分权；
判断行政行为合法的依据不可裁量

⑤ 司法变更权有限原则
行政权有独立性；
行政行为合法但不合理的，不得判决变更

⑥ 具体行政行为不因诉讼而停止执行原则
行政行为的公定力、强制力、执行力

图 10-4　行政诉讼的基本原则

第二节　行政诉讼受案范围与管辖

一、受案范围

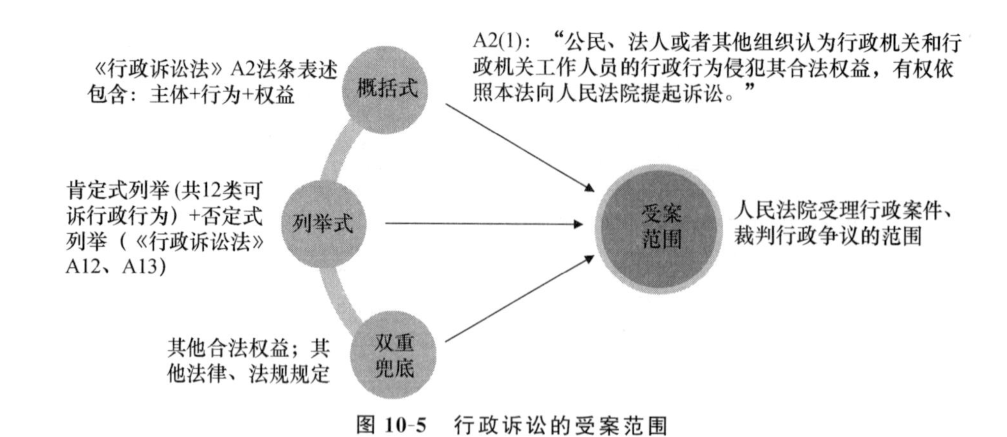

图 10-5　行政诉讼的受案范围

（一）肯定式列举

表 10-3 行政诉讼受案范围肯定式列举

行政诉讼受案范围	举例说明	法条依据
行政处罚行为	对行政拘留、暂扣或者吊销许可证和执照、责令停产停业、没收违法所得、没收非法财物、罚款、警告等行政处罚不服的	《行政诉讼法》A12
行政强制行为	对限制人身自由或者对财产的查封、扣押、冻结等行政强制措施和行政强制执行不服的	
行政许可行为	申请行政许可，行政机关拒绝或者在法定期限内不予答复，或者对行政机关作出的有关行政许可的其他决定不服的，如行政许可的变更、延续、撤回、注销、撤销等	
自然资源行政确认行为	对行政机关作出的关于确认土地、矿藏、水流、森林、山岭、草原、荒地、滩涂、海域等自然资源的所有权或者使用权的决定不服的	
征收、征用决定及其补偿决定	对征收、征用决定及其补偿决定不服的，如行政机关强制征用房屋、车辆，不予说明且对补偿数额有异议	
行政不作为	申请行政机关履行保护人身权、财产权等合法权益的法定职责，行政机关拒绝履行或者不予答复的	
侵犯经营权行为	认为行政机关侵犯其经营自主权或者农村土地承包经营权、农村土地经营权的	
排除或者限制竞争的行为	认为行政机关滥用行政权力排除或者限制竞争的，例如：① 对外地商品设定歧视性收费项目、实行歧视性收费标准、规定歧视性价格；② 对外地商品规定与本地同类商品不同的技术要求、检验标准，或者对外地商品采取重复检验、重复认证等歧视性技术措施，限制外地商品进入本地市场；③ 采取专门针对外地商品的行政许可，限制外地商品进入本地市场；④ 设置关卡或者采取其他手段，阻碍外地商品进入或者本地商品运出；⑤ 妨碍商品在地区之间自由流通的其他行为	
“三乱”行为	认为行政机关违法集资、摊派费用或者违法要求履行其他义务的	
行政给付行为	认为行政机关没有依法支付抚恤金、最低生活保障待遇或者社会保险待遇的	
违约行为	认为行政机关不依法履行、未按照约定履行或者违法变更、解除政府特许经营协议、土地房屋征收补偿协议等的	

（续表）

行政诉讼受案范围	举例说明	法条依据
司法解释和其他法律规定可以起诉的案件	① 国际贸易行政案件； ② 反倾销行政案件； ③ 反补贴行政案件； ④ 农村集体土地行政案件； ⑤ 政府信息公开案件； ⑥ 行政复议案件（复议终局案件除外）	相关法律

（二）否定式列举

表 10-4　行政诉讼受案范围否定式列举

司法解释设定不予立案的范围	举例说明	法条依据
具体事项	① 公安、国家安全等机关依照刑事诉讼法的明确授权实施的行为； ② 调解行为以及法律规定的仲裁行为； ③ 行政指导行为； ④ 驳回当事人对行政行为提起申诉的重复处理行为； ⑤ 行政机关作出的不产生外部法律效力的行为； ⑥ 行政机关为作出行政行为而实施的准备、论证、研究、层报、咨询等过程性行为； ⑦ 行政机关根据人民法院的生效裁判、协助执行通知书作出的执行行为，但行政机关扩大执行范围或者采取违法方式实施的除外； ⑧ 上级行政机关基于内部层级监督关系对下级行政机关作出的听取报告、执法检查、督促履责等行为； ⑨ 行政机关针对信访事项作出的登记、受理、交办、转送、复查、复核意见等行为； ⑩ 对公民、法人或者其他组织权利义务不产生实际影响的行为。	《关于适用〈行政诉讼法〉的解释》A1
终局行政决定行为	① 相对终局的行政决定：对国务院部门或省级人民政府的具体行政行为不服的，先申请行政复议，对复议决定不服的，可以向法院提起行政诉讼，也可以向国务院申请裁决，此裁决为终局裁决。② 绝对终局的行政决定：省级人民政府的自然资源权属复议决定；外国人对被实施的继续盘问、拘留审查、限制活动范围、遣送出境措施不服的，可以申请行政复议，该行政复议决定为最终决定	《行政复议法》A14、A30；《出境入境管理法》A64

二、管辖

（一）级别管辖

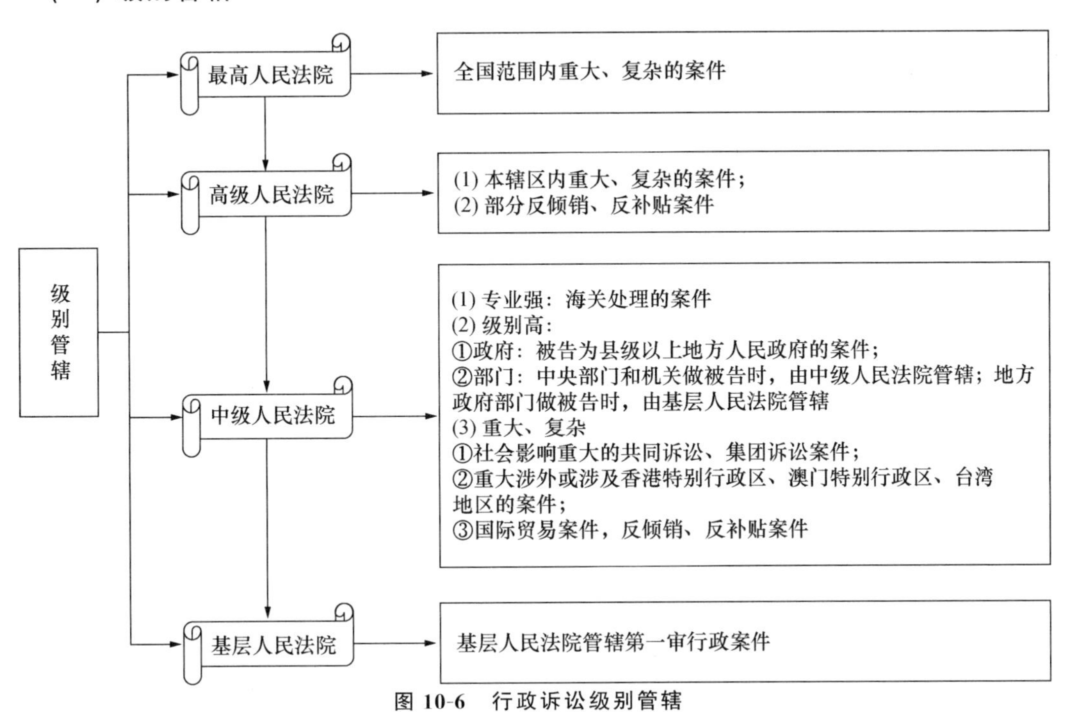

图 10-6　行政诉讼级别管辖

（二）地域管辖

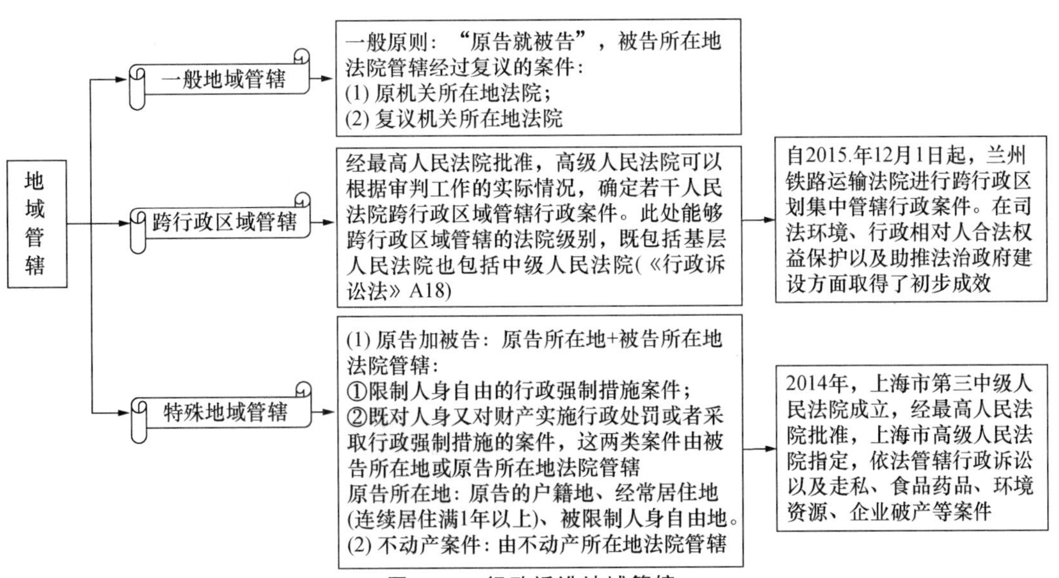

图 10-7　行政诉讼地域管辖

（三）裁定管辖

表 10-5 移送管辖与管辖权转移

	移送管辖	管辖权转移
内涵	受诉法院在决定受理之后发现案件不属于自己管辖，将案件移送给有管辖权的法院	基于上级法院裁定或者同意，把下级法院有管辖权的案件移送上级法院审理，或者由上级法院指定另外的下级法院管辖
主体不同	同级法院之间的管辖权问题	上下级法院之间的管辖权问题
前提不同	从无管辖权法院到有管辖权法院	从有管辖权法院到无管辖权法院
程序不同	无须上级法院决定或同意	必须报请上级法院决定或同意

指定管辖：上级法院依职权决定将行政案件交由下级法院管辖的制度，属于管辖权转移的一种类型。

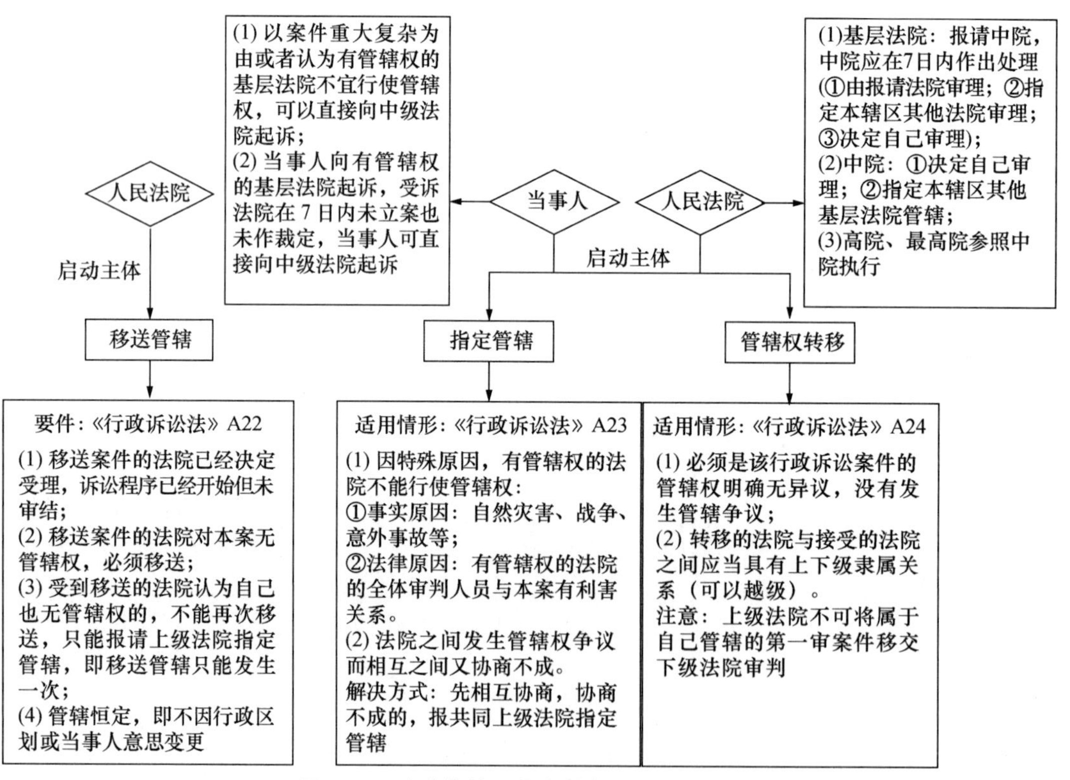

图 10-8 移送管辖、指定管辖与管辖权转移

（四）管辖权异议

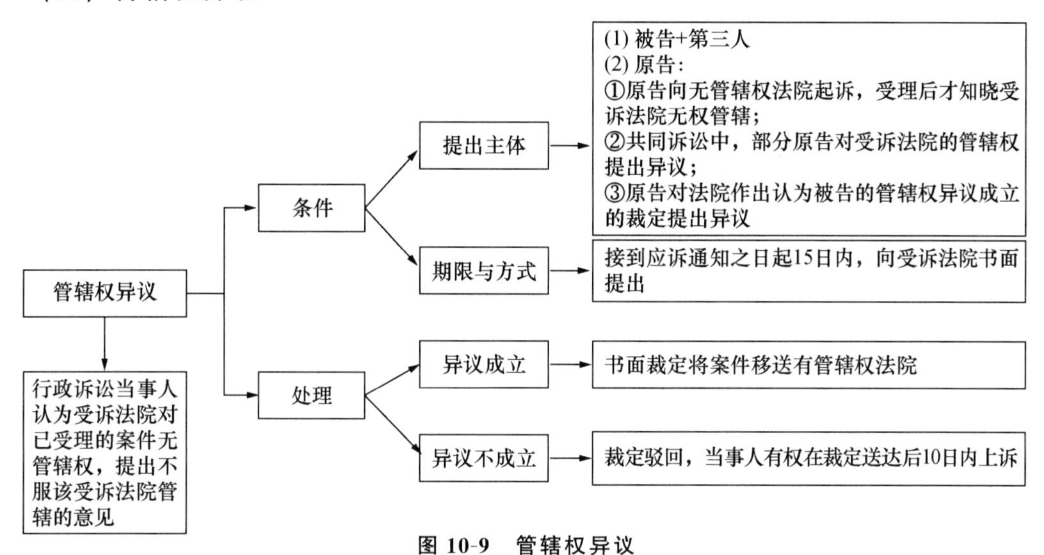

图 10-9 管辖权异议

第三节 行政诉讼参加人

行政诉讼参加人：依法参加行政诉讼活动，享有诉讼权利，承担诉讼义务，并且与诉讼争议或诉讼结果有利害关系的人。

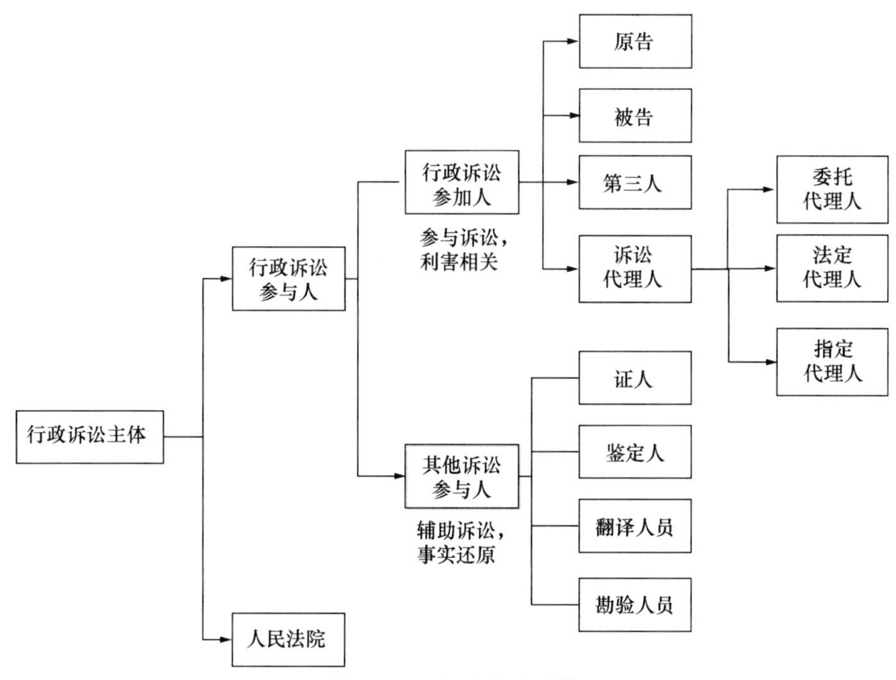

图 10-10 行政诉讼主体

一、原告

表 10-6　行政诉讼的原告

原告类型	案件类型	内涵	法条依据
行政相对人	合伙组织案件	合伙企业向人民法院提起诉讼的，应当以核准登记的字号为原告。未依法登记领取营业执照的个人合伙的全体合伙人为共同原告；全体合伙人可以推选代表人，被推选的代表人，应当由全体合伙人出具推选书	《关于适用〈行政诉讼法〉的解释》A15(1)："合伙企业向人民法院提起诉讼的，应当以核准登记的字号为原告。未依法登记领取营业执照的个人合伙的全体合伙人为共同原告；全体合伙人可以推选代表人，被推选的代表人，应当由全体合伙人出具推选书。"
行政相对人	个体工商户案件	个体工商户向人民法院提起诉讼的，以营业执照上登记的经营者为原告。有字号的，以营业执照上登记的字号为原告，并应当注明该字号经营者的基本信息	《关于适用〈行政诉讼法〉的解释》A15(2)："个体工商户向人民法院提起诉讼的，以营业执照上登记的经营者为原告。有字号的，以营业执照上登记的字号为原告，并应当注明该字号经营者的基本信息。"
	股份制企业案件	股份制企业的股东大会、股东会、董事会等认为行政机关作出的行政行为侵犯企业经营自主权的，可以企业名义提起诉讼	《关于适用〈行政诉讼法〉的解释》A16(1)："股份制企业的股东大会、股东会、董事会等认为行政机关作出的行政行为侵犯企业经营自主权的，可以企业名义提起诉讼。"
	非国有企业案件	非国有企业被行政机关注销、撤销、合并、强令兼并等而认为经营自主权受到侵犯的，企业或其法定代表人可以提起诉讼	《关于适用〈行政诉讼法〉的解释》A16(3)："非国有企业被行政机关注销、撤销、合并、强令兼并、出售、分立或者改变企业隶属关系的，该企业或者其法定代表人可以提起诉讼。"
	事业单位、社会团体、基金会、社会服务机构等非营利法人案件	其出资人、设立人认为行政行为损害法人合法权益的，可以自己的名义提起诉讼	《关于适用〈行政诉讼法〉的解释》A17："事业单位、社会团体、基金会、社会服务机构等非营利法人的出资人、设立人认为行政行为损害法人合法权益的，可以自己的名义提起诉讼。"
	业主委员会案件	业主委员会对于行政机关作出的涉及业主共有利益的行政行为，可以自己的名义提起诉讼。业主委员会不起诉的，专有部分占建筑物总面积过半数或者占总户数过半数的业主可以提起诉讼	《关于适用〈行政诉讼法〉的解释》A18："业主委员会对于行政机关作出的涉及业主共有利益的行政行为，可以自己的名义提起诉讼。业主委员会不起诉的，专有部分占建筑物总面积过半数或者占总户数过半数的业主可以提起诉讼。"
	农村土地使用权案件	土地使用权人对行政机关处分其使用的农村集体所有土地的行为不服，可以自己的名义提起诉讼	《关于审理涉及农村集体土地行政案件若干问题的规定》A1："农村集体土地的权利人或者利害关系人（以下简称土地权利人）认为行政机关作出的涉及农村集体土地的行政行为侵犯其合法权益，提起诉讼的，属于人民法院行政诉讼的受案范围。"

（续表）

原告类型	案件类型	内涵	法条依据
利害关系人	有受害人的案件	对加害人不予处理或受害人认为处罚轻微的可起诉；加害人与受害人同时起诉的均是原告，但不是共同原告	《关于适用〈行政诉讼法〉的解释》A12："有下列情形之一的，属于行政诉讼法第二十五条第一款规定的'与行政行为有利害关系'……（三）要求行政机关依法追究加害人法律责任的……"
	相邻权案件	侵害采光、排水、通风、通行等权利的可起诉	《关于适用〈行政诉讼法〉的解释》A12："有下列情形之一的，属于行政诉讼法第二十五条第一款规定的'与行政行为有利害关系'：（一）被诉的行政行为涉及其相邻权或者公平竞争权的……"
利害关系人	公平竞争权案件	公平竞争权受到行政行为侵犯的可起诉	《关于适用〈行政诉讼法〉的解释》A12："有下列情形之一的，属于行政诉讼法第二十五条第一款规定的'与行政行为有利害关系'：（一）被诉的行政行为涉及其相邻权或者公平竞争权的……"
	信赖保护案件	被撤销或变更的原行为的利害关系人可起诉	《关于适用〈行政诉讼法〉的解释》A12："有下列情形之一的，属于行政诉讼法第二十五条第一款规定的'与行政行为有利害关系'……（四）撤销或者变更行政行为涉及其合法权益的……"
	投资人案件	联营企业、中外合资或者合作企业的联营、合资、合作各方，认为联营、合资、合作企业权益或者自己一方合法权益受行政行为侵害的，可以自己的名义提起诉讼	《关于适用〈行政诉讼法〉的解释》A16（2）："联营企业、中外合资或者合作企业的联营、合资、合作各方，认为联营、合资、合作企业权益或者自己一方合法权益受行政行为侵害的，可以自己的名义提起诉讼。"
	债权人案件	债权人以行政机关对债务人所作的行政行为损害债权实现为由提起行政诉讼的，人民法院应当告知其就民事争议提起民事诉讼，但行政机关作出行政行为时依法应予考虑的除外	《关于适用〈行政诉讼法〉的解释》A13："债权人以行政机关对债务人所作的行政行为损害债权实现为由提起行政诉讼的，人民法院应当告知其就民事争议提起民事诉讼，但行政机关作出行政行为时依法应予保护或者应予考虑的除外。"
	投诉人案件	为维护自身合法权益向行政机关投诉，具有处理投诉职责的行政机关作出或者未作出处理的	《关于适用〈行政诉讼法〉的解释》A12："有下列情形之一的，属于行政诉讼法第二十五条第一款规定的'与行政行为有利害关系'……（五）为维护自身合法权益向行政机关投诉，具有处理投诉职责的行政机关作出或者未作出处理的……"

（续表）

原告类型	案件类型	内涵	法条依据
特殊案件的原告	经复议的案件	复议的申请人、复议中追加的第三人、复议决定的利害关系人均可起诉	《关于适用〈行政诉讼法〉的解释》A12："有下列情形之一的，属于行政诉讼法第二十五条第一款规定的'与行政行为有利害关系'……（二）在行政复议等行政程序中被追加为第三人的……"
	限制人身自由案件	公民因被限制人身自由而不能提起诉讼的，其近亲属可以依其口头或者书面委托以该公民的名义提起诉讼。近亲属起诉时无法与被限制人身自由的公民取得联系，近亲属可以先行起诉，并在诉讼中补充提交委托证明	《关于适用〈行政诉讼法〉的解释》A14（2）："公民因被限制人身自由而不能提起诉讼的，其近亲属可以依其口头或者书面委托以该公民的名义提起诉讼。近亲属起诉时无法与被限制人身自由的公民取得联系，近亲属可以先行起诉，并在诉讼中补充提交委托证明。"
特殊案件的原告	公益诉讼案件	人民检察院在履行职责中发现生态环境和资源保护、食品药品安全、国有财产保护、国有土地使用权出让等领域负有监督管理职责的行政机关违法行使职权或者不作为，致使国家利益或者社会公共利益受到侵害的，应当向行政机关提出检察建议，督促其依法履行职责，行政机关不依法履行职责的，人民检察院依法向人民法院提起诉讼	《行政诉讼法》A25（4）："人民检察院在履行职责中发现生态环境和资源保护、食品药品安全、国有财产保护、国有土地使用权出让等领域负有监督管理职责的行政机关违法行使职权或者不作为，致使国家利益或者社会公共利益受到侵害的，应当向行政机关提出检察建议，督促其依法履行职责。行政机关不依法履行职责的，人民检察院依法向人民法院提起诉讼。"

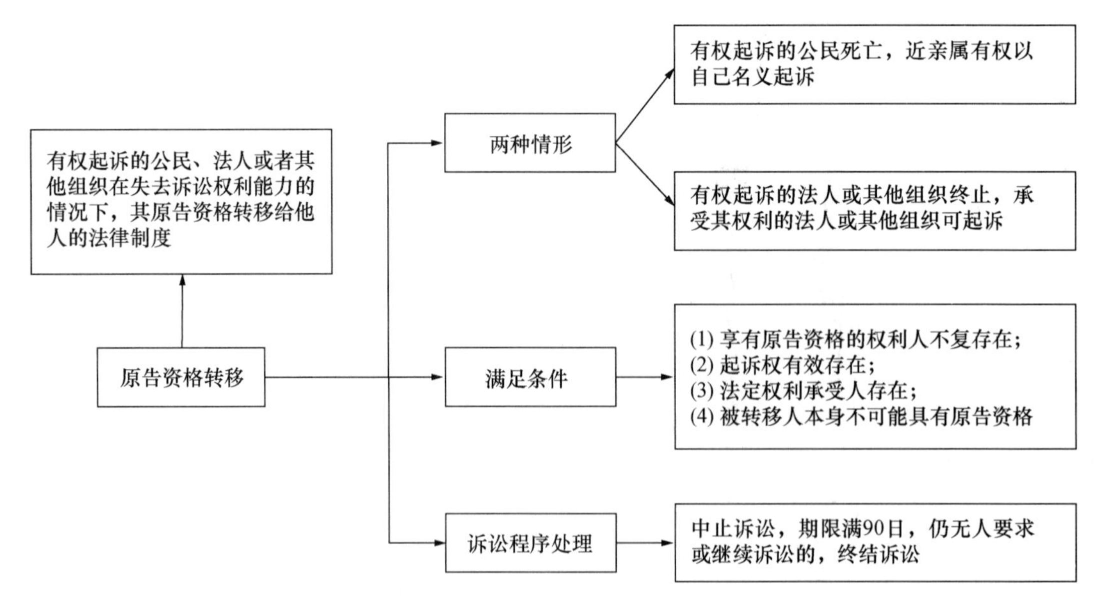

注：近亲属包括配偶、父母、子女、兄弟姐妹、祖父母、外祖父母、孙子女、外孙子女和其他具有扶养、赡养关系的亲属。此处均有起诉权，且无顺序限制。

图 10-11　原告资格转移

二、被告

表 10-7　行政诉讼的被告

被告类型	行为主体	被告	法条依据
有行政主体资格的	作出行政行为的机关	该机关	《行政诉讼法》A26（1）：“公民、法人或者其他组织直接向人民法院提起诉讼的，作出行政行为的行政机关是被告。”
	派出机关	派出机关	
有行政主体资格的	多个机关共同行为	多个机关是共同被告	《行政诉讼法》A26（4）：“两个以上行政机关作出同一行政行为的，共同作出行政行为的行政机关是共同被告。”
	法律、法规、规章授权的组织	法律、法规、规章授权的组织	《关于适用〈行政诉讼法〉的解释》A20（2）：“法律、法规或者规章授权行使行政职权的行政机关内设机构、派出机构或者其他组织，超出法定授权范围实施行政行为，当事人不服提起诉讼的，应当以实施该行为的机构或者组织为被告。”
无行政主体资格的，找有行政主体资格的	行政机关委托的组织	委托的行政机关	《行政诉讼法》A26（5）：“行政机关委托的组织所作的行政行为，委托的行政机关是被告。”
	被组建机构，无责任能力（行政机关组建并赋予行政管理职能但不具有独立承担法律责任能力的机构）	组建机关	《关于适用〈行政诉讼法〉的解释》A20（1）：“行政机关组建并赋予行政管理职能但不具有独立承担法律责任能力的机构，以自己的名义作出行政行为，当事人不服提起诉讼的，应当以组建该机构的行政机关为被告。”
身份特殊的主体	村委会、居委会	当事人对村委会或居委会依据法律、法规、规章的授权履行行政管理职责的行为不服提起诉讼的，以村委会或者居委会为被告（授权）	《关于适用〈行政诉讼法〉的解释》A24（1）（2）：“当事人对村民委员会或者居民委员会依据法律、法规、规章的授权履行行政管理职责的行为不服提起诉讼的，以村民委员会或者居民委员会为被告。当事人对村民委员会、居民委员会受行政机关委托作出的行为不服提起诉讼的，以委托的行政机关为被告。”
		当事人对村委会、居委会受行政机关委托作出的行为不服提起诉讼的，以委托的行政机关为被告（委托）	
	高校、律协、注册会计师协会	当事人对高校等事业单位以及律师协会、注册会计师协会等行业协会依据法律、法规、规章的授权实施的行政行为不服提起诉讼的，以该事业单位、行业协会为被告（授权）	《关于适用〈行政诉讼法〉的解释》A24（3）（4）：“当事人对高等学校等事业单位以及律师协会、注册会计师协会等行业协会依据法律、法规、规章的授权实施的行政行为不服提起诉讼的，以该事业单位、行业协会为被告。当事人对高等学校等事业单位以及律师协会、注册会计师协会等行业协会受行政机关委托作出的行为不服提起诉讼的，以委托的行政机关为被告。”
		当事人对高校等事业单位以及律师协会、注册会计师协会等行业协会受行政机关委托作出的行为不服提起诉讼的，以委托的行政机关为被告（委托）	

（续表）

被告类型	行为主体	被告	法条依据
身份特殊的主体	房屋征收部门	市、县级政府确定的房屋征收部门组织实施房屋征收与补偿工作过程中作出的行政行为，被征收人不服提起诉讼的，以房屋征收部门为被告（授权）	《关于适用〈行政诉讼法〉的解释》A25："市、县级人民政府确定的房屋征收部门组织实施房屋征收与补偿工作过程中作出行政行为，被征收人不服提起诉讼的，以房屋征收部门为被告。征收实施单位受房屋征收部门委托，在委托范围内从事的行为，被征收人不服提起诉讼的，应当以房屋征收部门为被告。"
		征收实施单位受房屋征收部门委托，在委托范围内从事的行为，被征收人不服提起诉讼的，应当以房屋征收部门为被告（委托）	
	开发区管理机构	国务院、省级人民政府批准设立的，以开发区管理机构及其所属职能部门为被告	《关于适用〈行政诉讼法〉的解释》A21："当事人对由国务院、省级人民政府批准设立的开发区管理机构作出的行政行为不服提起诉讼的，以该开发区管理机构为被告；对由国务院、省级人民政府批准设立的开发区管理机构所属职能部门作出的行政行为不服提起诉讼的，以其职能部门为被告；对其他开发区管理机构所属职能部门作出的行政行为不服提起诉讼的，以开发区管理机构为被告；开发区管理机构没有行政主体资格的，以设立该机构的地方人民政府为被告。"
		非国务院、省级人民政府批准设立的，以开发区管理机构为被告	
		无行政主体资格的，以设立该开发管理机构的地方人民政府为被告	

三、第三人

第三人：同被诉行政行为有利害关系但是没有提起诉讼或者同案件的处理结果有利害关系，经自己申请或者法院通知而参加到原、被告业已开始但尚未结束的行政诉讼审理程序中的公民、法人或其他组织。

表 10-8　行政诉讼的第三人

	内涵	举例
特征	与被诉行政行为有利害关系	10人群殴，县公安局对10人分别作出罚款5000元行政处罚，其中2人不服起诉，其余8人可以第三人身份参与诉讼
	与行政案件处理结果有利害关系	原承包人甲通过协议将其承包的土地流转给村民乙经营，乡政府强制乙必须种植某农作物，乙不服，向法院起诉；若法院判决乙败诉，乙可能要求甲解除土地流转协议，则甲可作为第三人参与诉讼
	第三人在行政诉讼中具有完整的当事人地位	
时间要求	第三人要在诉讼期内参加诉讼，即其参加诉讼须在原被告的诉讼程序已经开始但尚未终结之前进行	

（续表）

<table>
<tr><th></th><th>内涵</th><th>举例</th></tr>
<tr><td>判决影响</td><td colspan="2">人民法院判决第三人承担义务或者减损第三人权益的，第三人有权依法提起上诉（《行政诉讼法》A29）</td></tr>
<tr><td rowspan="2">参与诉讼方式</td><td>第三人依申请</td><td>法院经审查：
① 认为符合，则准予其以第三人身份参加诉讼；
② 认为不符合，则裁定驳回申请</td></tr>
<tr><td>法院依职权</td><td>法院认为与被诉行政行为或案件处理结果有利害关系的公民、法人或其他组织应当参加诉讼的，则应当通知；第三人不参加诉讼的，并不影响案件审判</td></tr>
<tr><td rowspan="7">类型</td><td>行政处罚案件中的受害人或加害人</td><td rowspan="3">一方起诉，一方没有起诉，没有起诉的一方可以作为第三人</td></tr>
<tr><td>行政处罚案件中的共同被处罚人</td></tr>
<tr><td>行政裁决、确认案件的当事人</td></tr>
<tr><td colspan="2">两个以上行政机关作出互相矛盾的行政行为，非被告的行政机关可以作为第三人</td></tr>
<tr><td>与行政机关共同署名作出处理决定的非行政组织</td><td>非行政组织不具有行政主体资格，不能成为被告；若获得法律、法规、规章的授权，可以与行政机关一起作为被告</td></tr>
<tr><td colspan="2">应当追加被告但原告不同意追加的，法院可以依职权追加为第三人参与诉讼</td></tr>
<tr><td>因利害关系人提起诉讼的其他利害关系人</td><td>环境侵权案件中，未提起诉讼的其他受害人，可以作为第三人参与诉讼</td></tr>
</table>

四、诉讼代表人

代表人诉讼：一方当事人人数众多，甚至起诉时尚无法确定的共同诉讼中，由当事人推选或商定出代表人代为一定范围内的诉讼行为，其诉讼行为及于其所代表的当事人的法律制度。（《行政诉讼法》A28）

表 10-9　行政诉讼的诉讼代表人

代表人诉讼的规则	① 一方当事人为 10 人以上，可以推选诉讼代表人； ② 诉讼代表人是当事人之一，与其他当事人有一致的诉讼利益； ③ 诉讼代表人是基于当事人的意思表示推选出来的； ④ 非必需事项，不愿意推选诉讼代表人而要亲为诉讼的当事人，应当允许； ⑤ 诉讼代表人人数 2—5 人，同行政复议（可委托 1—2 人为诉讼代理人）
诉讼代表人权限	① 不涉及当事人实体权利：管辖权异议、提供证据、进行法庭辩论、申请证据保全、申请顺延诉讼期间等； ② 涉及当事人实体权利，须经当事人同意后可为诉讼行为

五、诉讼代理人

表 10-10　行政诉讼的诉讼代理人

<table>
<tr><td>法定代理</td><td colspan="3">没有诉讼行为能力的公民，由其法定代理人代为诉讼；
法定代理人互相推诿代理责任的，由法院指定其中一人代为诉讼</td></tr>
<tr><td rowspan="5">委托代理</td><td>委托主体</td><td>当事人、法定代理人可委托 1—2 名代理人</td><td rowspan="5">《行政诉讼法》A31</td></tr>
<tr><td>方式</td><td>向法院提交授权委托书（应当载明委托事项＋具体权限）；
公民可以口头委托，法院应当核实并记录在案</td></tr>
<tr><td>权限</td><td>一般委托权限＋特殊委托权限（根据特别授权：代理当事人承认、放弃或变更诉讼请求、和解、上诉）</td></tr>
<tr><td>委托对象</td><td>① 律师、基层法律服务工作者；② 当事人近亲属或工作人员；③ 当事人所在社区、单位以及有关社会团体推荐的公民</td></tr>
<tr><td>代理律师权利</td><td>① 调查收集证据（律师专属）；② 查阅、复制本案有关材料；③ 被告律师不得自行向原告、第三人和证人收集证据</td></tr>
</table>

六、共同诉讼参加人

共同诉讼：当事人一方或者双方为两人以上的诉讼。原告两人以上，为共同原告；被告两人以上，为共同被告。

表 10-11　行政诉讼的共同诉讼参加人

<table>
<tr><td rowspan="8">必要共同诉讼
（不可分之诉）</td><td>内涵</td><td colspan="2">当事人一方或者双方为两人以上，诉讼标的是同一行政行为的诉讼</td></tr>
<tr><td>参与主体</td><td colspan="2">必要共同原告：当事人一旦起诉，必须合并审理；若有遗漏，法院应当通知其参与诉讼；若其不愿参加，法院不能强行追加；
必要共同被告：原告起诉没有将其列为共同被告的，法院可以告知原告追加；原告不申请追加，法院可依职权追加其为第三人</td></tr>
<tr><td rowspan="6">情形</td><td>因共同违法而被一个行政机关在同一处罚决定书中分别处罚</td><td>甲和乙共同殴打丙，公安局对甲和乙分别作出行政拘留 10 天的处罚，甲、乙不服起诉</td></tr>
<tr><td>有两个以上受害人，对同一行为不服</td><td>规划局许可甲公司建设高楼，侵犯了 10 户居民的采光权，10 户居民不服起诉</td></tr>
<tr><td colspan="2">法人及其法定代表人对同一行政行为不服</td></tr>
<tr><td>两个以上行政机关以一个行为处罚了若干当事人</td><td>环保局和市监局就某公司违法生产行为共同作出罚款 10 万元的行政处罚，该公司不服起诉</td></tr>
<tr><td colspan="2">复议维持后的诉讼，当事人不服起诉的，复议机关和原机关为共同被告</td></tr>
<tr><td style="display:none"></td><td colspan="2" style="display:none"></td></tr>
<tr><td>普通共同诉讼
（可分之诉）</td><td colspan="2">诉讼标的是同类的行政行为，法院决定合并审理而两人以上参加的诉讼，可以并案处理</td><td>甲、乙两工厂都临江而建，并都违法向江中排放污染物质，县环保局针对甲、乙二厂的行为，分别给予行政处罚，二厂对各自处罚不服起诉</td></tr>
</table>

第四节　行政诉讼证据与法律适用

一、证据

表 10-12　行政诉讼的证据概述

含义	证明案件真实情况的一切事实材料	
特征	客观性	必须是曾经发生过真实存在的事实
	关联性	客观存在过的事实还必须与待证案件事实有关联，即因果关系
	合法性	证据的形式必须符合法律规定，获取证据手段也必须符合法定程序
分类	法定分类	书证、物证、视听资料、电子数据、当事人陈述、证人证言、鉴定意见、现场笔录/勘验笔录
	学理分类	原始证据与传来证据、直接证据与间接证据、言词证据与实物证据、本证与反证

（一）法定分类

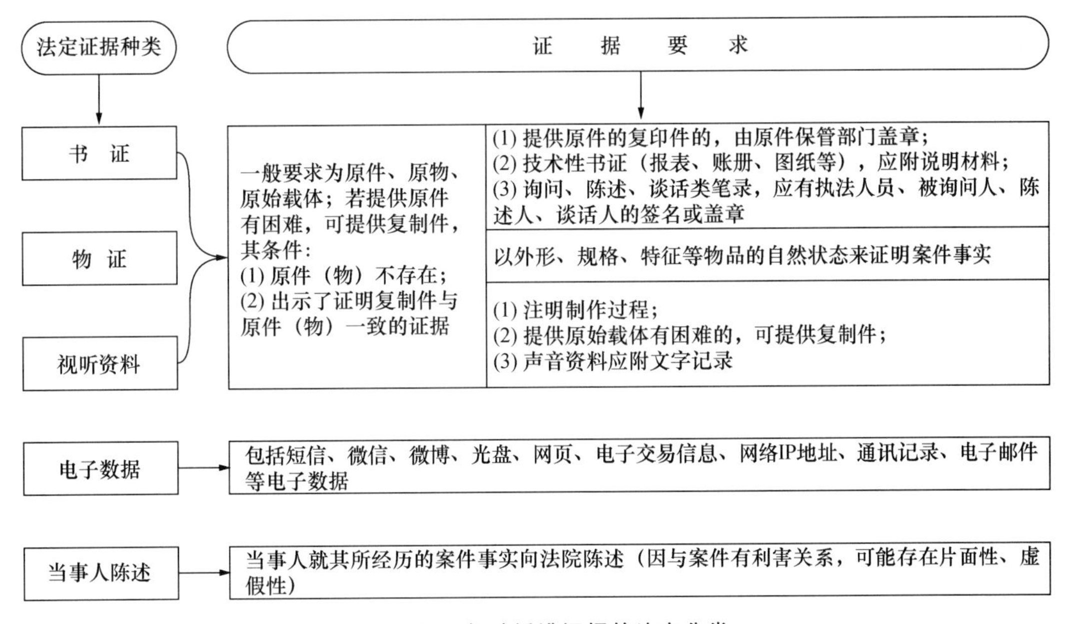

图 10-12　行政诉讼证据的法定分类

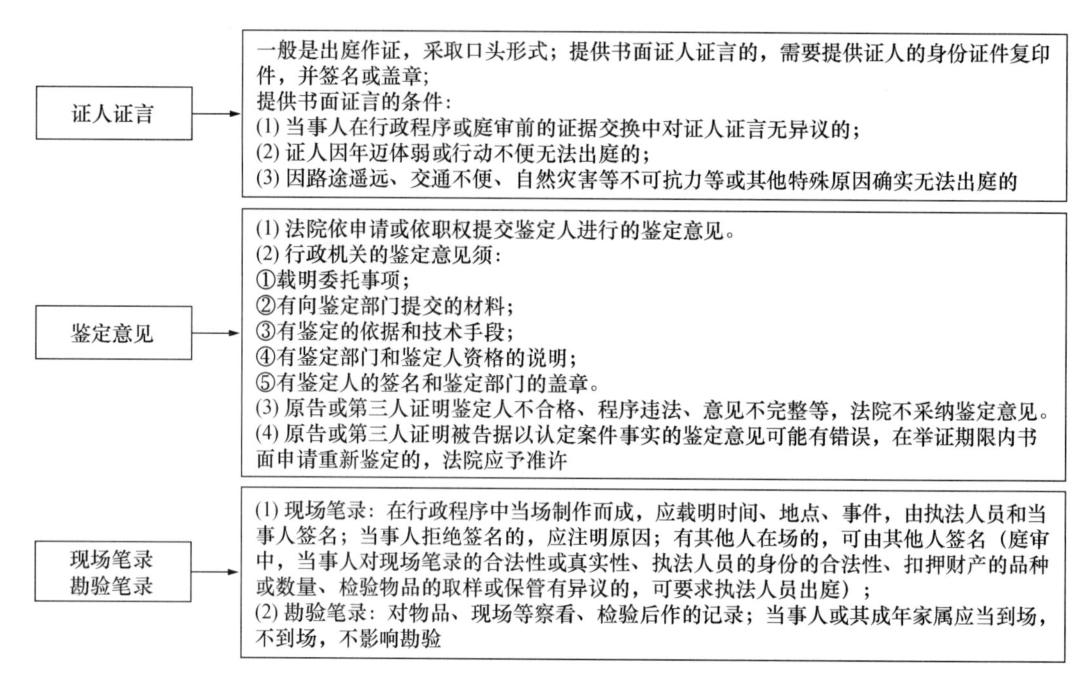

图 10-12　行政诉讼证据的法定分类（续）

（二）学理分类

表 10-13　行政诉讼证据的学理分类

划分标准	种类	特征	举例
按照证据来源不同	原始证据	第一手证据材料	行政许可证书的正本、假冒商标的原物
	传来证据	经过中间传抄、转述	执照的复印件、物品的照片
按照证据与待证事实的关系	直接证据	能单独证明案件事实	目睹违章超车的行人所作的证人证言
	间接证据	只能证明案件事实的一个侧面	在受举报有聚众赌博违法行为人家中发现的新购的大件家电，与其收入严重不符
按照证据的表现形式	言词证据	通过人的陈述形式表现	证人证言、当事人陈述、鉴定结论
	实物证据	通过物品外部形态表现	物证、书证、视听资料、勘验笔录与现场笔录
按照是否为负有证明责任的当事人所提出的要证明的事实根据	本证	由负有证明责任的一方当事人提出的用来证明该方主张事实的证据	市场监督管理局主张被处罚人有制售变质食品的行为，举出的证据有当事人陈述两份、现场勘验笔录一份
	反证	为推翻对方所主张的事实，而提出与对方相反的，即相抵消的事实根据	被处罚人提出，当事人陈述中所指的出售时间正值设备检修企业的停业期间，所谓制售变质食品纯属造谣，并举出相应的书证与证人证言

二、证明责任

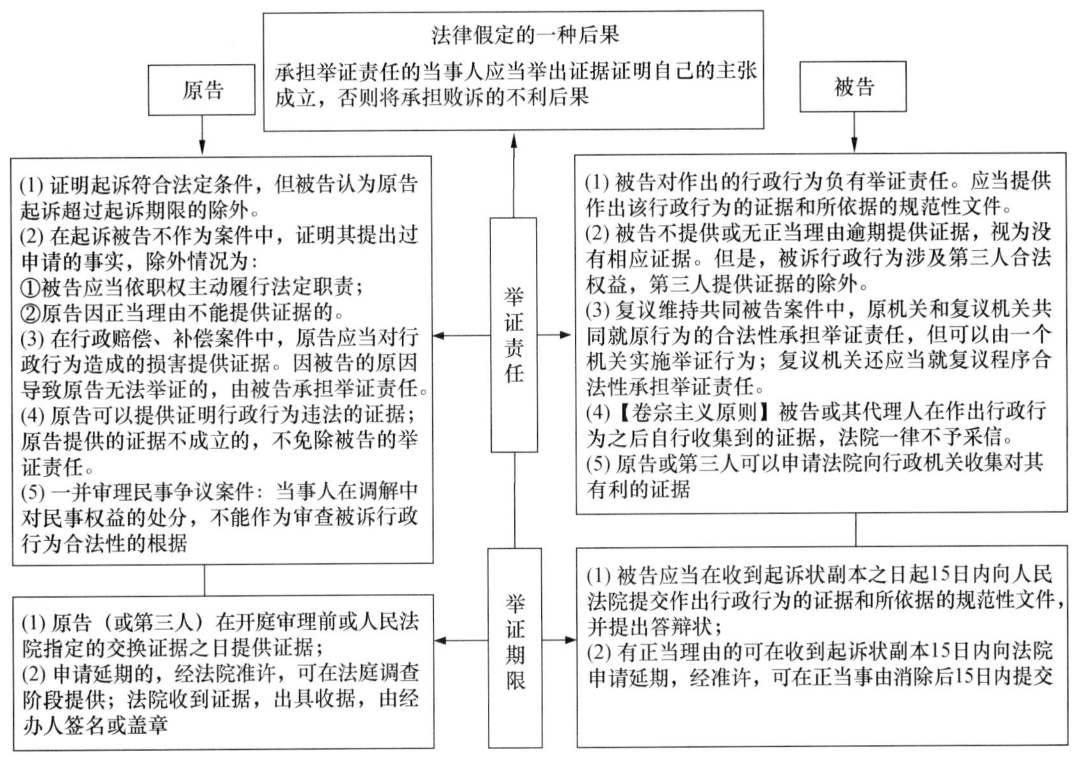

图 10-13　行政诉讼的证明责任

三、法律适用

表 10-14　行政诉讼的法律适用

行政诉讼法律适用规则	法律、行政法规与地方性法规是行政审判依据	(1) 法院审理民族自治地方案件，还应依自治条例和单行条例； (2) 对行政协议案件、行政附带民事案件，可以适用民事法律规范
	规章参照适用	法院审理行政案件，可以在裁判文书中引用规章的相关条款，但应当注明“参照”
行政诉讼法律冲突适用规则	层级冲突	上级优先于下级，人大优先于政府
	平级冲突	(1) 规章之间，由最高人民法院报请国务院作出解释或裁决。 (2) 部门规章与地方性法规之间，由国务院裁决。国务院裁决适用地方性法规的，为最终裁决；适用部门规章的，将其意见和理由上报全国人大常委会，由全国人大常委会作最终裁决
	特别冲突	特别法优于一般法，如《税收征收管理法》相较于《行政处罚法》即为特殊规定，优先适用
	新旧冲突	新法优于旧法，法律不溯及既往原则
	人际冲突	适用该民族、种族或特殊身份的个体法
	区际冲突	适用属地管辖原则，也可由双方协商适用

第五节　行政诉讼程序

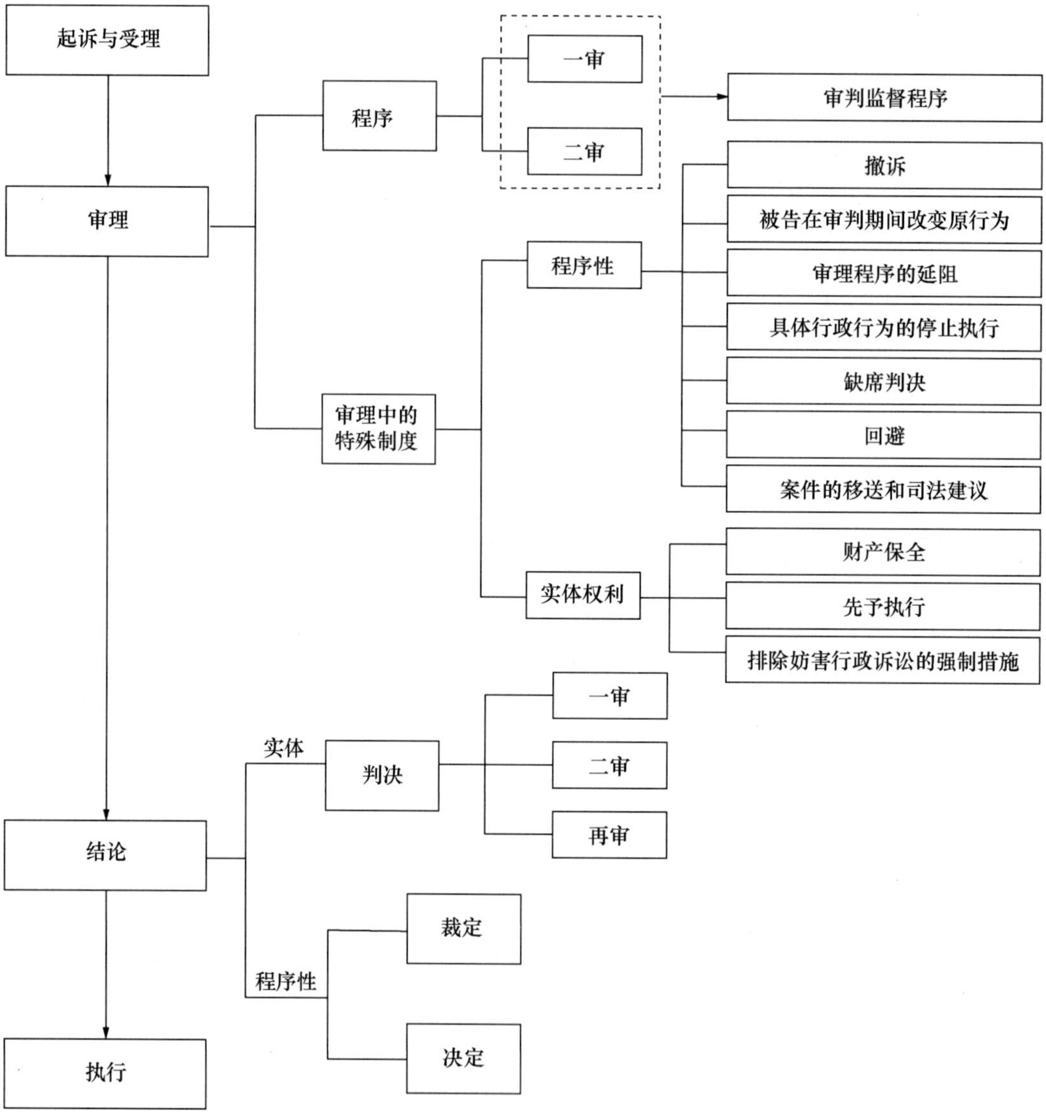

图 10-14　行政诉讼程序知识结构图

一、起诉与受理

行政诉讼的起诉：公民、法人或其他组织认为行政机关的行政行为侵犯其合法权益，依法请求法院行使国家审判权给予司法救济的诉讼行为。

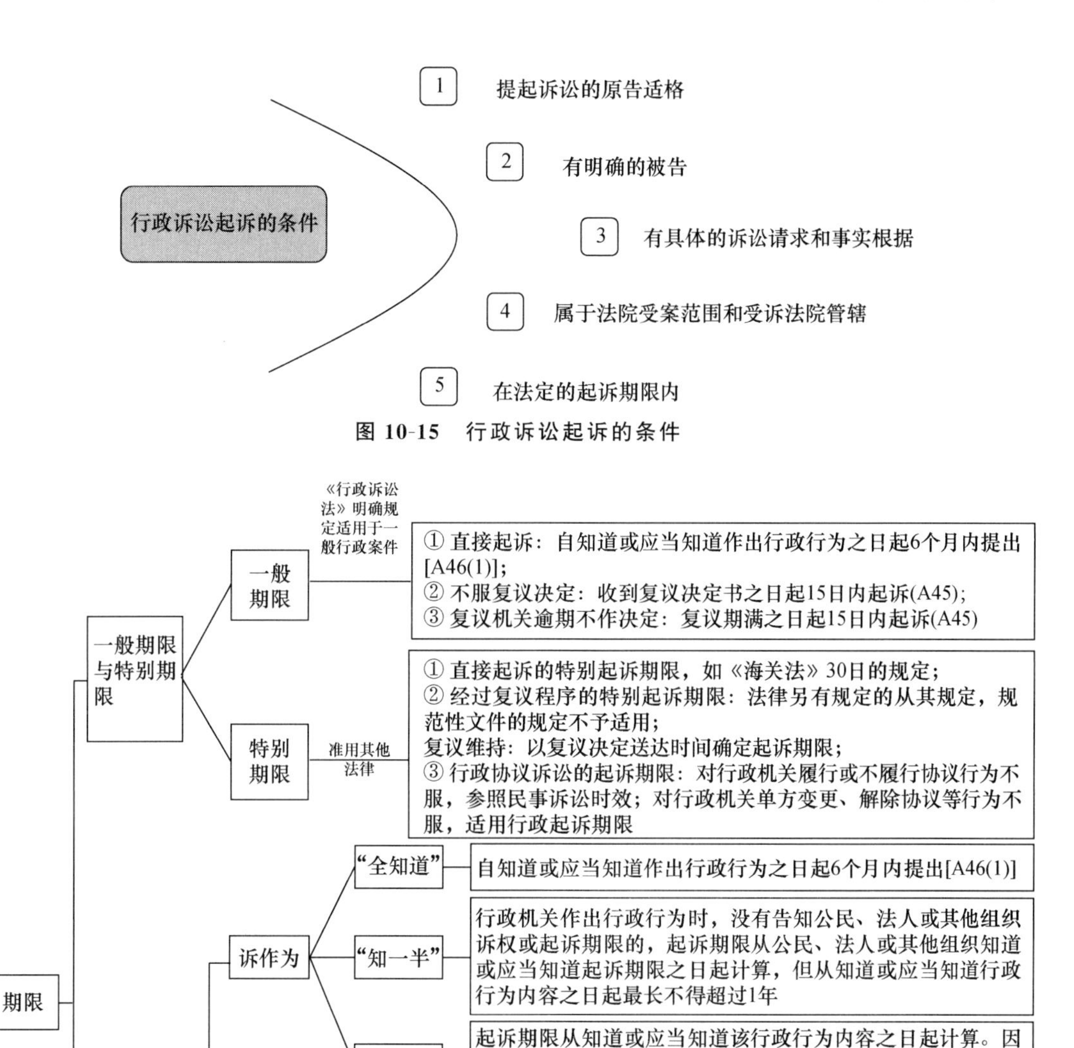

图 10-15　行政诉讼起诉的条件

图 10-16　行政诉讼起诉的期限

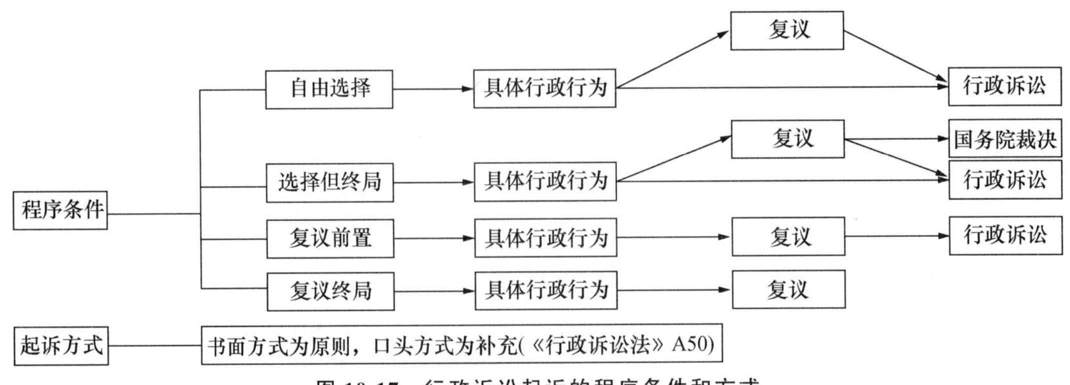

图 10-17　行政诉讼起诉的程序条件和方式

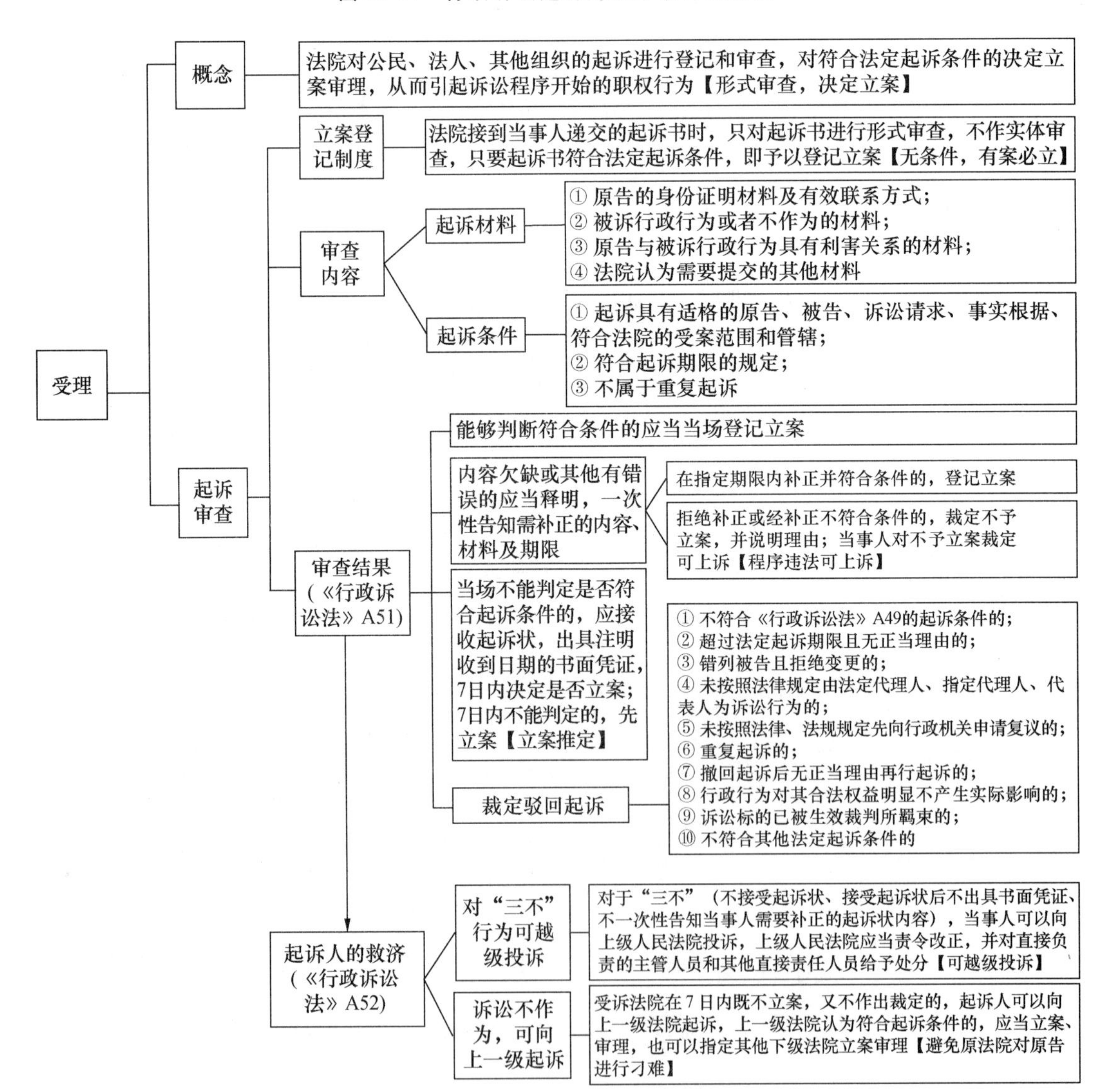

图 10-18　行政诉讼的受理

二、审理

（一）一审

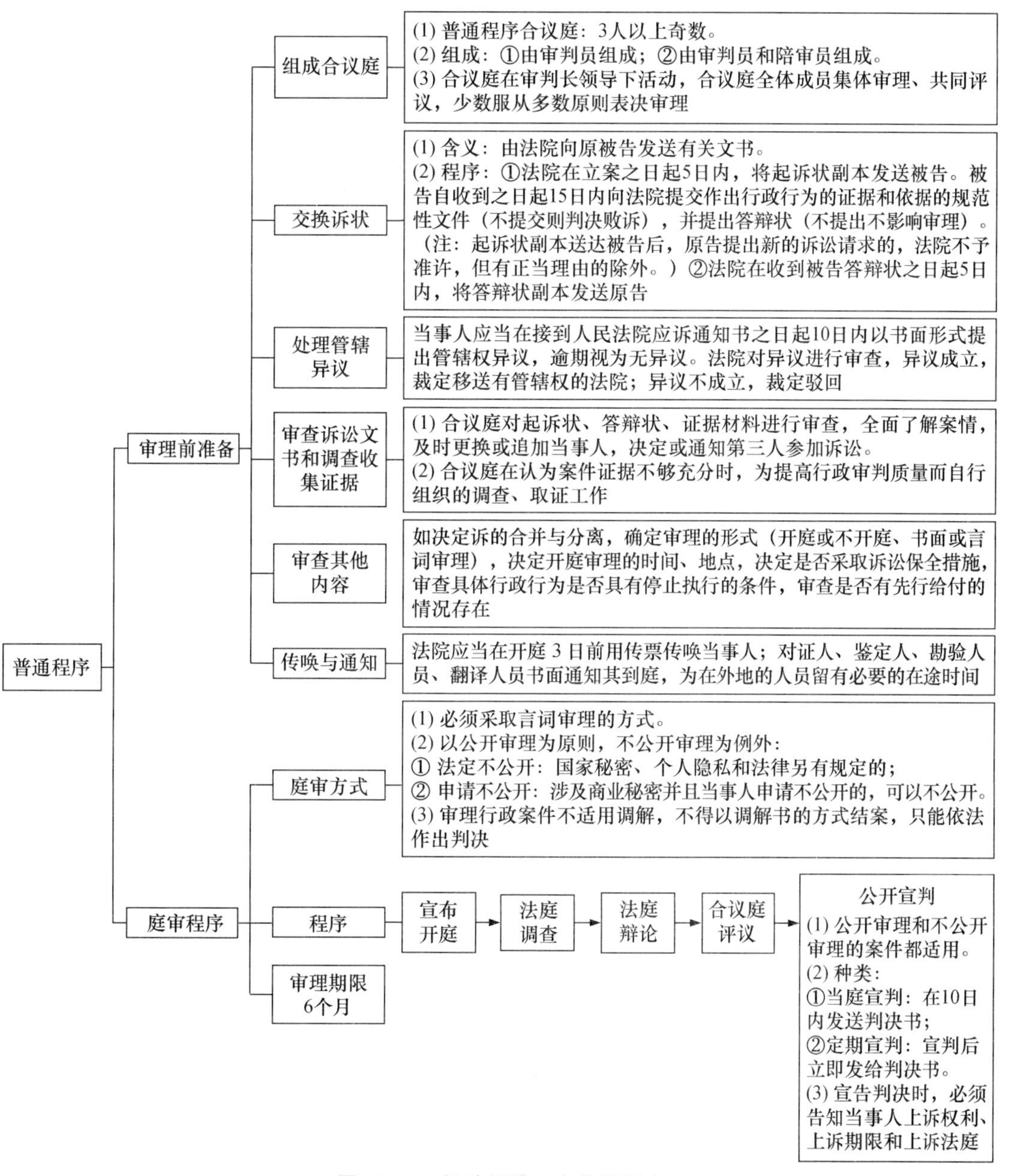

图 10-19　行政诉讼一审普通程序

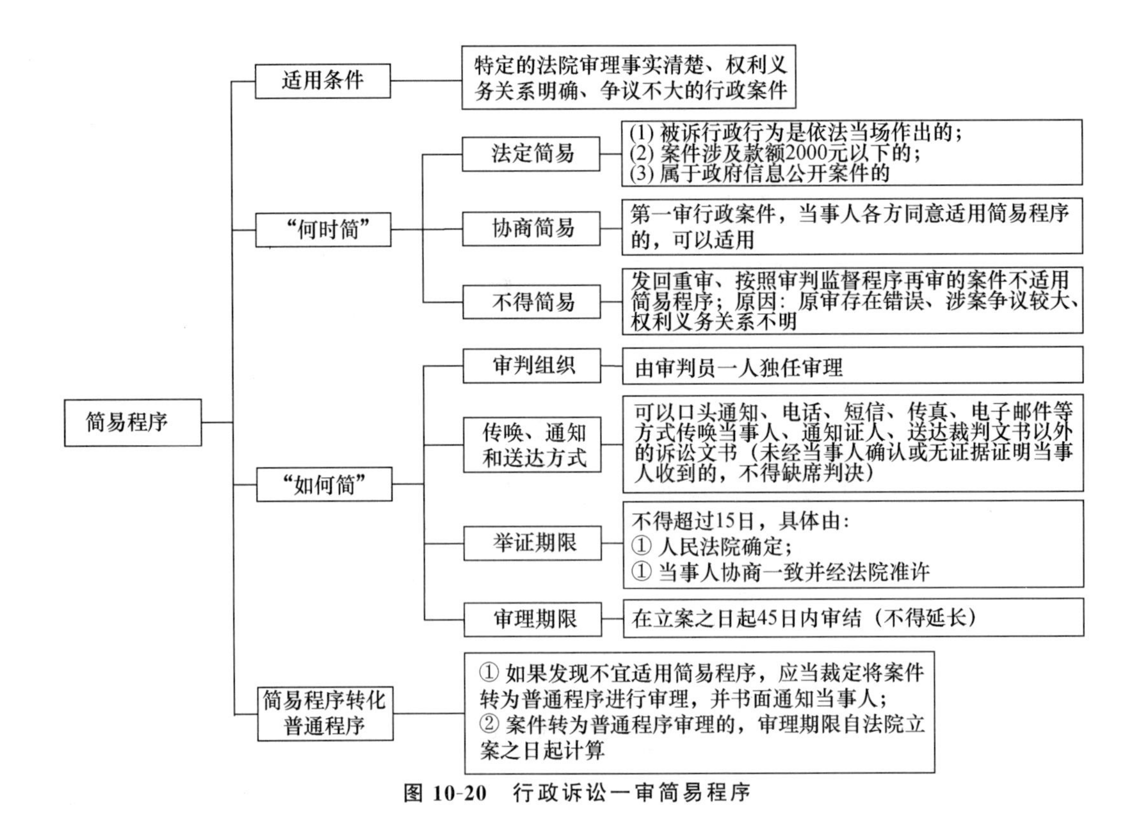

图 10-20 行政诉讼一审简易程序

（二）二审

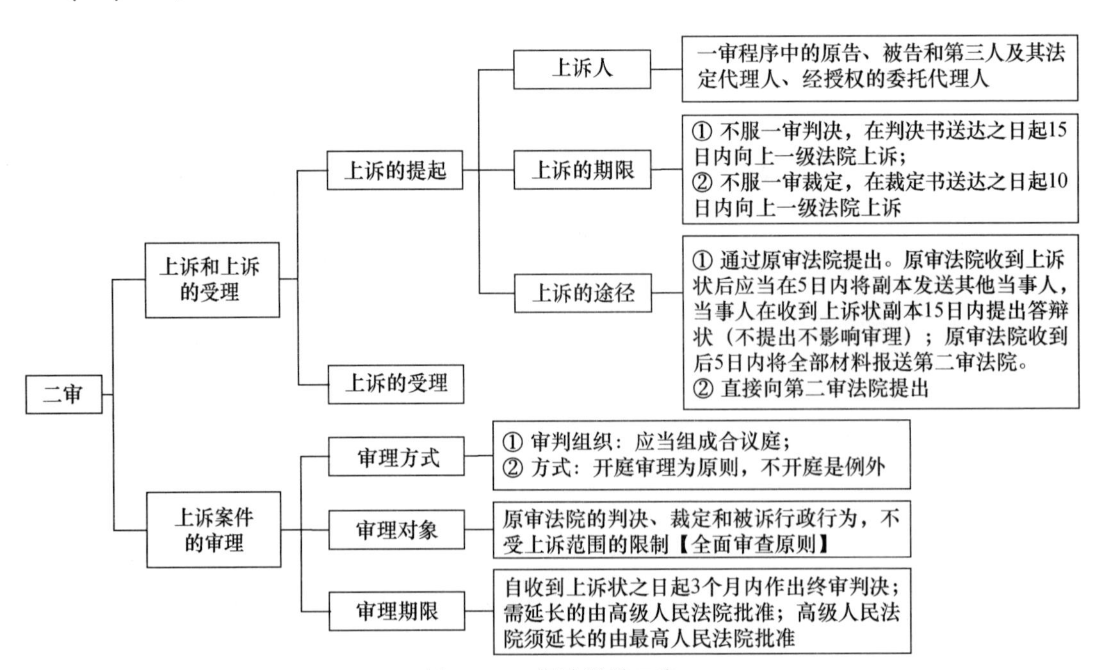

图 10-21 行政诉讼二审

（三）审判监督

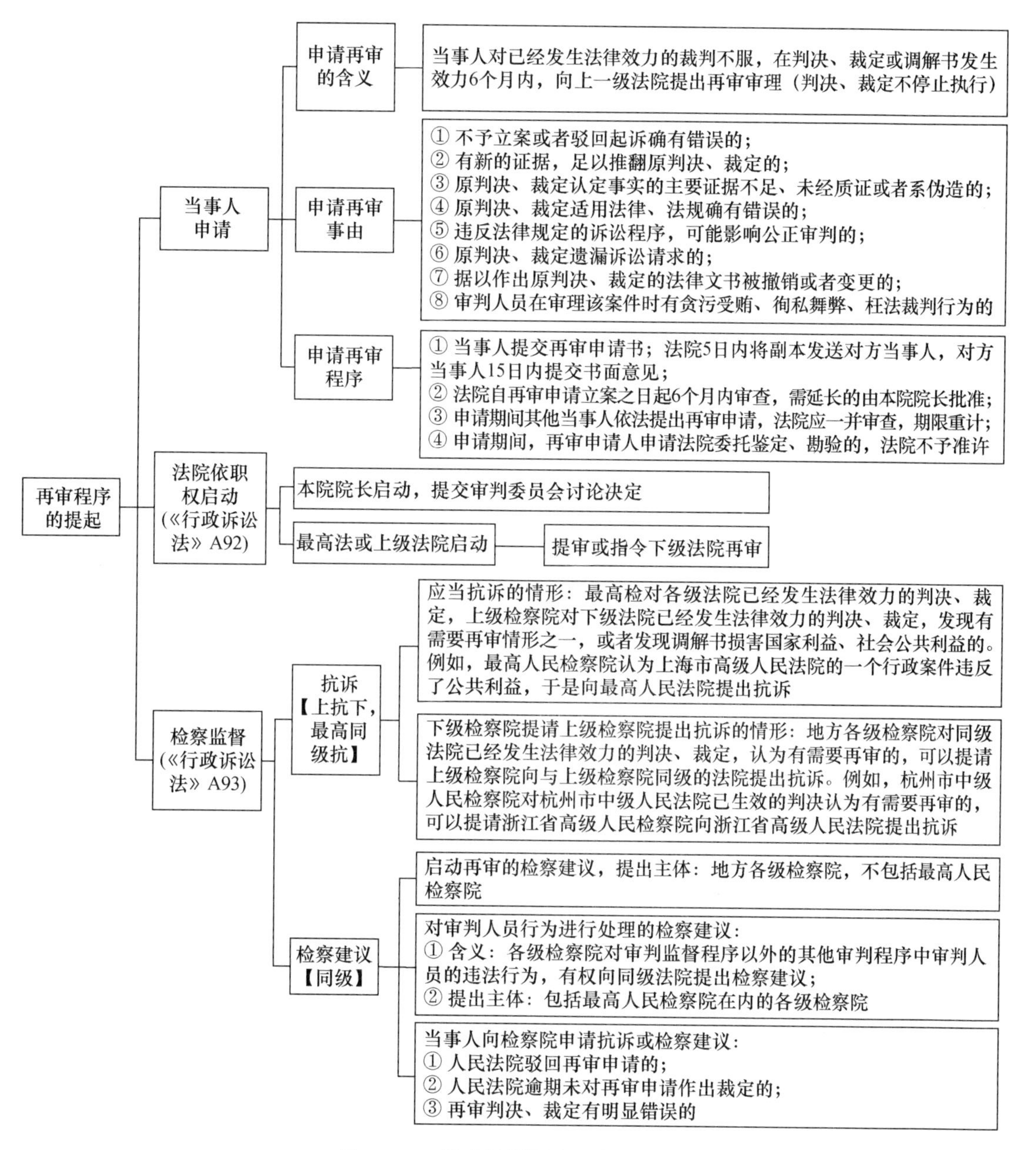

图 10-22　行政诉讼再审程序的提起

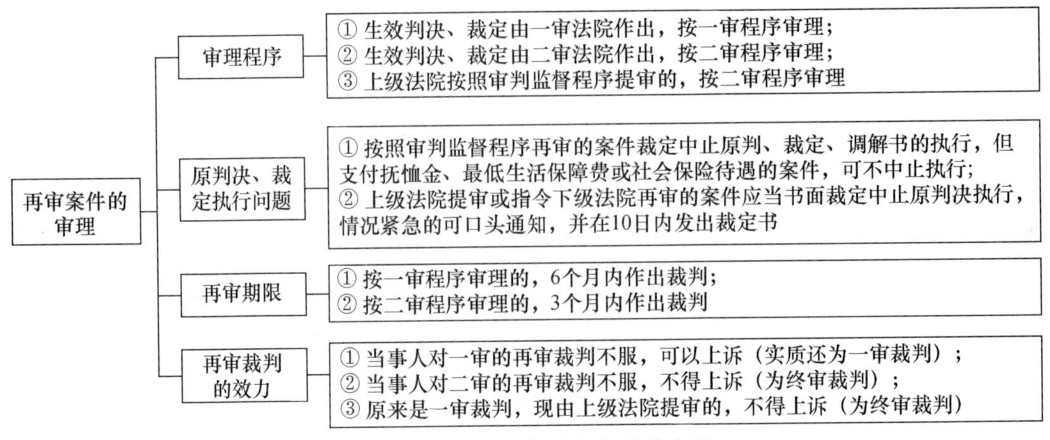

图 10-23 行政诉讼再审案件的审理

（四）审理过程中的特殊制度

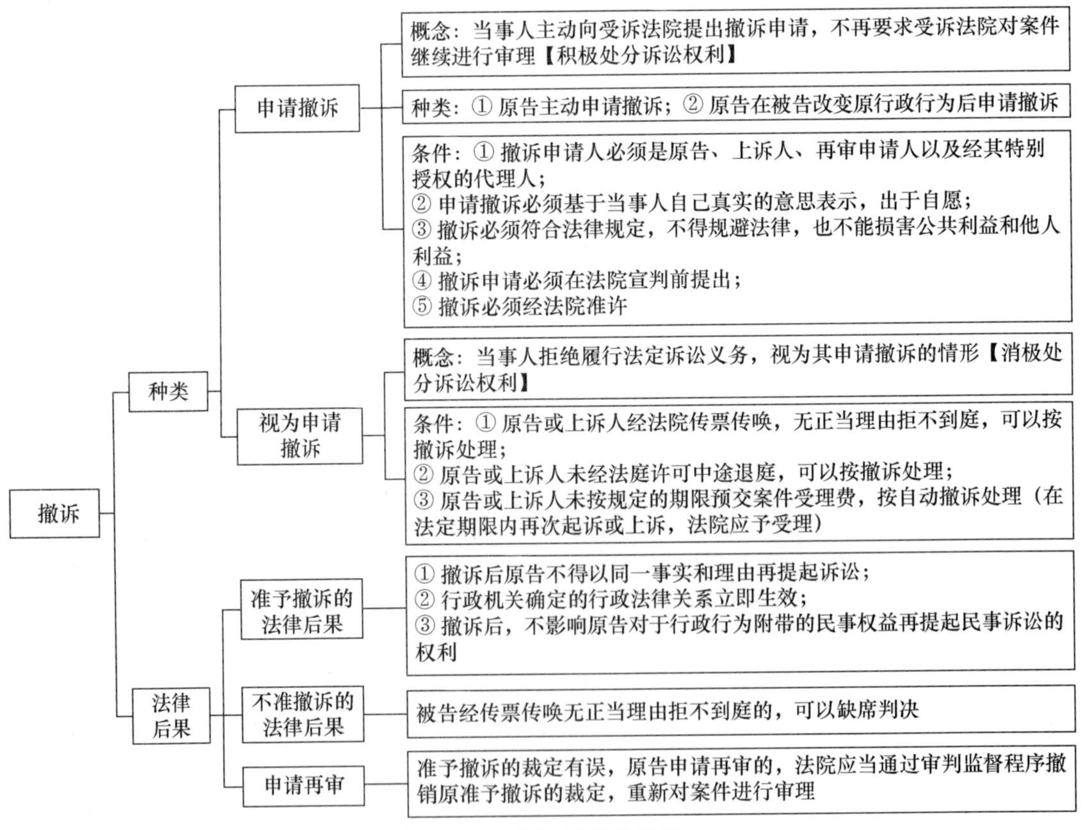

图 10-24 行政诉讼的撤诉

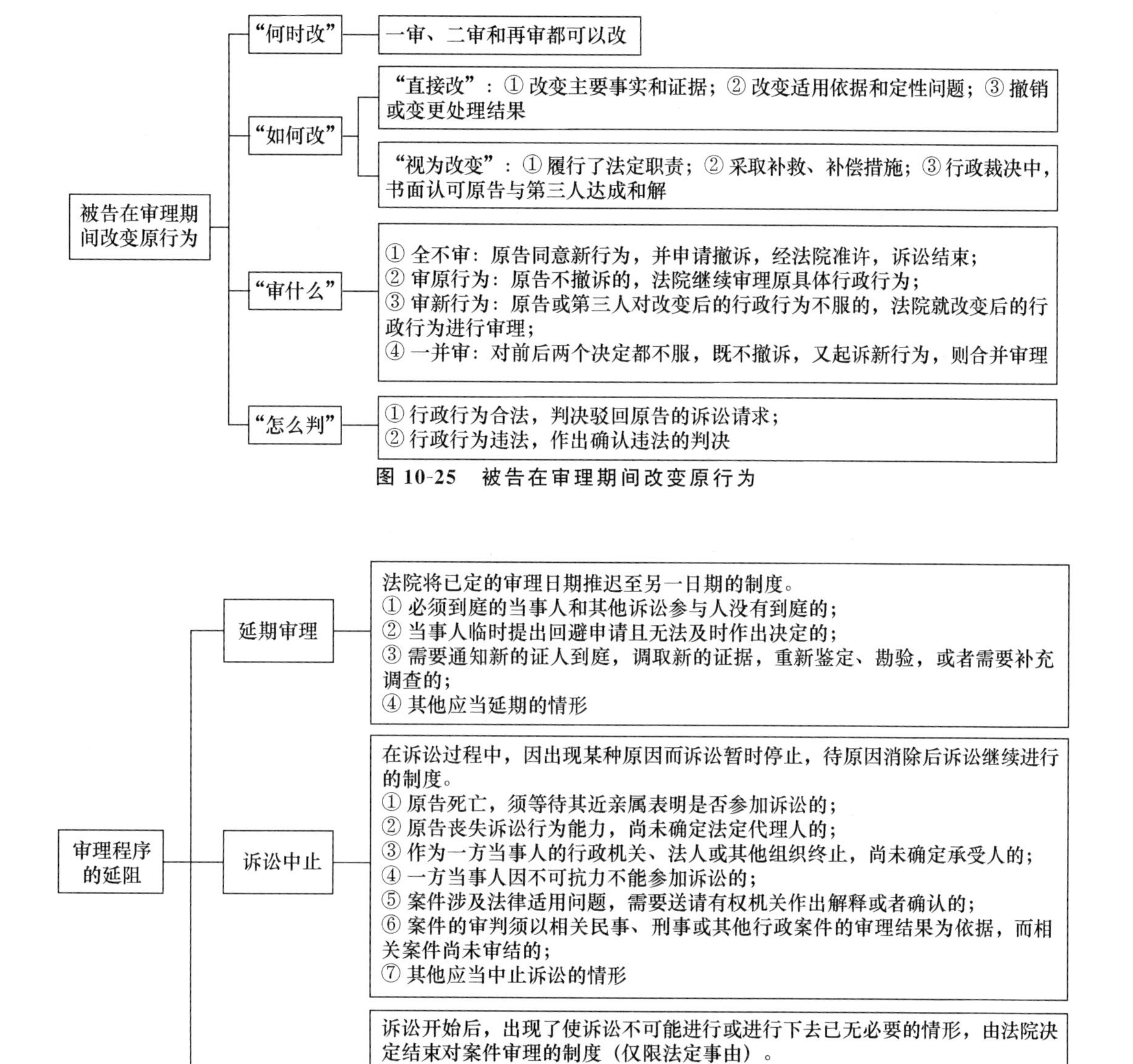

图 10-25　被告在审理期间改变原行为

图 10-26　行政诉讼审理程序的延阻

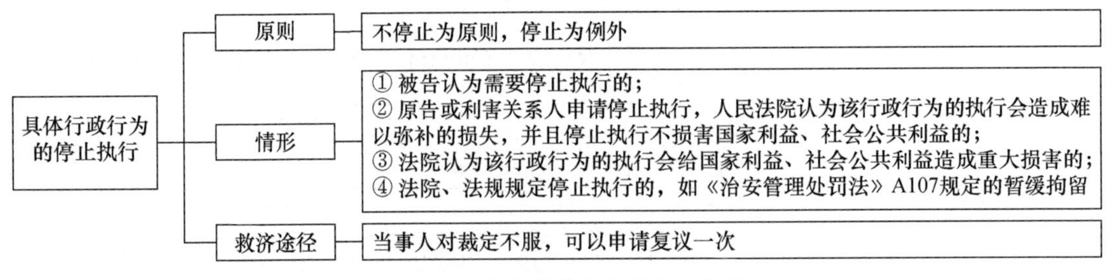

图 10-27　具体行政行为的停止执行

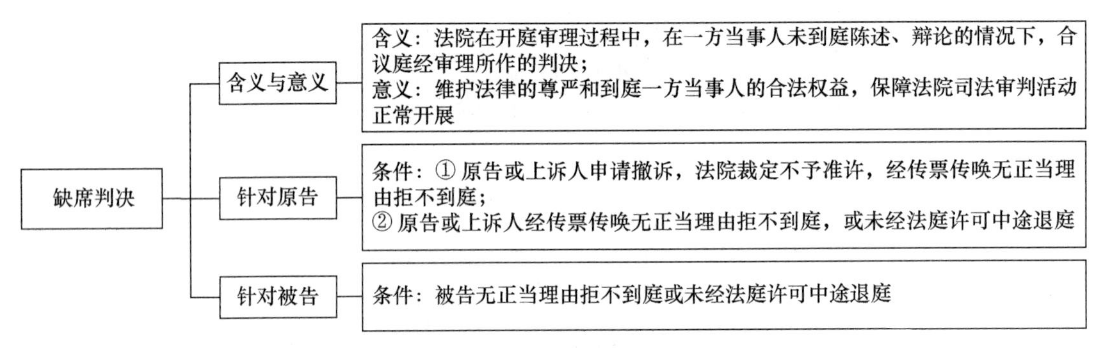

图 10-28　行政诉讼的缺席判决

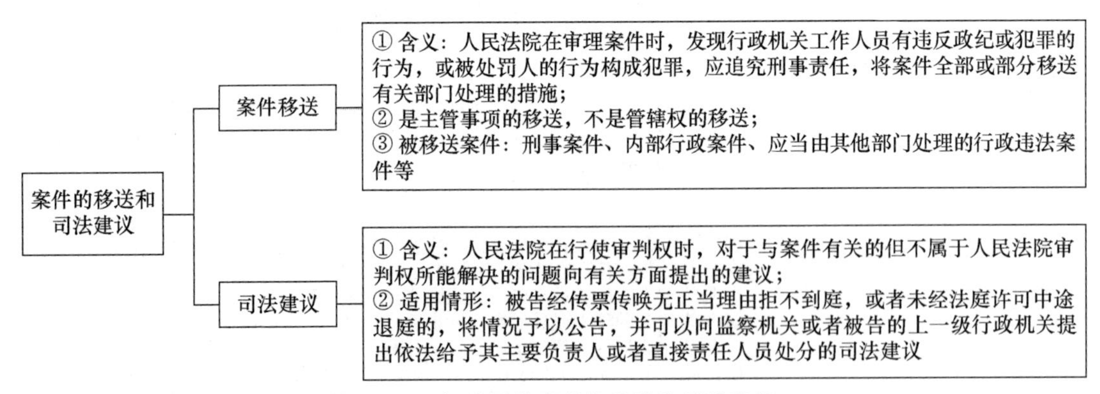

图 10-29　行政诉讼案件的移送和司法建议

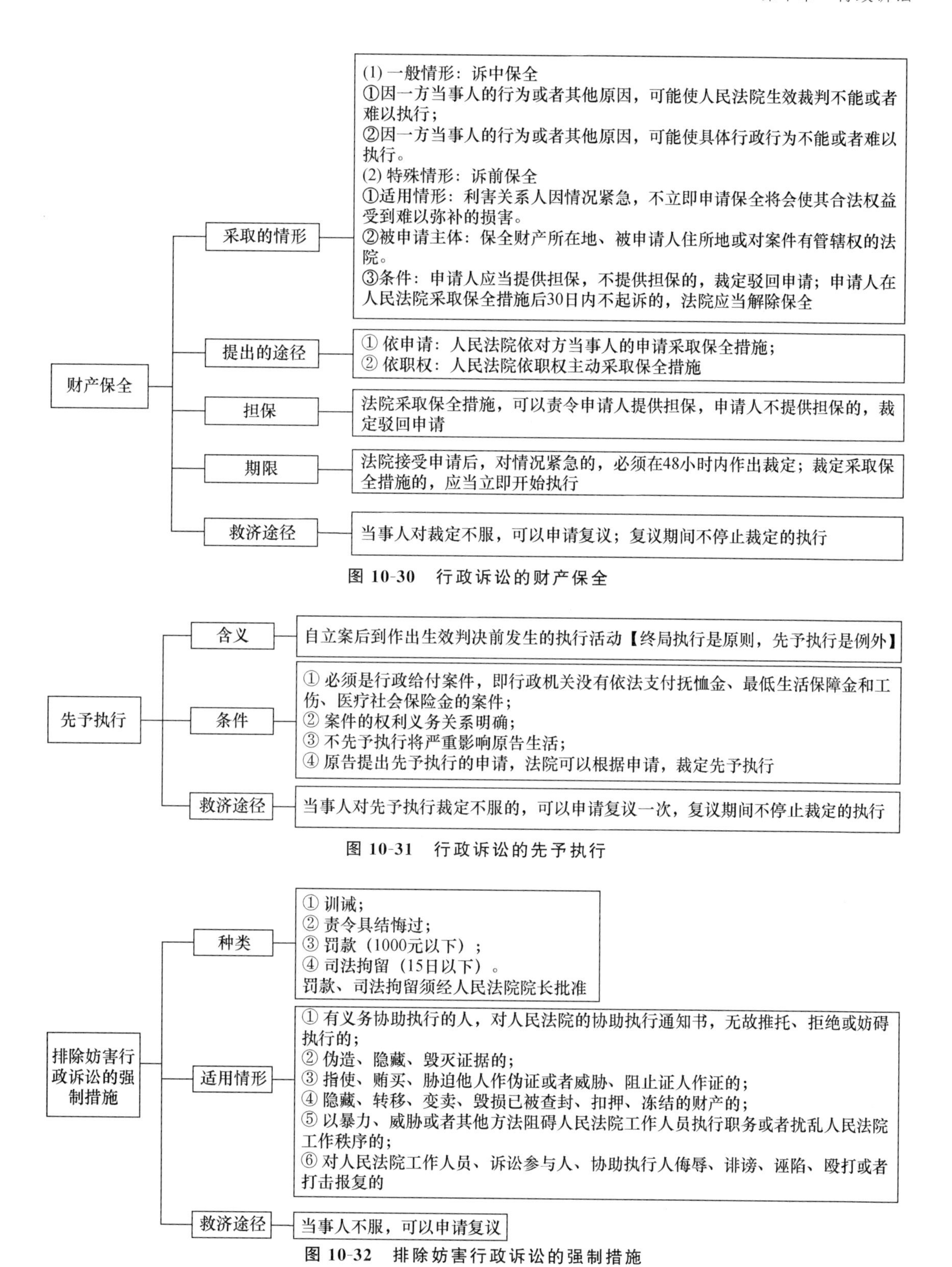

图 10-30　行政诉讼的财产保全

图 10-31　行政诉讼的先予执行

图 10-32　排除妨害行政诉讼的强制措施

三、裁判

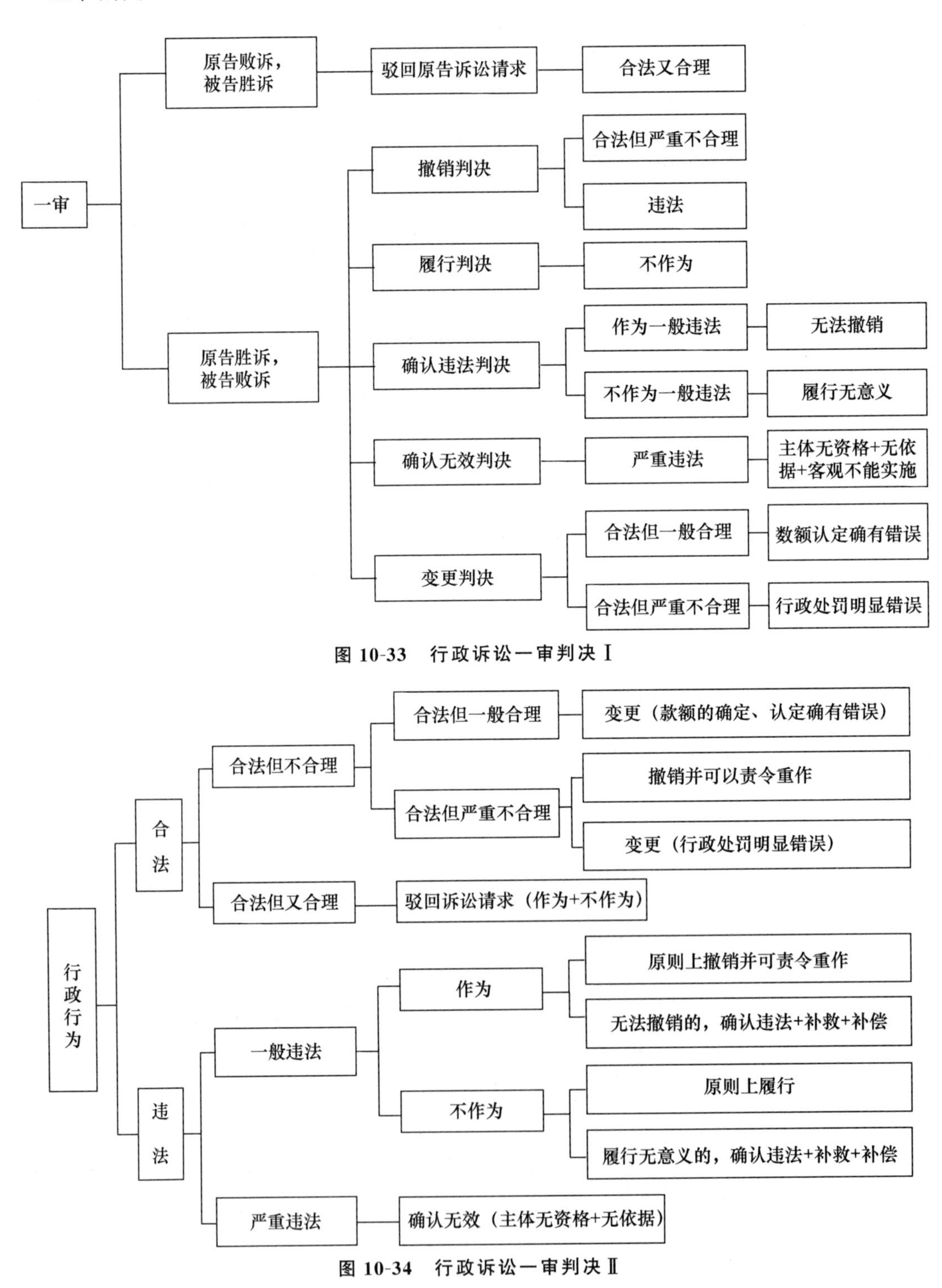

图 10-33　行政诉讼一审判决Ⅰ

图 10-34　行政诉讼一审判决Ⅱ

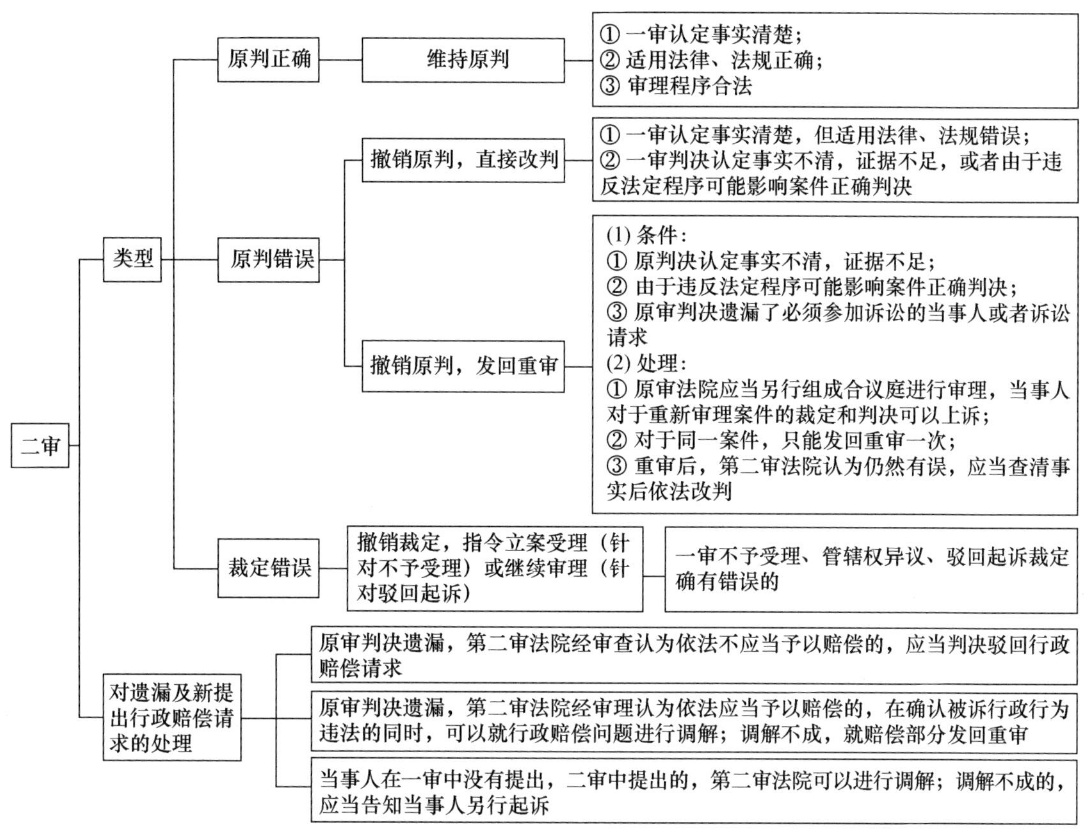

图 10-35 行政诉讼二审判决

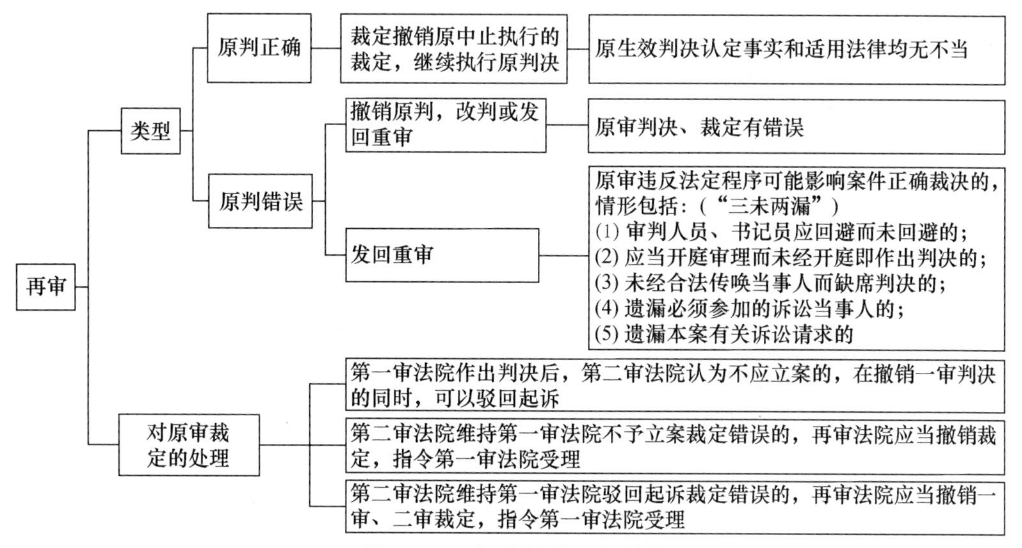

图 10-36 行政诉讼再审判决

表 10-15　行政诉讼的判决、裁定和决定

行政诉讼文书	含义	举例说明
判决	法院审理或执行行政案件中，就当事人双方争执的权利义务问题（实体问题）所作出的判定	① 驳回原告诉讼请求； ② 撤销判决； ③ 履行判决； ④ 变更判决
裁定	法院审理或执行行政案件中，就程序问题所作出的判定	① 不予受理、驳回起诉、管辖权异议； ② 终结诉讼、中止诉讼； ③ 移送或指定管辖； ④ 诉讼期间停止行政行为的执行或驳回停止执行申请； ⑤ 财产保全与先予执行； ⑥ 对撤诉的准许、裁判文书的笔误补正
决定	法院为保证行政诉讼的顺利进行，依法对行政诉讼中的某些特殊事项所作的处理	① 指定管辖、管辖权转移、是否回避、确定第三人、指定法定代理人； ② 许可律师以外的当事人和其他诉讼代理人查阅庭审材料； ③ 指定鉴定、确定不公开审理、案件移送； ④ 强制执行生效判决和裁定、确定诉讼费用的承担

四、执行

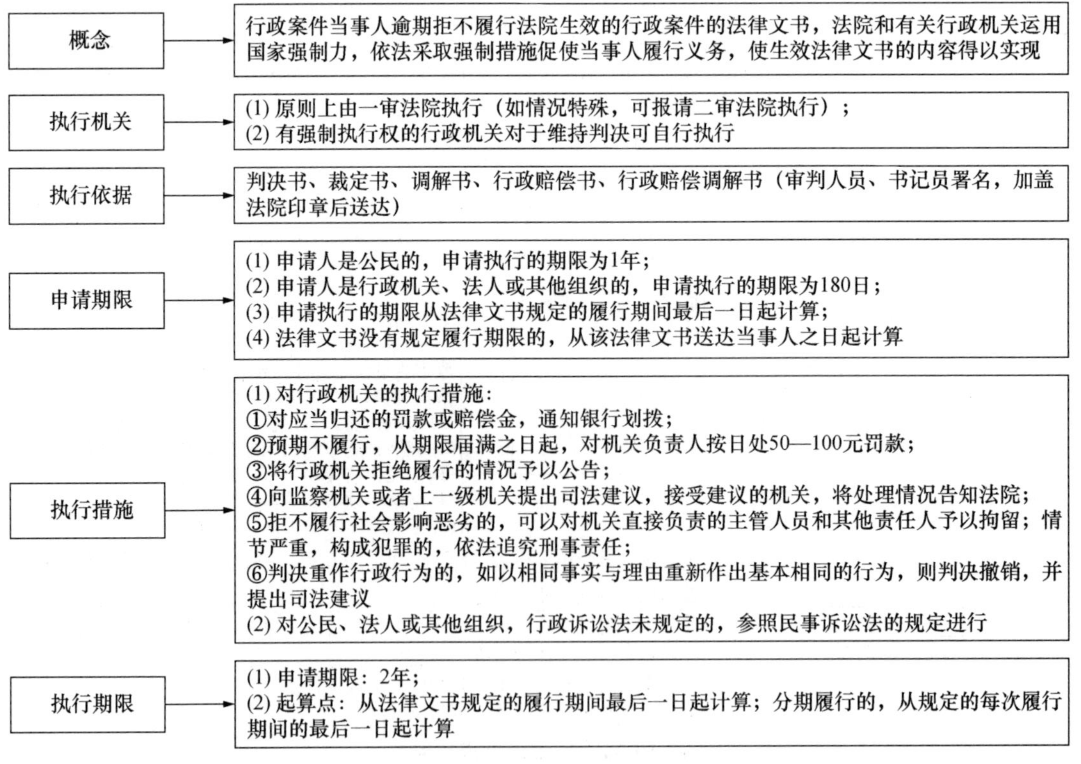

图 10-37　行政诉讼的执行

第十一章

行政赔偿

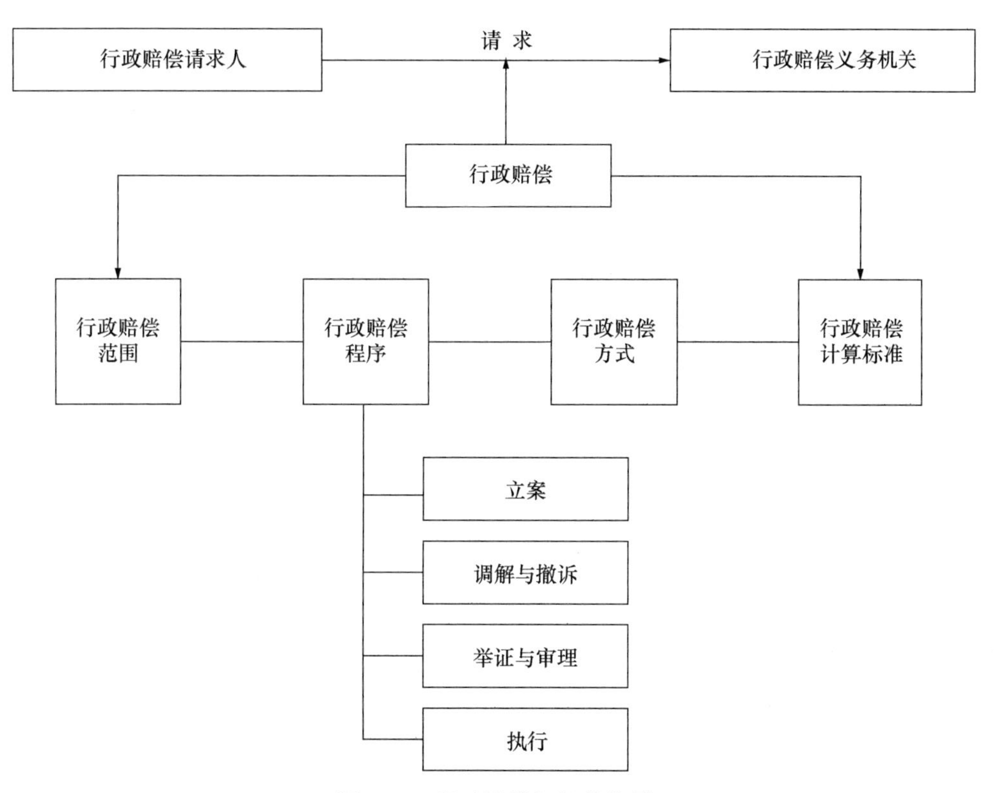

图 11-1 行政赔偿知识结构图

第一节　行政赔偿概述

一、概念和特征

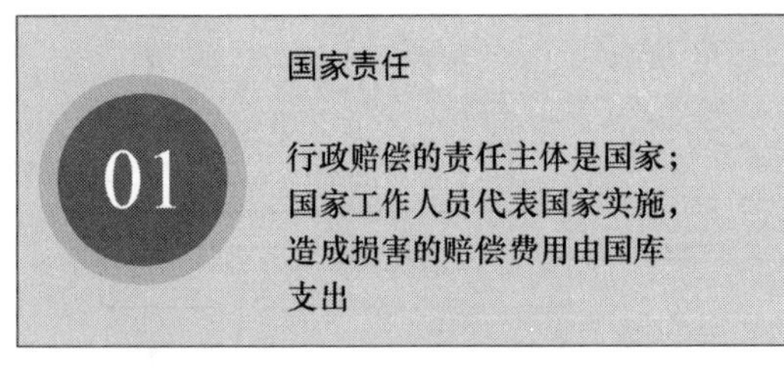

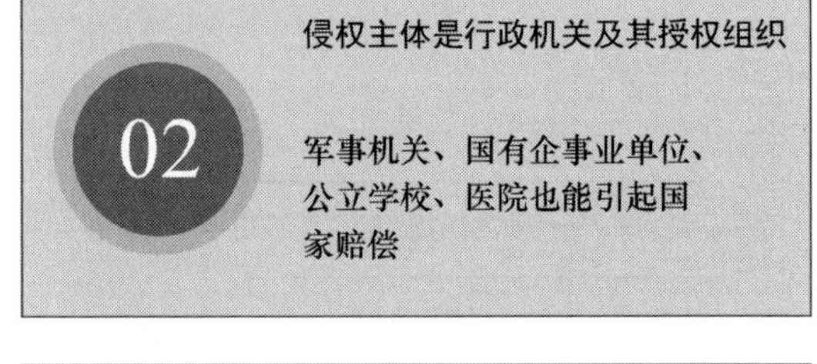

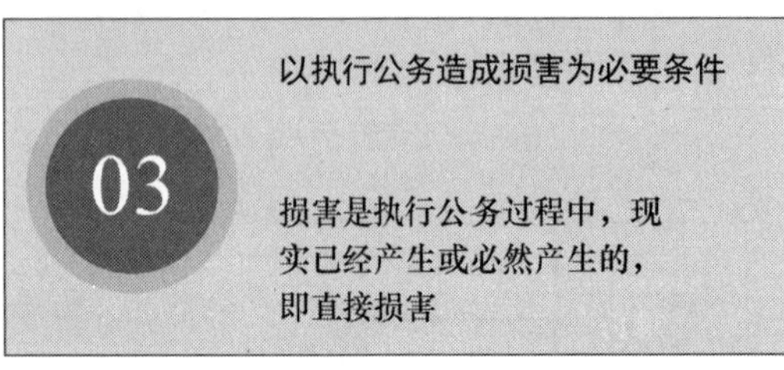

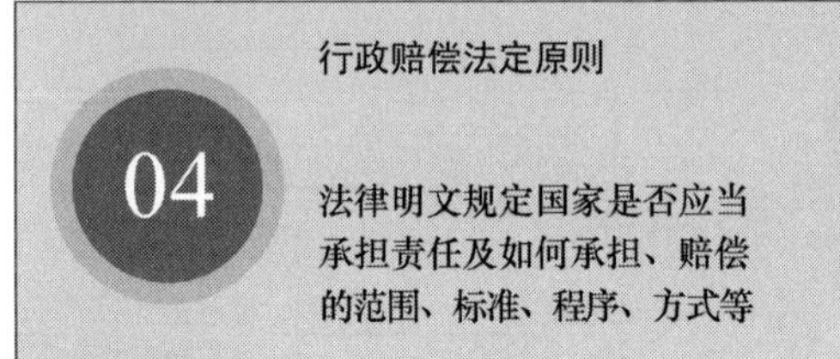

图 11-2　行政赔偿的特征

二、与相关概念的区别

表 11-1　行政赔偿与民事赔偿

	行政赔偿	民事赔偿
产生原因	违法行使国家行政权力，侵害行政相对方合法权益	平等主体之间的侵权损害行为，发生在民事领域
赔偿主体	行政机关	民事主体
归责原则	违法行为和损害结果并行的多元归责	以过错原则为主
赔偿提起程序	行政先行处理程序； 举证责任分配：赔偿请求人证明损害已经发生＋因果关系；被告证明无因果关系或行为合法	可以由当事人协商进行； 谁主张，谁举证
赔偿范围	仅限直接损失，有最高限额	全部赔偿，还可获得精神赔偿，间接损害
赔偿请求时效	自行政侵权损害行为被依法确认为违法之日起计算	从权利人知道或应当知道权利受侵害时计算
赔偿费用来源	国家财政	义务人自有财产

表 11-2　行政赔偿与司法赔偿

	行政赔偿	司法赔偿
发生基础	行政管理活动	司法活动，如在刑事诉讼中行使侦查权、检察权、审判权、监狱管理权等
侵权行为主体	行政机关及其工作人员	公安机关、安全机关、检察机关、审判机关、监狱管理机关
归责原则	违法归责原则	违法归责＋结果归责
赔偿范围	较为广泛（详见本章第二节）	① 违法采取的对妨害诉讼的强制措施； ② 保全措施； ③ 对判决、裁定及其他生效法律文书执行错误
程序	无须经过复议程序，可直接起诉	不可起诉，只能申请赔偿委员会进行裁定

三、构成要件

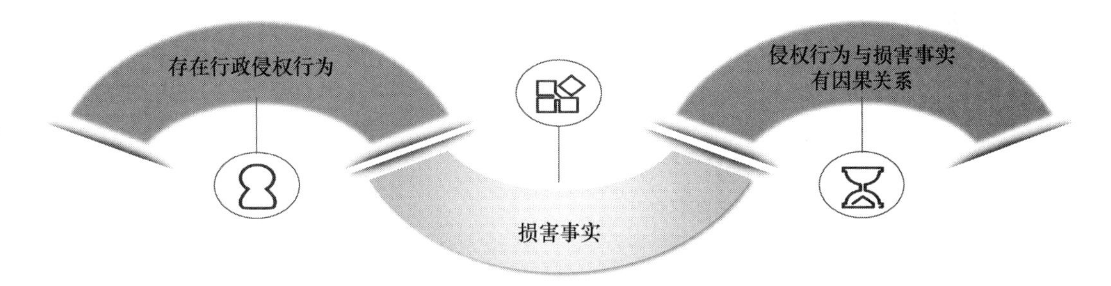

① 有侵权行为主体——行政机关及其工作人员；
② 行政侵权行为（职务行为+行为违法）

① 损害必须已经发生、确实存在；
② 受损的权益必须合法、受法律保护；
③ 包括物质损害、人身损害、精神损害

① 通说：相当因果关系说。行政主体对损害承担法律责任的前提和基础。
② 须存在逻辑上的直接联系

图 11-3　行政赔偿的构成要件

表 11-3　行政赔偿的特殊情形

特殊情形	如何处理	举例
自愿协助公务的人员	如果是在执行公务时的行为，国家应当负责	甲协助警察追赶罪犯时用木棍殴打致人死亡，国家应当负责
假冒公务人员	由于该人员与国家没有任何代理和委托关系，国家不能对其行为负赔偿责任，应由该假冒人员自己负责	甲在乙行窃时，谎称自己是警察上前制止，乙拔腿就跑，甲紧随其后，在追赶过程中甲用木棍将乙殴打致死，甲应当负责

（续表）

特殊情形	如何处理	举例
无行为能力或者限制行为能力的公务员	对于公务人员处于无意识或不能正确表达其意志的状态而遭受的损害，只要是执行职务中造成的，国家就应负赔偿责任	
被国家工作人员唆使实施侵害	《国家赔偿法》A3第3项、A17第4项；《关于张坤、邢静怡申请国家赔偿一案的批复》	
被委托人超越委托权限和范围	观点一：超出委托范围，国家不承担赔偿责任； 观点二：具体分析，如果被委托人实施了与委托事项有关联的致害行为，国家应当承担赔偿责任；如果被委托人实施了与委托事项完全无关的行为，国家不承担赔偿责任	

第二节　行政赔偿范围

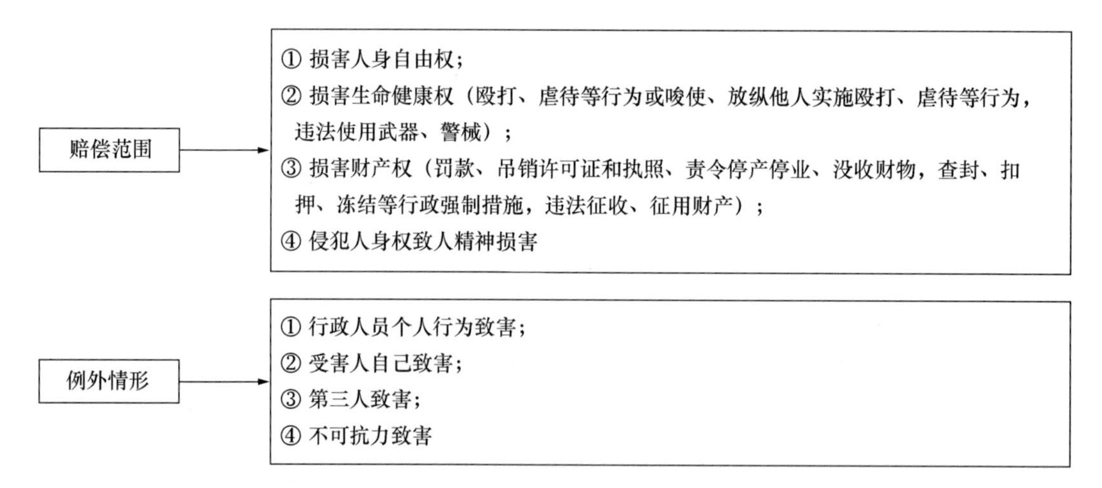

注：《国家赔偿法》A3规定了五类侵犯人身权的赔偿，A4规定了四类侵犯财产权的赔偿，A5规定了不予赔偿的情形。

图11-4　行政赔偿的范围及例外情形

表 11-4　国家赔偿的情形

类型	具体种类			举例
国家予以赔偿的情形	侵犯人身权的行为	侵犯人身自由权的行为	违法行政拘留	① 处罚机关违法，只有县级以上公安机关才有行政拘留决定权；② 适用对象或事项错误；③ 拘留程序违法，应按传唤、询问、取证、决定的法定程序进行；④ 拘留期限违法，超过15日为违法拘留
			限制人身自由的行政强制措施	强制戒毒、扣留走私嫌疑人、隔离治疗等
			非法拘禁或者以其他方法非法剥夺公民人身自由	某些乡政府或工作人员用拘留或变相拘留的手段，非法剥夺经济纠纷、邻里纠纷等当事人的自由，或用办学习班不让回家等手段剥夺公民人身自由的案例，如戴雨民诉临安市昌化镇人民政府行政强制措施及行政赔偿案［（2000）杭行终字第83号］
		侵犯生命健康权的行为	暴力行为	用殴打、虐待等手段或唆使、放纵他人以殴打、虐待等手段造成公民身体伤害或死亡的行为，如公安机关工作人员不给被行政拘留的人员提供食物或衣物
			违法使用武器、警械	违法使用枪支、弹药、警棍、催泪弹、高压水枪、特种防暴枪、手铐、脚镣、警绳等
			其他造成公民身体伤害或死亡的违法行为	
	侵犯财产权的行为	法定的侵犯人身权导致精神损害的行为		涉及精神损害赔偿第一案——麻旦旦“处女嫖娼案”
		侵犯财产权的行政处罚		罚款、没收、吊销许可证件、责令停产停业及侵犯财产权的其他行政处罚
		侵犯财产权的行政强制措施		查封、扣押、冻结、划拨、扣缴、抵缴
		违法征收、征用财产		罗秋明、翁绍杰等与三亚市天涯区城市管理局行政赔偿案［（2018）琼02行赔初3号］
		其他侵犯财产权的违法行为		
国家不承担赔偿责任的情形	行政机关工作人员实施的与行政职权无关的个人行为【司法实践中采用综合标准说】			云南省蒙自县公安民警吉某某醉酒驾车时，因倒车与潘某发生争吵，吉某某拔出随身携带的64式手枪朝潘某连射三枪，致其当场死亡。云南省高级人民法院终审判决：吉某某犯故意杀人罪，判处死刑，缓期二年执行；吉某某赔偿附带民事诉讼原告人10万元
	因受害人自己的行为致使损害发生的			县政府组织对甲的违法建筑强制拆除，甲为阻止，以头撞墙，不治身亡
	其他情形	不可抗力		高架桥坍塌造成人员伤亡
		第三人过错		甲违章驾车致车辆被扣，步行回家途中被乙驾车撞伤，由乙承担赔偿责任

第三节　行政赔偿请求人与赔偿义务机关

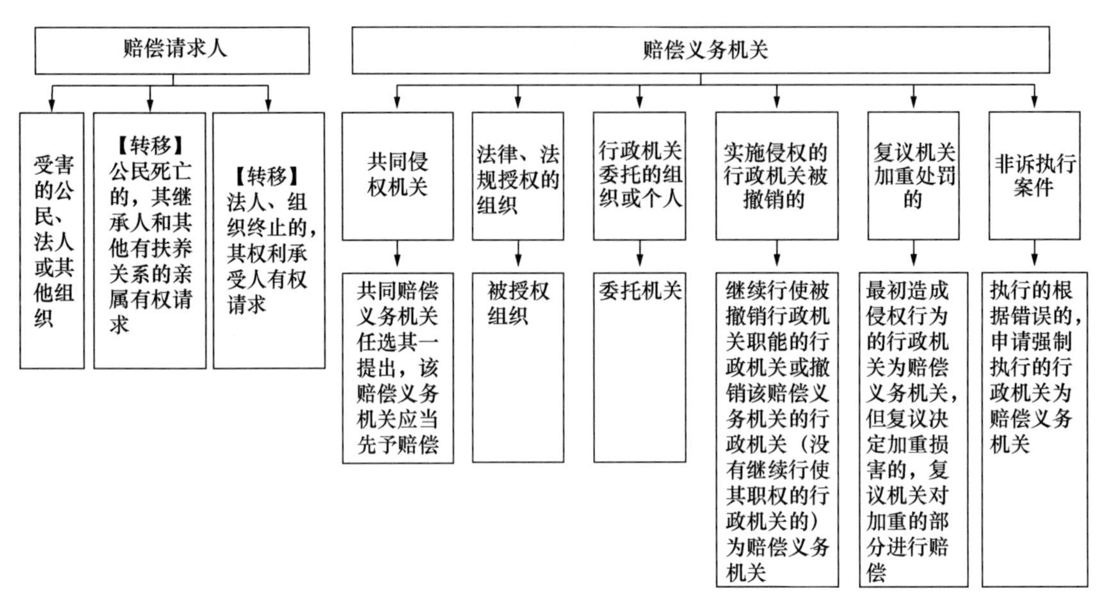

图 11-5　行政赔偿请求人与赔偿义务机关

第四节　行政赔偿程序

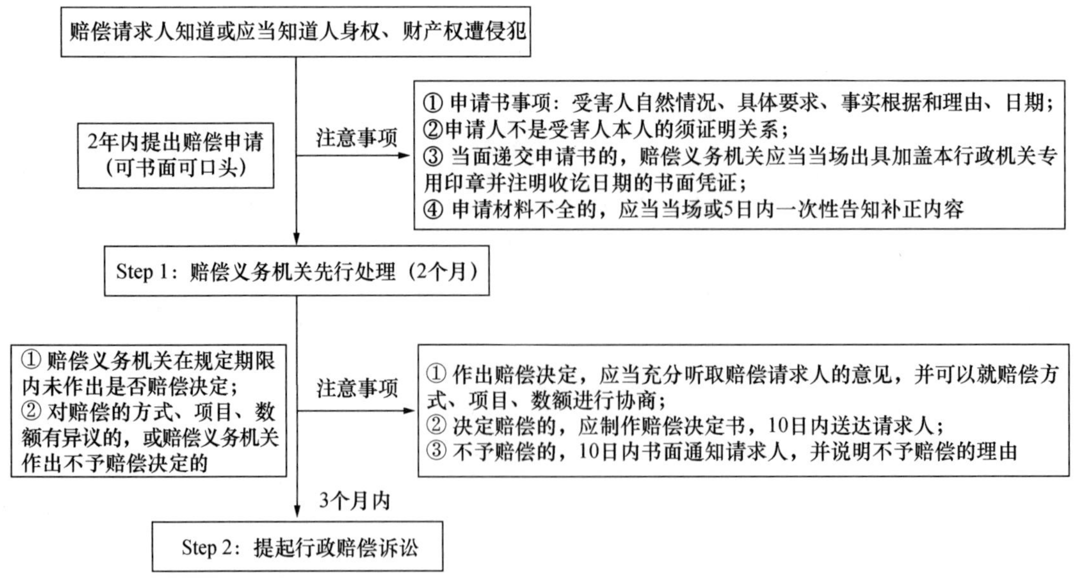

图 11-6　单独式——行政赔偿义务机关的先行处理程序

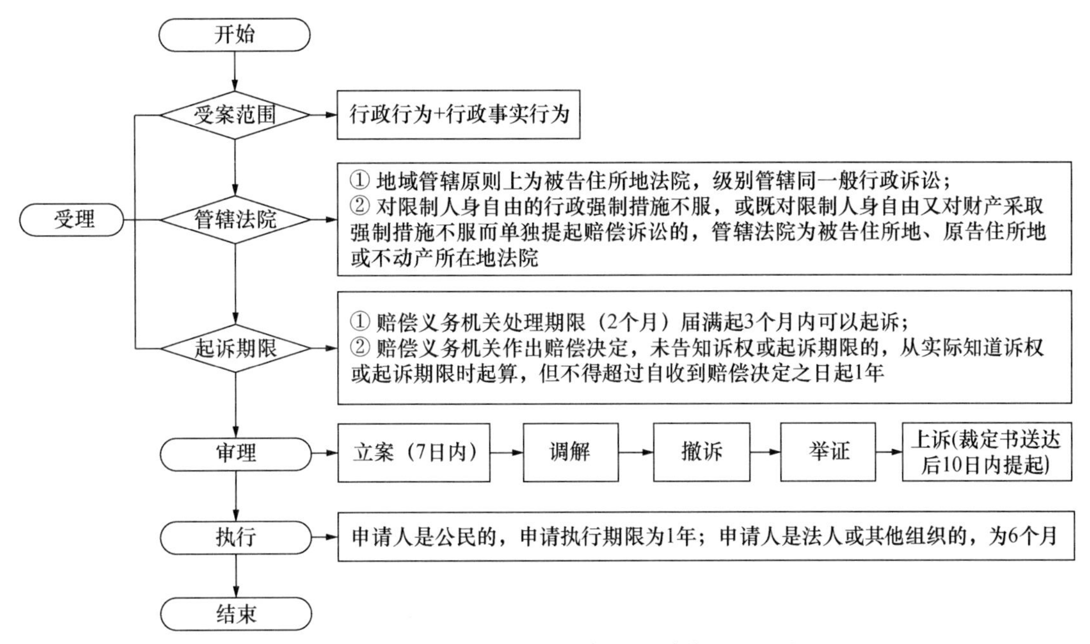

图 11-7　单独式——单独提起行政赔偿诉讼程序

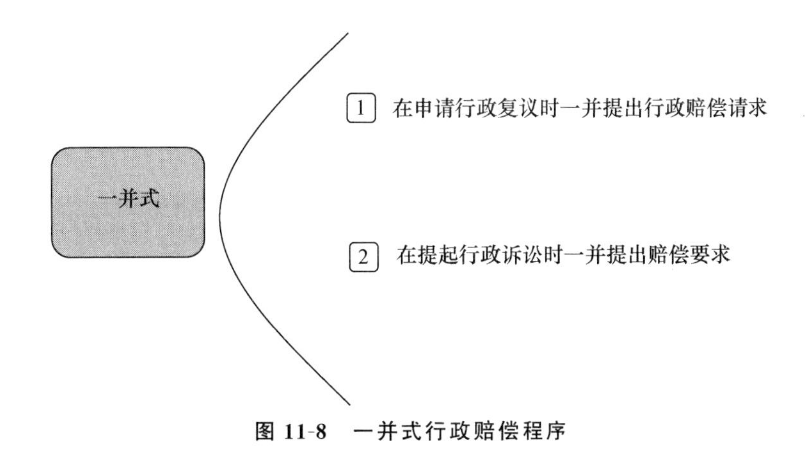

图 11-8　一并式行政赔偿程序

第五节 行政赔偿方式和计算标准

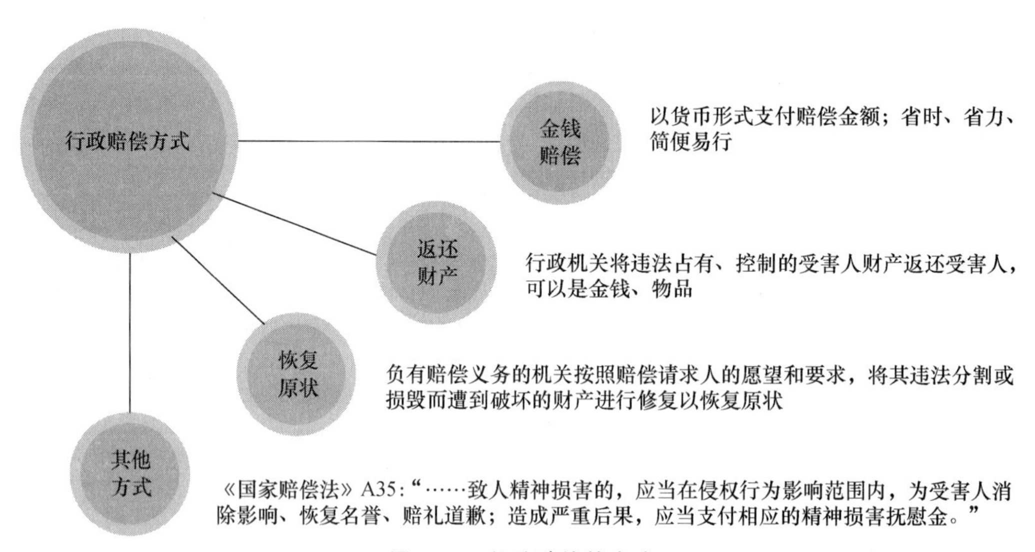

图 11-9 行政赔偿的方式

表 11-5 各类行政赔偿的计算标准

	情形	具体费用
人身自由损害、生命健康权损害	身体伤害	医疗费＋护理费＋误工费（国家上年度职工的日平均工资，最高额为 5 倍）
	部分或全部丧失劳动能力	医疗费＋护理费＋残疾生活辅助具费＋康复费＋残疾赔偿金（最高不超过国家上年度职工年平均工资的 20 倍）； 对全部丧失劳动力的人所扶养的无劳动能力人，还应当支付生活费
	死亡	死亡赔偿金＋丧葬费（总额为国家上年度职工人均工资的 20 倍）； 对死者生前抚养的未成年人，生活费给付至 18 周岁；对其他无劳动能力的被抚养（扶养）人，生活费给付至死亡
财产损害	罚款等	返还财产（造成损害的应付赔偿金），依《国家赔偿法》A36 第 3、4 项赔偿
	财产被拍卖、变卖	拍卖、变卖所得价款，低于原价值的，支付赔偿金
	吊销许可证、执照，责令停产停业	赔偿停产停业期间必要的经常性费用开支
	返还执行的罚款、罚金等	支付银行同期存款利息
赔偿费用	列入各级财政预算，由各级财政按照财政管理体制分级负担